Tl   ULD EM

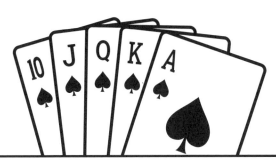

승률 97% 세계 포커 3대 레전드의 홀덤 스쿨

차민수
TEXAS
HOLD'EM

차민수 지음

티나

홀덤 경기의 방법
HOW TO PLAY HOLD'EM

강한 플레이어가 되는법
HOW TO BECOME A GOOD PLAYER

승자가 되는 법
HOW TO BECOME A WINNING PLAYER

정보
INFORMATION

CHAPTER
5

가슴에 새겨야 할 포커의 기본

홀덤, 배우면 쉬워진다

요즘 한국에서는 홀덤을 마인드 스포츠로 즐기기 위한 홀덤 펍과
동호회가 우후죽순처럼 생겨나고 있다.
그런데 모든 분야가 그렇듯이 기초라는 바탕이 없으면 실력증강에
한계가 있을 수밖에 없다.
기본기를 갖추지 못한 상태에서는 아무리 공을 들여도 모래 위에
지은 사상누각이 될 수밖에 없다.
노-리밋 홀덤은 포커 중에서도 가장 많은 공부와 실전이 따라야 하
고 재능 또한 병행되어야 대성할 수 있는 분야다.
나는 여러분이 이 책을 읽고 프로 포커 플레이어를 지망하는 것을
원치 않는다.
프로의 길을 가게 된다면 얻는 것보다 잃는 것이 많을지도 모르며,
홀덤이 가지고 있는 깊이와 진정성을 얻을 수도 없으며 고통 또한
동반되기에 그렇다.
아마추어는 게임에 지고도 웃으며 즐길 수 있지만 프로가 되면 이
겨야만 생존할 수 있기 때문이다.
어떠한 분야든지 프로의 세계는 처절하고 냉혹한 법이니.
끊임없이 공부하고 노력해야만 간신히 자리를 유지할 수 있는데,

철저한 자기절제와 인내만이 이를 가능케 한다.

예전에 내가 현역으로 미국에서 뛰고 있을 시절에도 많은 플레이어들과 출판사가 수차례 나의 노하우를 알리는 책 집필을 권한 적이 있었다.

그러나 그때는 내가 가지고 있는 지식을 남에게 가르쳐주고 싶지 않아 거절했다.

그런데 한국에 돌아온 후 놀랍게도 홀덤을 즐기는 동호인들이 매우 많이 있다는 것을 알게 되었는데, 개중에는 기초가 약한 플레이어가 더러 있었다.

그들에게 조금이라도 도움을 주기 위해 집필을 시작한 것이 이렇게 한 권의 책으로 만들어지게 되었다.

내가 노-리밋 홀덤을 집필하게 된 이유는 홀덤을 도박으로가 아니라 마인드 스포츠란 개념으로 독자들이 접근하도록 하기 위함이다.

"노-리밋 텍사스 홀덤은 포커의 꽃이다."
_도일 브론슨(Doyle Brunson)

CHAPTER 1

홀덤 경기의 방법
HOW TO PLAY HOLD'EM

텍사스 홀덤이란?

텍사스 홀덤은 가장 대표적인 '커뮤니티 카드 포커' 게임으로, 국내에서 가장 대중화된 세븐 오디와 비슷하다.

플레이어에게 제공되는 2장의 카드를 제외하고 5장의 카드를 딜러 앞의 테이블에 펼쳐놓고 모든 플레이어와 공유하며 족보를 맞춰서 높은 쪽이 승리하는 게임이다.

국내에서는 세븐 오디가 가장 대중화되었고 일부에서만 텍사스 홀덤을 즐겼었는데, 최근 들어 텍사스 홀덤을 마인드 스포츠로 인식하면서 카지노에서도 주 종목이 되어 국내에도 많은 플레이어들이 생기고 있다.

국내와 다르게 외국에서는 포커 게임 하면 대개 텍사스 홀덤을 뜻할 정도로 텍사스 홀덤은 인기가 매우 높은 게임이다.

텍사스 홀덤의 가장 큰 장점은 다른 포커 게임에 비해 더 많은 플레이어가 동시에 즐길 수 있다는 점이다.

이론상으로는 52장의 카드로 23명의 플레이어가 동시에 게임을 하는 것도 가능하다.

그러나 실제 게임에서는 플레이어 수가 열 명이 넘지 않는다.

게임 방법은 각각 예선전을 거치면서 결승까지 올라와서 순위를 매겨 상금을 분배하는 토너먼트 게임과 현금(칩)으로 정해진 한도(No Limit, Pot Limit, Limit) 내에서 게임하는 캐시 게임으로 나누어진다.

두 게임은 게임 방식에 따라 각기 차이가 크기 때문에 전략도 현격하게 달라지고 차이가 크다.

아직 국내에서는 텍사스 홀덤이 마인드 스포츠로 공인되진 않았지만 이미 다른 많은 국가에서는 마인드 스포츠로 규정하고 그에 따라 크고 작은 대회도 매우 많이 열린다.

텍사스 홀덤 대회의 게임 방식은 주로 토너먼트 게임으로 이루어진다. 현재 전 세계적으로 가장 유명한 텍사스 홀덤 대회로는 WSOP(World Series Of Poker), WPT(World Poker Tour), EPT(Europe Poker Tour) 등이 있다.

이 대회들은 매년 수천만 달러의 상금을 걸어놓고 전 세계의 프로 포커 플레이어는 물론이고 수많은 아마추어 플레이어까지 불러모으고 있다.

대회에 내건 상금은 대회에 출전하는 플레이어들의 참가비와 방송 중계비, 후원사들의 후원 등으로 충당하고 있다.

실제로 2003년도에는 WSOP라는 전 세계적으로 가장 권위 있고 규모가 큰 메인 이벤트에서 크리스 머니메이커(Chris Moneymaker)라는 아마추어 참가자가 우승을 차지하고 250만 달러를 거머쥐는 모습이 ESPN을 통해 전 세계에 방영된 후 텍사스 홀덤을 플레이하는 사람들의 수가 폭발적으로 늘어나기도 했다.

대회 방식인 토너먼트 방식이 텍사스 홀덤의 전 세계적인 대중화에 큰 기여를 한 이유이기도 하다.

텍사스 홀덤 게임 자체도 다양한 전략 전술과 플레이 방식을 필요로 하는데, 토너먼트 방식은 그에 더해 자신의 현재 상황(가지고 있는 칩의 양)과 긴 플레이 시간을 버티는 체력, 그리고 멘탈 관리 능력까지 겸비해야 한다.

이런 방식의 게임을 생생하게 스포츠처럼 중계하다 보니 이긴 자와 탈락자의 교차되는 희비, 그 안의 심리 게임을 시청자가 마주하는 즐거움까지 갖게 되면서 텍사스 홀덤은 폭발적인 시청률과 인기로 이어지고 있다.

국내에서도 이제는 이런 관심을 바탕으로 포커를 마인드 스포츠로 인식하는 경향이 많이 생겼으며, 공식적으로도 곧 인정하는 시기가 올 것으로 생각한다.

HOLD'EM GAMES
홀덤 게임의 종류

홀덤 게임은 노-리밋, 팟 리밋, 리밋 세 가지로 나눈다.

❶ 노-리밋(No Limit): 자기 앞에 있는 모든 칩을 판돈과 상관없이 한 번에 제한 없이 베팅할 수 있는 게임이다.

❷ 팟 리밋(Pot Limit): 자신이 콜을 하는 액수와 팟에 있는 액수를 합산한 액수를 베팅할 수 있는 게임이다.

❸ 리밋(Limit): 라운드별 일정 액수를 정해놓고 그 액수 이상으로는 베팅할 수 없으며, 베팅할 수 있는 라운드가(캘리포니아 4회, 라스베이거스 5회) 가능한 회차가 정해져 있는 게임이다.

위의 세 가지 게임은 게임 방식에 따라 각기 다른 재능을 필요로 하는데, 각 게임에 따라 방법이나 자기 패의 가치나 작전이 현격하게 달라진다.

이외에도 아시아에선 숏 데크 홀덤(Short Deck Hold'em)이란 게임이 있는데 2, 3, 4, 5가 없는 카드로 하는 게임을 말하며, 이는 A-6-7-8-9도 스트레이트가 되며 플러시가 풀 하우스를 이긴다는 섬이 일반 홀덤 룰과는 다르다.

숏 데크에서는 플러시가 풀 하우스보다 더 만들기 어렵기 때문에 플러시가 상위에 랭크되어 있고 플러시가 풀 하우스를 이기는 것이 일반 홀덤 게임과는 다르다.

풀 하우스를 만들기 쉬운 이유는 2, 3, 4, 5 같은 작은 카드가 데크에 없으므로 하이 카드가 많이 몰려 있기 때문이다.

AA도 일반 홀덤 게임과는 달리 J10s을 상대로도 60%정도밖에 유리하지 않다.

숏 데크는 액션을 크게 만들기 위하여 고안된 게임이다.

이하 이 책에서 설명되는 텍사스 홀덤은 노-리밋 홀덤 게임을 기준으로 설명되었음을 밝힌다.

HOW TO PLAY

노-리밋 홀덤 경기방법

보통의 경우 10명까지 한 테이블에서 플레이할 수 있으며 토너먼
트의 경우 11명이 플레이하는 경우도 있다.

플레이어는 히든으로 두 장의 카드를 받으며 게임 종료 시까지 처
음 받은 두 장의 카드는 바꿀 수 없다.

즉 변하지 않는다는 뜻이다.

홀덤에서는 첫 두 장의 히든카드가 승부를 결정하는 경우가 많은
데 히든카드가 좋은 카드는 승률이 높으며 높은 랭킹으로 분류되어
있다.

두 장의 카드를 받은 후 베팅을 시작하며 베팅 종료 시 딜러가 석
장의 커뮤니티 카드를 오픈하는데 이것을 플롭(flop)이라고 부른다.

여기서 커뮤니티 카드라 함은 게임에 참가한 모든 플레이어가 같이
사용하는 카드를 말한다.

플롭에서 현재 상태에서 이기고 있는 핸드를 페이버(faver)라고 하며
그 상태로 게임이 종료되면 이긴다는 뜻이 된다.

다시 베팅을 하고 다음 한 장을 오픈하게 되는데 이것을 턴(turn)이
라고 부른다.

턴을 4th street이라고도 부르는데 턴 카드 오픈 이후의 플레이가 게임의 승부를 가늠하는 아주 중요한 부분이 된다.

마지막으로 베팅을 하고 마지막 장을 오픈하게 되는데 이것을 리버(river)라고 부른다.

그 상태에서 아무도 발전한 사람이 없을 경우 페이버 핸드가 이긴다. 리버에 아무런 액션이 없었거나 액션이 있을 경우 마지막 베팅은 콜을 받았을 때에 한한다.

마지막 카드가 오픈된 후 가장 중요한 결정을 해야 하는데 자신이 이기고 있는지, 혹은 체크를 해서 상대방의 블러핑을 유도해야 하는지, 상대방이 콜을 할 수 있는 패인지, 같은 페어일 경우 킥커(kicker)가 상대방을 이기고 있는지, 베팅은 얼마나 하는 것이 좋은지 등등은 상대방의 평소 매너와 당시 테이블 분위기를 잘 판단해 스스로 결정해야 한다.

마지막 베팅을 하거나 체크를 해 상대 플레이어가 폴드(fold)를 하거나 콜을 하거나 서로 체크를 하게 되면 경합의 결과로 승자가 결정되며 그것으로 게임은 종료된다.

경기 방법의 순서와 각각 베팅의 방법은 다음에 나오는 커뮤니티 카드에서 더 상세히 설명하기로 한다.

다음 그림의 경우 자신의 핸드는 Q하이 스트레이트가 아닌 K하이 스트레이트가 된다.

자신의 카드는 하나 사용하지 않는 경우가 되는 것이다.

액션이 있을 경우 마지막 베팅에 콜을 받았을 때에 서로 패를 확인

한다.

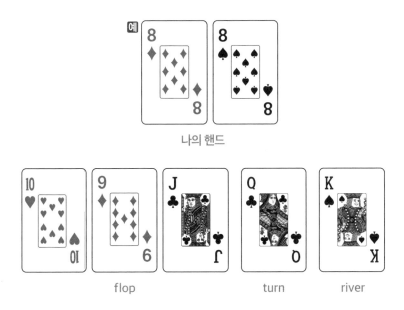

나의 핸드

flop   turn   river

마지막 카드가 오픈된 후 가장 중요한 결정을 해야 한다.

자신이 이기고 있는지?

혹은 체크를 하여 상대방의 블러핑을 유도해야 하는지?

상대방이 콜을 할 수 있는 패인지?

같은 페어일 경우 킥커(kicker)가 상대방을 이기고 있는지?

베팅은 얼마나 하는 것이 좋은지?

상대방이 펍스 패거아 다시 테이블 부위기를 잘 판단하여 스스로

결정해야 한다.

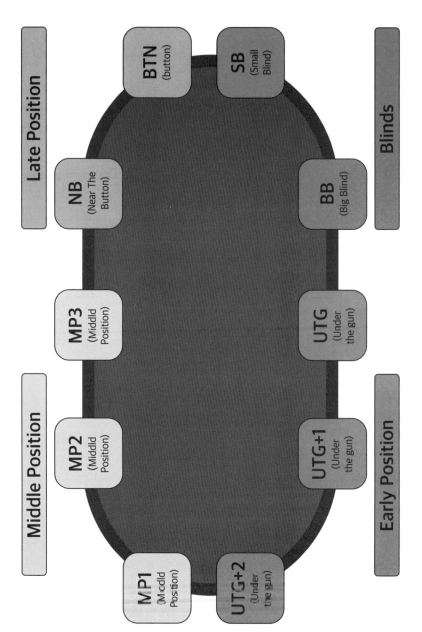

경기 테이블 배치도

POKER RANKING
포커의 서열

텍사스 홀덤의 족보 서열은 세븐 오디와 같다.

플레이어가 갖고 있는 두 장의 핸드 카드와 다섯 장의 커뮤니티 카드(바닥에 깔린 공용으로 쓰는 카드) 총 7장 중에서 5장을 조합해 족보를 만드는데 이때 총 10개의 족보 중 하나의 족보가 완성된다.

이 족보의 서열로 해당 판의 최종 승자를 가린다.

족보의 서열 기준은 총 52장의 카드로 가장 조합되기 어려운 확률의 순서대로 정해진다.

1) 로열 스트레이트 플러시(Royal Straight Flush) | 확률 64만 9,740분의 1

가장 높은 순서의 숫자부터 5장이 이어져 있고 카드 그림도 같은 모양으로 나온 카드 조합을 로열 스트레이트 플러시라고 부른다.

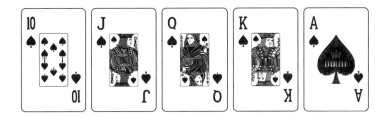

2) 스트레이트 플러시(Straight Flush) | 확률 6만 4,974분의 1

우선 다섯 장의 카드 그림이 같은 모양이고 숫자가 이어져 있는 카드 조합을 스트레이트 플러시라고 부른다.

즉 가장 높은 A를 포함하지 않고 연결되어 만들어진 카드이다.

K-Q-J-10-9 조합이 가장 상위이고 5-4-3-2-A 조합이 가장 하위이다.

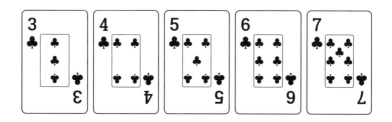

3) 4카드(Four Of A Kind) | 확률 4,164분의 1

동일한 숫자 네 개가 모여진 카드 조합을 포 카드라고 부른다.

같은 포 카드 중에서는 A 포 카드가 가장 높고 2 포 카드가 가장 낮다.

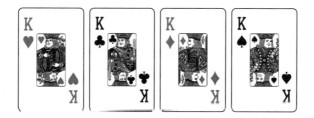

만약 바닥에 오픈된 카드에서 포 카드가 만들어진 경우에는 플레이어가 가지고 있는 카드 중에서 가장 높은 카드를 가지고 있는 플레이어가 승리한다.

두 플레이어가 같은 크기의 숫자이면 비긴다.

4) 풀 하우스(Full House) | 확률 694분의 1

트리플과 원 페어가 조합된 카드를 풀 하우스라고 부른다.

풀 하우스끼리도 더 높은 숫자로 트리플이 구성된 플레이어가 이기고, 트리플 카드가 같다면 원 페어의 숫자가 높은 사람이 이기며, 그것도 같다면 비긴다.

5) 플러시(Flush) | 확률 509분의 1

카드의 숫자는 달라도 되고 그림이 같은 카드 5장의 조합을 플러시라고 부른다.

두 명의 플레이어가 플러시일 경우에는 조합된 다섯 장의 카드 중에서 가장 높은 카드로 조합된 플레이어가 이기고, 그것도 같으면 두 번째 카드, 세 번째 카드 등 5장의 카드 숫자로 우열을 가리며, 다섯 장의 카드 숫자가 모두 같다면 비긴다.

6) 스트레이트(Straight) | 확률 256분의 1

5장의 카드가 연달아 같은 숫자로 조합된 카드를 스트레이트라고
부른다.

이때 카드의 그림 모양은 달라도 되고, 가장 높은 순위의 카드부터
조합된 플레이어가 이긴다.

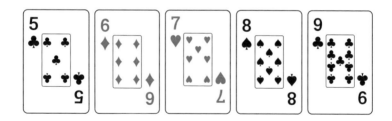

7) 트리플(Three Of Kind) | 확률 48분의 1

같은 숫자가 세 개 모인 조합을 트리플이라고 부른다.

'봉'이라고 불리기노 한다.

가장 높은 숫자의 조합이 이기고, 같다면 나머지 두 장의 숫자가 높은 사람이 이기며, 이마저 같다면 비긴다.

8) 투 페어(Two Pair) | 확률 21분의 1

두 장의 같은 그림인 원 페어가 두 개가 있는 카드 조합을 투 페어라고 부른다.

투 페어의 카드끼리는 높은 숫자의 페어를 갖고 있는 플레이어가 이기고, 높은 페어의 숫자가 같다면 낮은 페어의 숫자가 높은 사람이 이긴다.

높은 페어와 낮은 페어의 숫자가 모두 같다면 다섯 번째 카드의 숫자가 높은 사람이 이기고 이마저도 같다면 비긴다.

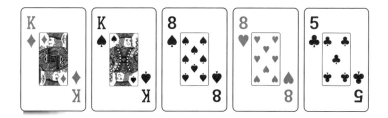

9) 원 페어(One Pair) | 확률 2.5분의 1

두 장이 같은 숫자로 조합된 카드를 원 페어라고 부른다.

원 페어의 숫자가 같다면 나머지 세 장의 카드를 순서대로 비교해서 높은 숫자가 있는 사람이 이기고, 세 장의 카드도 같다면 비긴다.

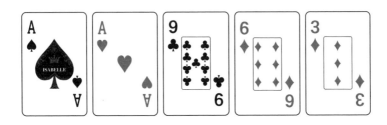

10) 노 페어(No Pair) | 확률 2분의 1

가장 하위 족보인 원 페어도 조합이 안 된 카드를 노 페어라고 부른다.

다섯 장의 카드 중 가장 높은 숫자의 카드를 갖고 있으면 이기고 순서대로 비교하면 된다.

다섯 장이 같으면 비긴다.

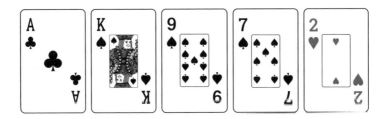

HOLD'EM HANDS RANKING
홀덤 핸드서열

그룹 1	A-A, K-K
그룹 2	Q-Q, A-Ks
그룹 3	A-K, A-Qs, K-Qs, J-J, 10-10, J-10s, Q-Js, K-Js, A-10s, A-Q
그룹 4	9-9, 10-9s, K-Q, 8-8, Q-10s, 9-8s, A-J, K-10s
그룹 5	7-7, 8-7s, Q-9s, 10-8s, K-J, Q-J, J-10, 7-6s, 9-7s, 6-5s
그룹 6	6-6, A-10s, 5-5, 8-6s, K-10, Q-10, 5-4s, K-9s, J-8s, 7-5s
그룹 7	4-4, J-9, 6-4s, 5-3s, 3-3, 9-8, 4-3s, 2-2, 10-7s, Q-8s
그룹 8	8-7, A-9, Q-9, 7-6, 4-2s, 3-2s, 9-6s, 8-5s, J-8, J-7s, 6-5, 5-4, 7-4s, K-9, 10-8

홀덤에서 플레이할 수 있는 'Play Able'(Mr. Twice)

텍사스 홀덤 게임은 플레이어가 두 장의 카드를 먼저 받은 상태에
서 커뮤니티 카드가 한 장씩 오픈될 때마다 자신의 족보를 예상하

고 상대방의 족보도 예측하면서 순간순간의 판단으로 레이즈를 진행하는 플레이이다.

따라서 처음에 받는 두 장의 핸드 카드가 가장 중요하다.

이 두 장의 카드를 어떻게 받았느냐에 따라서 전략과 판단을 해야 하기 때문이다.

그렇기 때문에 가장 기본적으로 두 장의 핸드 서열을 숙지하고 외워놓는 건 텍사스 홀덤 플레이에서는 기본 중의 기본이니 잘 숙지하기 바란다.

필자마다 서열의 구분이 조금씩 다르지만 크게 다르지 않고 큰 의미가 있는 것도 아니며 거의 대동소이하다.

실전게임에서는 서열이 높다고 반드시 이기는 것이 아니기 때문이다.

다만 서열이 높은 패는 게임을 진행하기에 안정적이며 큰판을 이길 확률이 높다.

위 그룹 도표는 미국에서 가장 보편적으로 사용되고 있다.

이 도표에서 숫자나 알파벳 뒤에 소문자 s를 볼 수 있는데 s는 suit의 약자 표기로 무늬가 같다는 뜻이다.

무늬가 같지 않은 것은 off-suit이라고 부르며 따로 별도의 표시를 하지 않는다.

모든 pair는 콜(call) 혹은 레이즈(raise)를 할 수 있다.

작은 페어나 중간 페어는 포지션에 따라 플레이가 달라지며 앞쪽 (early position)에서는 가급적 레이스를 하지 않고 콜만 하는 것이 올바른 플레이이다.

간혹 페어를 선호하는 플레이어는 작은 페어로도 포지션과 상관없이 레이즈를 남발하는 경향이 있는데, 나의 의견은 작은 페어를 강하게 플레이하는 것은 올바른 플레이라고 할 수 없다는 것이다.

어디까지나 상대에게 압박을 주기 위한 것이지만 자신의 위험부담이 그만큼 가중된다는 것도 함께 알아두어야 한다.

도표에 없는 모든 랭킹 외의 핸드들은 트래쉬 핸드로 구분된다.

랭킹을 알아두거나 외워두는 것 역시 매우 중요하다.

실전 게임을 할 때에는 자기 패의 가치가 어디에 있는지를 정확하게 알고 있어야 승부 찬스가 오면 담담히 승부에 임할 수 있기 때문이다.

그래야 기본에 입각한 정확하고 신속한 판단을 도출해낼 수 있다.

핸드의 랭킹을 머릿속으로 외워두는 것이 실전 게임에 도움이 된다.

핸드의 밸류는 어떤 물건처럼 정확하게 값이 정해져 있는 것이 아니라 게임 중에 자신의 현재 위치와 풀 게임과 숏 게임 그리고 플레이하고 있는 사람 수에 따라서도 달라진다.

또한 상대 플레이어의 성향과 어떤 플레이어가 앞에서 어떤 액수의 레이즈를 했는가에 따라서도 수시로 달라진다.

강한 플레이가 베팅이나 레이즈를 했다면 나의 좋은 핸드의 값어치도 그만큼 떨어지는 것인데 약한 플레이나 루즈한 플레이어가 베팅을 했다면 그게 다를 수 있다.

어떤 플레이어가 게임에 참여하고 있는지, 어떤 액션을 취하고 있는지, 몇 명이 게임에 참여하고 있는지, 자신의 포지션이 어떤 위치에 있는지에 따라서도 수시로 자신의 핸드 밸류가 변한다.

이런 것은 상대성이라고 할 수 있는데 플레이어들의 실력을 자신이 가늠하여 결정한다.

핸드의 가치는 수시로 변화하기 때문에 아마추어가 쉽게 이해하기 힘들고 적응이 되지 않는 부분이 있는 것이다.

요즘은 인터넷의 발달로 휴대폰에서도 쉽게 프로 선수들의 실전 경기 모습이나 메이저급 시합 경기를 찾아볼 수 있다.

유튜브에서도 다니얼 네그리누(Daniel Negreanu), 필 헬무스(Phil Hellmuth) 같은 유명 선수들의 게임 모습을 볼 수 있다.

그들의 플레이 핸드의 범위는 실로 광범위하여 우리를 혼동하게 만드는 경우가 많이 있다.

플롭 이후에 완벽한 플레이를 할 수 있다면 많은 핸드를 플레이하는 것도 무방하다.

그러나 완벽에 가까운 플레이를 하려면 많은 경험과 달란트를 필요로 한다.

그래서 우리는 처음부터 그들의 플레이를 따라 해서는 절대로 안된다.

저자가 이야기하는 기본에 먼저 충실하게 플레이하는 것이 매우 중요하다는 말이다.

승부사의 사실과 훈련

예전에 일본 바둑의 중흥을 이끌었던 도장이라고 하면 당연히 기다니 미노루 선생님의 기다니 도장을 꼽을 수가 있다.

조치훈, 고바야시 고이치, 다케미아 마사키, 오오다케, 이시다 등 일본을 이끌어가는 실로 수많은 인재들을 키워낸 명문 도장이다.

포커 이야기를 하다가 갑자기 바둑 이야기로 넘어가니 의아해하실 분들도 많을 것이다.

이는 승부사로 키워지는 과정을 이야기하기 위함이다.

기다니 도장에 입문하면 바둑을 가르치는 것이 아니라 3년 동안 마당이나 쓸고 선배들 대국 중 물이나 떠다 주고 차나 나르는 등 허드렛 일이나 하며 허송세월을 보내게 된다.

바둑알 한 번 잡아볼 기회조차 주어지지 않는다.

그런데 이상한 일은 3년 후의 일이다.

바둑알 한 번 잡아본 일이 없던 그가 이미 입단에 가까운 실력에 도달해 있다는 것이다.

잔심부름을 하며 어깨 너머로만 바둑을 보아왔던 소년이 벌써 입단할 수 있는 실력이 되었다는 것은 무엇을 의미하는 것일까?

3년이란 긴 세월을 인고하며 견디어내 이미 승부사의 자질이 다 만들어진 것이다.

포커도 이와 크게 다를 바가 없다.

게임에 참가하여 경험만 쌓는다고 실력이 향상되는 것이 아니다.

내가 50년이 넘는 구력을 가졌더라두 재능을 갖추고 열심히 공부했다면 1년의 경험밖에 되지 않은 사람보다 못할 수가 있는 것이다.

승부사가 되려면 정신수양과 훈련 과정도 무엇보다 중요하다는 뜻이다.

삼각관계 | Tip

핸드의 랭킹에는 우리의 머리로는 이해하기 힘든 삼각관계라는 것이 존재한다. 예를 들어 A-K의 경우 페어2 같은 스몰 페어를 상대로는 49 대 51로 2% 정도 불리하다. 반대로 페어2는 10-Js과의 싸움에서는 45 대 55 정도로 매우 불리하다. 10-Js은 A-K을 상대로는 40~60 정도로 아주 불리하다. 10-Js은 A-K과 무늬가 하나라도 같이 물려 있을 때에는 63 대 37로 더 불리해진다.

이렇게 묘하게도 서로가 물고 물리는 뒤틀린 확률이란 것이 나온다. 그렇다고 페어2로 상대가 A-K을 가졌을 것이라고 생각하고 상대의 레이즈에 콜이나 올인을 해서는 절대로 안 된다. 상대방이 오버 페어를 가졌을 경우에는 거의 드로잉 데드를 하고 있기 때문이다. A-K이 랭킹이 크게 높은 이유로는 큰판을 많이 이길 수 있으며 자체로 어떤 핸드보다도 서열상 우위에 있기 때문이다. A-K은 플롭에 33.3%가 나오며 플롭에 A-K이 안 나왔을 경우 턴과 리버에 각기 13%의 확률로 더 나온다. 페어2는 석 장이 플롭에 나왔을 때 셋이 되지 않으면 언제나 석 장의 오버 카드가 깔리는 경우가 되므로 더 이상 게임 자체를 진행할 수 없기 때문에 가장 서열이 낮은 것이다.

ACTION
7가지 액션

게임을 진행하는 플레이어에게는 아래의 7가지 액션이 필수적으로 따른다.

초보자와 고수는 각기 7가지 액션을 결정하는 시간도 다르고 취하는 행동도 다를 테지만, 이는 플레이어라면 누구든 취해야 하는 액션이다.

게임을 통해 자연스럽게 익히게 되겠지만 기본 개념을 이해하고 넘어가자.

❶ 체크(Check): 판돈을 추가하지 않고 차례를 넘기겠다는 신호이다. 자신의 패와 상관없이 최소 금액을 베팅해야 하는 사람이나 카드가 나눠진 후 처음으로 베팅하는 플레이어가 쓸 수 있는 특권이다.

상대 베팅을 가늠해 상대의 패를 유추하거나 더 큰 밸류를 뽑기 위한 경우에도 쓰인다.

❷ 폴드(Fold): 경기를 포기하는 것으로 포기하기 전까지의 베팅한 금액은 모두 잃게 된다.

한국에서는 다이(Die)로도 불리지만 이는 맞지 않는 표현이다.

❸ 콜(Call): 콜이란 자신보다 먼저 베팅한 플레이어의 금액을 받아들인다는 의미이다.

❹ 베트(Bet): 한 베팅 라운드에서 최초로 판돈을 올리겠다는 신호이다.

❺ 레이즈(Raise): 앞 포지션의 플레이어가 판돈을 올린 것을 받아들이고, 또한 거기서 추가로 더 베팅을 하는 액션을 의미한다.

❻ 리레이즈(Re-raise): 앞 포지션의 플레이어가 레이즈한 금액에 또다시 레이즈를 한 경우를 말한다.

❼ 올인(All-in): 자신이 가지고 있는 모든 칩을 베팅하는 것을 올인이라고 한다.

한국에서는 본인이 가진 칩을 모두 잃은 것을 올인되었다고 하기도 하나 이는 맞지 않는 표현이다.

특히 리올(리올인)이라는 표현은 한국식 용어이다.

COMMUNITY CARDS

커뮤니티 카드

홀덤게임에서는 모든 플레이어가 하나의 공용플롭을 사용하게된다. 이것을 커뮤니티카드라고 부른다.

텍사스 홀덤은 앞서 경기방법에서 살펴봤듯이 단계별로 네 번의 카드를 볼 수 있는 기회와 네 번의 베팅을 할 수 있는 기회가 있다.

앞으로도 말하겠지만 텍사스 홀덤의 묘미는 단계별로 바뀌는 핸드 상황에 대한 전략과 전술이고 각각의 빠른 판단과 진행이다.

첫 단계에서 불리하다고 끝까지 불리하지도 않고, 처음에 유리하다고 해서 그 기세가 끝까지 유지되지 않는 경우도 많다.

여기서는 각 단계별로 취하게 되는 경우의 수와 플레이어의 포지션에 따라 각 단계별 전략을 어떻게 운용해야 하는지 등의 기초적인 이론과 응용을 이해하기로 한다.

1) 프리플롭(Before the flop)

플롭 전이 프레이에서 자기 핸드의 가치는 포지션에 따라 달라진다 어떤 물건처럼 값이 정해져 있는 것이 아니라는 뜻이다.

물건의 값이란 시세에 따라 시장이 정하는 것으로 상대적이라고 보는 것이 맞을 것이다.

그래서 아마추어 플레이어가 게임을 배우면서 홀덤을 어렵게 느끼는 것이다.

수학처럼 하나의 답이 있는 것이 아니라 홀덤은 누가 어떤 핸드를 가지고 어떻게 플레이하는가에 따라 가치가 달라지기 때문이다.

상대 플레이어가 가진 핸드와 플롭과 턴 그리고 리버를 통해 자신의 패의 가치가 매순간 달라진다는 것도 잊지 않아야 한다.

아마추어 플레이어들의 맹점 중 하나가 플롭이나 턴에서 유리했던 장면이 사라지고 드로잉 데드(이길 수 없는 패)로 아주 불리한 상황으로 크게 바뀌었는데도 계속해서 플레이를 지속하는 것이다.

이와 같은 경우를 많이 보게 되는데, 이는 좋았던 시절을 잊지 못하고 현실에 적응하지 못하는 것과 같은 것이다.

반드시 자신의 잘못된 플레이를 고쳐나가야 강한 플레이어로 변모할 수 있다.

어떤 핸드를 어떤 포지션에서 어떻게 플레이하는가도 매우 중요하다.

스타팅 핸드를 선정하는 것이 게임에 임하는 플레이어에게는 가장 중요하다.

그래서 플레이어에게 도움을 주기 위해 홀덤 핸드 서열을 보여주며 설명하는 것이다.

게임 횟수을 나른 플레이어보다 평균적으로 많이 하는 플레이어는 남보다 그만큼 패가 잘 들어서가 아니라 플롭 보기를 좋아해서다

(Love to see the flop).

즉 플레이가 헤프다(Playing Loose)고 보면 된다.

자연히 스타팅 핸드(Starting Hand)의 선정 그룹(Selection Group)이 낮아질 수밖에 없다.

경우에 따라서는 좋은 패가 집중적으로 들어오고 이후 지속적으로 패가 안 들어오는 경우가 있는데, 이는 게임의 흐름에 관계되는 것으로 이런 흐름을 알고 기다릴 줄도 알아야 한다.

핸드의 가치는 상대적이라 할 수 있다.

어떤 실력을 갖춘 플레이어가 어떤 위치(position)에서 레이즈를 했는가에 따라 달라지며, 또 자기 패의 가치(value)는 상대 베팅의 액수에 따라서도 조금씩 달라진다.

나보다 앞쪽에서 이미 누군가가 레이즈했다면 나의 핸드의 가치는 상대적으로 낮아진다.

핸드랭킹 서열 그룹 2에 있는 핸드도 보통의 경우는 강하게 승부를 해야 하나 아주 특별한 경우에 한해 때로는 내려놓을 줄 알아야 한다.

상대가 가지고 있는 이런 큰 패들을 차차 감으로 알게 되는데 상대방이 그룹 1의 A-A나 K-K 핸드를 가졌다는 것을 피부로 느낄 수 있다.

이런 핸드를 남들이 눈치 채지 못하게 잘 감추는 플레이어가 강한 플레이어라고 믿길 수 있다.

역으로 이런 핸드가 있는 것처럼 남을 속이려는 플레이도 간혹 나오기는 하지만 결과는 그리 좋지 않다.

한 번의 옳은 판단이 실전에서 승리할 수 있는 기회를 자신에게 제공하게 되며 토너먼트에서는 탈락하는 것을 막아주기도 한다.

톱 프로들에게는 아주 어려운 것은 아니나 생각하는 척만 할 뿐 결론은 이미 내려져 있는 것이다.

평상시 자주 받기에도 어려운 그룹 2의 핸드를 내려놓는다는 것은 보통의 플레이어들에게는 아주 힘든 결정이고 상상하기도 싫은 일이나 그것이 바로 게임에서 승리하는 길이다.

그러나 자신이 누군가에게 지고 있다고 생각될 때와 누군가의 큰 핸드가 밖에 있다는 확신이 섰을 때는 아무리 좋은 패일 때도 죽을 줄 알아야 한다.

게임에서 승리하고 싶다면 인내가 필요한 장면이라고 생각하면 된다.

포커에는 공격만이 있는 것이 아니다.

바둑에서는 초반에 포석이 있고 중반전투가 있다.

이때 행마가 경쾌해야 하며 대세를 볼 줄 알아야 한다.

또 마무리에 들어서는 계산도 정확하게 잘해야 한다.

실전에서 혹은 토너먼트에서 내가 A-Qs으로 오픈했을 때 강한 레이즈가 날아오면 상대의 패는 그룹 1의 Pair King이거나 A-K일 가능성이 매우 높다.

나 자신도 A-Qs을 버리기 아까운 마음으로 실전에서 잘못된 판단을 한 적이 많이 있었다.

물론 그에 대한 결과는 좋지 않았다는 것은 자명한 사실이다.

참으로 들어오기 어려운 패인데도 불구하고 이것을 포기하는 것은 가장 어려운 판단을 요구하게 된다.

우리가 여기서 다시 한 번 알아야 하는 것은 Q pair와 A-Qs이 실전에서 가장 많이 올인을 당한다는 사실이다.

A-Q은 A-K을 만나면 플롭 이전에 거의 져 있다고 보면 된다.

Pair A-A나 Pair King에게도 아웃이 아주 적다는 것을 알 수 있다.

그러나 A-Qs만 보면 착시 현상 같은 것이 생기게 되는데, 랭킹 표에는 동급으로 표기되어 있지만 A-K과 A-Qs은 같은 동급의 핸드가 아니며 하늘과 땅 차이의 격차를 갖는다.

A-Qs이 A-K을 상대할 때에는 A-2와 별반 차이가 없는 것이다.

홀덤 핸드 서열 도표에 표기할 때에는 급이 같지만 실전에서는 매우 불리하다.

최하위 그룹에 속하는 스몰 페어가 A-K보다 49 대 51로 높은 것과 같은 이치다.

A-K이나 A-Qs이 상위 그룹에 속해 있는 이유는 그만큼 큰판을 많이 그리고 자주 이길 수 있다는 가능성 때문이다.

이런 부분을 아마추어 플레이어가 처음부터 완벽하게 이해하기란 쉽지 않다.

많은 실전 경험을 통해 하나씩 느끼게 되며 알아가게 된다.

토너먼트를 할 때에도 9 2나 7 2같이 나쁜 패를 가지고 올인을 당하는 일은 거의 찾아볼 수 없는 일이지만, 좋은 프리미엄 핸드가 더 좋은 패를 만나 올인을 당하는 경우를 우리는 쉽게 목격할 수 있다.

노-리밋 게임은 공격만 잘한다고 이기는 게임이 아니다.

공격과 수비가 겸비되어야 하며 판의 흐름을 읽을 수 있어야 한다.

노-리밋에서는 한 번의 판단 미스나 상대 패에 대한 리딩이나 오판의 실수는 결국은 수비 실수로 이어지게 되며, 이로써 그날의 게임을 망치게 되는 일이 비일비재하게 일어나는 법이다.

실전에서 그룹 1에 속해 있는 넘버2 핸드인 페어 킹도 숨도 안 쉬고 내려놓는 플레이어가 이 세상에 실제로 존재한다는 사실을 알아야 한다.

노-리밋 게임은 플레이를 잘하는 것도 중요하지만 얼마나 상대 패를 정확히 잘 읽어내고 올바른 결정을 내릴 수 있는지가 승부를 좌우하는 요소가 될 때가 많다.

좋은 핸드로 플롭을 보기 이전에 내려놓는 것은 아마추어 플레이어들에게는 상당히 실천하기 어려운 결정이 될 수 있다.

우리가 몸의 이상이 있을 때 수술을 해서라도 그 부위를 잘라내고 몸을 건강하게 유지하는 것과 같은 이치라고 생각하면 쉽다.

내가 큰 패를 내려놓고 아무도 콜을 안 하고 상대 패를 못 보았을 때 혹시 내가 이기고 있었던 것은 아닌지 오랫동안 그 생각에만 빠져 있는 경우를 흔히 보거나 경험한 플레이어들이 많이 있을 것이다.

그러나 궁금해할 필요는 없다.

경우에 따라서 아닐 때도 있겠지만 대부분의 경우 당신의 판단이 옳았다는 것을 점차 알게 될 것이니,

항상 자신의 판단에 의문을 가질 필요가 없다는 것인데, 확률적으

로 95% 이상 옳은 결정을 이미 내렸을 것으로 판단된다.

게임의 승리를 위해서는 아까운 희생도 감수할 수 있는 인내를 키워야 한다는 것을 명심해야 한다.

노-리밋에서는 어떠한 패로 플레이를 하느냐 혹은 어떤 포지션에서 어떤 핸드를 어떻게 플레이했는가를 보는 것이 상대 실력을 가늠할 수 있는 중요한 잣대가 되기도 한다.

상대에게 나의 목줄을 주고 끌려다니는 플레이어가 되어서는 절대로 안 된다.

체크와 콜만 반복하여 플레이하기를 즐겨하는 사람을 일컫는 것이다.

포커는 내가 칼자루를 잡고 다른 플레이어들에게 콜을 하든지 죽으라고 명령을 해야지 상대에게 칼자루를 주고 내가 스스로 칼날 앞에 서서 칼날을 피하는 신세가 되어서는 안 된다.

그렇다면 언젠가는 상대 칼날이 내 목을 치는 일이 벌어지게 되어있다.

노-리밋은 한 번의 실수로 토너먼트에서 바로 탈락하거나 그날의 패배로 직결되는 게임임을 잊어서는 안 된다.

어떤 포커 게임도 콜을 좋아하는(calling station) 플레이어는 특히 노-리밋에서는 절대로 이길 수 없고 승리하는 플레이어가 될 수 없다.

2) 플롭(After flop)

홀덤에서는 나의 패와 플롭과의 궁합이 맞았는지가 첫째로 중요하고 상대방은 무슨 패를 가지고 게임에 참여했는지를 가장 빠른 시간 내로 알아내는 것이 특히 중요하다.

리밋-게임에서는 레이즈(raise)가 복싱의 잽과 같은 역할을 해주기 때문에 상대 패를 빨리 알아내기가 쉬워지지만 노-리밋에서 함부로 레이즈를 남발해서는 안 되기 때문에 그에 대한 강약을 조절하는 것이 프로들에게도 노-리밋 홀덤의 가장 힘든 부분이다.

개중에는 플레이하는 방식이 아주 강한 패로 체크만 하고 기다리는 수비형 플레이어가 있는가 하면, 어떤 플레이어는 반대로 매우 공격적 성향을 가지고 있는 플레이어도 있다.

어느 류가 딱히 더 좋다고는 할 수 없지만 두 가지 모두 자동차의 기어처럼 수시로 기어를 바꿔가며 플레이할 수 있다면 매우 이상적인 플레이어가 될 것이다.

한쪽으로만 지나치게 치우친 플레이만 고집한다면 결코 강한 플레이어라고 말할 수 없을 것이다.

노-리밋 게임에서는 강약의 조절이 무엇보다도 중요하다는 뜻이다.

인생에서 중요한 결정을 해야 하는 경우에는 심사숙고하는 데 많은 시간과 세월을 소비하고 결정을 내릴 수 있지만, 홀덤 게임에서는 제한적인 아주 짧은 시간 내에 옳은 결정을 수시로 해야 한다.

그러니 이것이 얼마나 힘든 게임인지를 알 수 있다.

"플롭에서는 언제나 자신의 패의 가치를 다시 한 번 재평가해야 한다."

처음 시작한 두 장의 카드가 좋았지만 플롭과의 궁합이 맞지 않을 때는 고통은 따르지만 내려놓을 줄 알아야 하고 참으며 인내하는 습관을 키워나가는 것이 매우 중요하다.

아마추어 플레이어의 경우 가장 많은 실수를 저지르는 부분이 바로 이 부분인데, 플롭 전의 상황에만 목을 매며 플레이하는 경우를 흔히 볼 수 있다.

플롭 전에 자신이 가장 좋은 패로 시작했다는 것은 모두가 알고 있는 부분이다.

하지만 플롭 후의 상황은 수시로 변하는데 그런 상황에 바로 적응을 하지 못하는 것이다.

수시로 변화하는 환경에 적응하는 자만이 동물의 세계에서도 살아남는 것과 같은 이치일 것이다.

플롭 후에 자신에게 불리한 상황으로 변했다는 것을 알면서도 올인을 하는 경우를 심심치 않게 볼 수 있다.

고집 때문인데 지고 있다는 것을 알았을 때는 언제라도 내려놓을 줄 아는 플레이어가 되어야 한다.

유리한 장면에서만 승부를 해야 한다는 뜻이다.

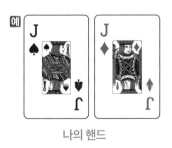

나의 핸드

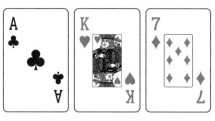

flop comes

한 사람의 플레이어만 상대하고 있어도 자신이 이기고 있을 확률은
25% 정도일 것이다.

두 사람이 있을 경우에는 5%도 채 되지 않지만 계속해서 플레이하
는 경우도 많이 보았다.

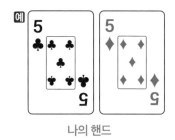

나의 핸드

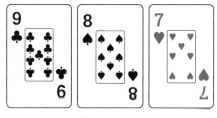

flop comes

이런 플레이가 얼마나 무모한 짓인지는 여러분도 글로 이야기하니 느낄 수 있을 것이다.

아래로 이빨 빠진 아래 스트레이트 드로우는 절대로 해서는 안 된다.

나의 핸드가 10페어일 때에만 공격적으로 드로잉하는 것이다.

그 이유를 보면 이렇다.

우선 10페어는 상대방이 10-J으로 플롭에 메이드가 되었을 확률이 매우 희박하다는 것을 우리가 알 수 있다.

왜냐하면 나의 핸드의 10자를 두 장이나 가로막고 있기 때문이다.

두 번째로는 상대방이 6-5로 플롭에 메이드가 되었을 가능성은 적지만 플롭이 되었다고 해도 나에게는 상대를 이길 수 있는 많은 아웃이 있다는 것을 알 수 있다.

이런 것은 정상적인 드로잉 핸드로 페어 5로 드로잉하고 있는 것과는 하늘과 땅의 차이인 것을 알 수 있다.

이번에는 플롭에서 콜을 받으며 드로잉해서는 안 되는 패들의 예시이다.

다음과 같은 핸드는 콜을 하며 게임을 진행해서는 안 되는 대표적인 예이다.

실전에서 흔히 나오는 것 중에는 죽어야 하는 패로 베팅을 먼저 하거나 체크 레이즈를 하는 경우까지 볼 수 있었다.

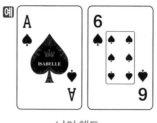

나의 핸드

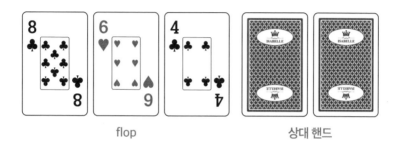

flop   상대 핸드

위 그림은 얼핏 보기에는 세컨드 페어에 A란 킥커까지 가지고 있어
매우 좋은 플롭처럼 보이지만 이것이 꼭 그렇지만은 않은 것이다.
내 눈에는 상대의 7c-5c 스트레이트가 가장 먼저 보인다.

스트레이트는 이미 메이드가 되어 있고 건 샷 스트레이트 플러시
드로우(gut shut straight flush draw)이다.

상대가 A-8을 가졌다면 나의 아웃은 거의 없어 보인다.

상대가 8-7을 가졌다고 하더라도 이 또한 내가 매우 불리한 상황에
서 게임을 진행하고 있는 것을 알 수 있다.

상대가 8-6 톱 투 페어를 가지고 있다면 15 대 1이라는 확률로 내
가 매우 불리하다.

상대가 Ac-6c를 가지고 있다면 상대에게 프리 롤을 주는 결과가

된다.

상대가 7c-9c를 가지고 있다면 상대가 턴에 나를 이길 수 있는 카드로 플러시가 9장이 있으며 오버 카드가 3장씩 6장이 있어 도합 15장의 카드가 있는 것이다.

이러한 상황은 턴에 내가 질 수 있는 확률이 32%라는 뜻이 된다.

여기에 더하여 리버에서도 내가 질 수 있는 확률은 32.61%로 늘어난다.

도합 상대가 나를 이길 확률은 64.61%로 상대가 매우 유리한 것을 알 수 있다.

상대가 셋이 플롭되었을 경우에는 드로잉 데드가 되는 것이다.

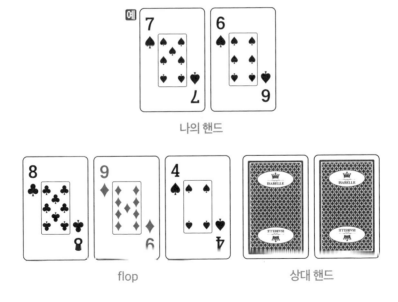

나의 핸드

flop   상대 핸드

위와 같이 여러 가지 이유로 상대의 베팅에 콜을 하며 따라다니는 것은 아주 위험한 플레이가 되는 것이며, 따라서 나로서는 좋은 플레이라고 추천할 수 없는 것이다.

위의 나의 핸드 7-6은 bottom straight draw이다.

상대의 핸드가 8페어나 9페어일 경우 내가 이길 수 있는 확률은 턴에 17%밖에 안 된다.

리버에도 17.39%로 매우 낮다.

도합 34.39% 매우 불리하다는 것을 알 수 있다.

한마디로 보텀 스트레이트 드로우는 해서는 안 되는 것이다.

플레이를 할 수 있는 패는 당연히 10-J여야만 드로잉할 수 있는 것이다.

나의 핸드

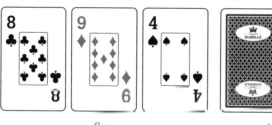

flop

상대 핸드

위의 7-6과 다른 점을 한 번 세밀히 분석해보기로 하자.

위와 같이 상대가 페어 8이나 9를 가지고 있다고 가정해본다.

내가 턴에 상대를 이길 수 있는 카드로는 스트레이트 카드가 8장 살아 있다.

그리고 오버 카드 10-J가 각각 3장씩 6장이 있어 도합 14장이 있다.

이는 턴에 내가 이길 수 있는 확률이 30%가 된다는 뜻이 된다.

그리고 리버에 똑같은 아웃으로 30.43%의 아웃이 있는 것이다.

이를 합하면 60.43%의 확률로 플롭에서 10-J이 매우 유리하다는 것을 알 수 있다.

그래서 7-6은 플레이하면 안 되는 것이며 10-J은 올인으로 승부해도 된다는 결론이 나온다.

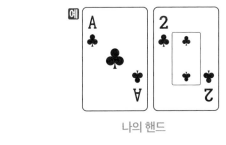

나의 핸드

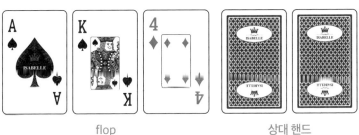

flop   상대 핸드

위 그림 또한 많은 아마추어 플레이어들이 오버 플레이를 하기 쉬운 장면 중 하나이다.

그렇다면 이 패도 바로 내려놓아야 하는 패인지에 대해서는 많은 의문이 생길 수밖에 없다.

정수는 플롭에서는 콜만 하고 턴에서 베팅이 나온다면 곧바로 내려놓아야 한다.

그 이유로는 상대가 혹시 내가 이길 수 있는 K-Qs 같은 좋은 패로 시작했을 수도 있기 때문에 콜을 하는 것이다.

그러나 턴에 베팅이 또 나온다면 설령 상대가 k-Qs이었다 하더라도 나는 게임을 더 진행할 수 없는 것이 된다.

만약 상대가 A를 가지고 있다면 상상하기도 싫을 만큼 자신에게는 끔찍한 일일 것이다.

그리고 전에도 말했듯이 콜링 스테이션은 어떤 포커 게임에서도 궁극적으로는 이길 수 없다.

자신의 플레이 스타일이 나쁜 방향으로 고정되는 것보다는 그 판을 넘겨주는 것이 차라리 낫다.

다음 그림의 경우도 상당히 많은 아마추어 플레이어들이 오버 플레이를 하기 쉬운 장면 중 하나이다.

상대의 베팅에 그냥 내려놓는 것이 정수인데 실전에서는 그렇게 쉽게 내려놓지를 못한다.

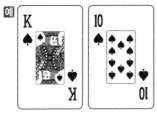

나의 핸드

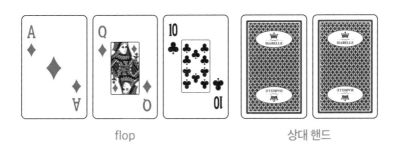

flop   상대 핸드

그런대로 플롭과 적당히 궁합이 맞은 것 같은데 왜 내려놓아야 하는가에 대한 의문이 생길 수도 있다.

그 이유로는 나의 무늬가 한 장밖에 있지 않아 나의 장점인 suit가 무의미해진 점이다.

다음에는 나에게 페어가 있는 것 같지만 보텀 페어(bottom pair)일 경우이다.

내가 천신만고 끝에 J을 떠서 스트레이트가 되었을 때 상대가 A-K을 가지고 있다면 chop이 되어 이길 수 없기 때문이다.

나누어먹기 위해 질 확률이 높은 데도 남이 베팅을 따라다녀서는 절대로 안 되는 것이다.

이처럼 쉽게 풀어서 설명하면 이해하기 쉬운데 그렇지 않을 때면 어렵게 느껴지는 것이 사실이다.

3) 턴(Turn)

❶ 위험한 턴(Dangerous 4th Street)

나의 핸드

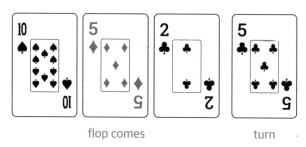

flop comes   turn

나의 핸드가 A-10이나 Q-pair(over pair)일 때 플롭 전에 레이즈를 했는데 flop came 10s-5d-2c에 all off suit.

위의 플롭은 A-10이나 Q-pair 같은 오버 페어 핸드를 가지고 있는 입장에서 볼 때에는 드림 플롭(dream flop)이라고 할 수 있다.

상대방이 체크(check)를 하고 내가 베팅을 해 상대방이 콜을 했을 때 턴에 5가 떨어지고 상대방이 체크를 해도 나에게는 가장 위험한 카드가 된다.

왜냐하면 상대방의 콜을 한 패가 2nd pair A-5나 k-5s일 가능성이 제일 많기 때문인데, 홀덤은 상대적이기 때문에 상대방이 무슨 패로 콜을 했는지를 반드시 생각하며 게임을 진행해야 한다.

일단 상대방의 패를 3-4s, A-5s, K-5s, 4-5s, 10, J-s, 10-9s, Q-10, K-10 등으로 예측할 수 있다.

3-4의 가능성은 가장 낮아 보이고 A-2의 가능성도 상당히 낮게 볼 수 있다.

A-2의 경우 상대방이 A-10이나 3-4s일 경우 A를 그리고도 올인 당할 위험부담이 높기 때문에 콜을 해서는 안 되는 것이다.

왜냐하면 고수들은 빅 블라인드라도 A-rack(2~9)일 경우 거의 플레이를 시작하지도 않기 때문이다.

강자의 경우 최하의 보텀 페어(bottom pair)로는 보통의 경우 콜을 하지 않는다.

A-2의 경우 A가 떨어졌을 경우 한방에 올인을 당하거나 큰판을 질 수 있기 때문에 플롭에서 콜을 해서는 안 되는 것이다.

그리고 강한 플레이어들일수록 상대에게 끌려다니는 플레이를 하는 것을 극도로 싫어하기 때문에 콜을 하지 않는다.

요즘 한국의 젊은 플레이어들이 이런 핸드로 플레이하는 것을 의외로 많이 본다.

상대에게 bad-beat을 주는 것을 즐기기 때문이다.

결국 이렇게 끌려다니기를 즐겨하는 플레이어들은 강한 플레이어가 될 수 없다.

플레이 형태가 안 좋은 방향으로 굳어지기 때문이다.

10-5-2 플롭에 턴에 5가 나왔을 경우 상대방의 체크에 대해서는 이와 같은 이유로 같이 체크로 응수하는 것이 좋다.

그래야 한방에 상대에게 넘어가는 것을 사전에 방지할 수 있다.

노-리밋은 항상 한방을 조심해야 하는 게임이기 때문이다.

상대방이 리버에서 마지막 베팅을 할 때에는 보통의 경우 콜을 받기 위해 너무 크게 베팅하지 않으므로 불운이 겹친 과정에서도 최악의 상황을 모면할 수 있는 것이다.

리버에 블랭크(blank)가 떨어지고 상대방이 또 체크를 한다면 당연히 적당한 크기의 밸류(value) 베팅을 해야 한다.

또한 상대방이 적당한 베팅을 한다면 마땅히 콜을 하는 것이 옳다.

내가 이미 이겨 있을 확률도 높을 뿐 아니라 블러핑일 가능성이 높기 때문이다.

반대로 상대방이 턴에 베팅을 했더라도 당연히 콜을 받아주는 것이 좋다.

상대방이 5가 트리플이 되었다면 반드시 체크를 했을 가능성이 매우 높은데, 베팅을 했다는 뜻은 Q-10이나 K-10, J-10 같은 똑같은 10페어로 나에게 턴에 프리 카드(free card)를 안 주려는 것이다.

상대방이 같은 10페어라면 내가 킥커로 이기고 있다는 뜻이 되기 때문이다.

위험한 카드가 떨어진다고 무조건 이겨 있는 핸드를 내려놓으면 블러핑을 자주 당해서 게임에 이길 수 없다.

경우에 따라서는 승부를 피하지 않아야 한다는 말이다.

어떤 때는 페어 A-A도 내려놓아야 하지만 상대방의 패를 읽어낼 수 있는 능력을 키운다면 이 또한 승부에 아주 중요한 부분이 되는 것이다.

플레이어는 플롭이 떨어지면 턴에 어떤 카드가 떨어지면 좋겠다는 생각은 하지만 위험한 카드에 대한 생각은 적게 하거나 예상하지 못하는 경우가 많이 있다.

플롭이 떨어지면 항상 어떤 카드가 나에게 위험한 자가 되는지를 생각해야 하며 상대 패를 정확하게 읽어내기 위해 여러 분야에 대해 미리 공부해두는 것이다.

그래야 공격과 더불어 수비도 갖추어지게 된다.

인생에서도 단시간 내에 세상의 모든 경험을 할 수는 없다.

다만 우리는 책으로 자신이 생각하지 못했던 부분이나 섭렵하지 못한 부분에 대해 보충한다고 생각하면 된다.

나의 책을 읽고 공부한다면 더 성장한 자신의 모습을 곧 볼 수 있을 것이라고 확신하는 바이다.

❷ 최상의 턴(Best 4th Street)

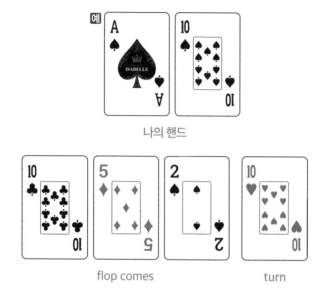

나의 핸드

flop comes　　　　turn

10c-5d-2s의 상황에서 턴 카드 10h가 떨어졌다면 나에게는 최상의 턴이 되는 것이다.

이럴 때에는 상대방의 체크에 절대로 베팅을 해서는 안 된다.

체크를 하며 상대가 나의 약한 모습을 느끼게 하며 상대에게 프리 카드(free card)를 주는 것이 좋다.

프리 카드를 주어 상대의 패가 발전하기를 바라는 것이 베팅을 하는 것보다 좋다.

더 이상 상대방이 내 패를 이길 수 없는 상황이 되었기 때문이다.

상대방이 리버에 블러핑을 시도록 유도하는 의미도 있고 나에 대한 경계를 풀게 하는 효과가 함께 있어 리버에 더 큰 팟을 이기는 경우도 더 많이 생기게 된다.

그리고 리버에 상대방이 체크를 했을 때 밸류-베트를 하면 반드시 콜을 받을 확률이 높게 되어 있다.

상대의 뇌리에 나의 패가 블러핑이나 아주 형편없는 패로 이미 인식되어 있기 때문이다.

최상의 턴을 받고도 작은 판을 이긴다면 사업으로는 수지가 맞지 않는 법이다.

자니 첸은 "poker is business"란 말을 평소에 자주 한다.

포커는 사업이기 때문에 좋은 패가 들었을 때 최대한의 이익을 남기라는 뜻이다.

어떻게 얼마나 더 많은 이윤을 남기느냐가 승부를 좌우한다는 것을 항상 유념해야 한다.

모든 실전 상황을 책으로 다 설명할 수는 없다.

비슷한 경우가 나올 때는 배운 것을 응용해 자신만의 영역을 새로이 만들어내는 능력도 바로 카드의 재능인 카드 센스에 속한다.

다음의 그림처럼 Qc-10s-7d가 플롭에 펼쳐지고 나의 패는 A-k으로 드로잉을 하고 있는데 Js가 턴에 떨어졌다면 나에게는 최상의 카드가 떨어진 것이다.

이때에는 상대방의 체크에 체크로 응수해 자신의 강한 패를 감출 필요가 있다.

세속해시 배팅을 약간 약하게 해서 플레이하는 방법도 있으며 두 가지 방법을 다 사용할 수 있다.

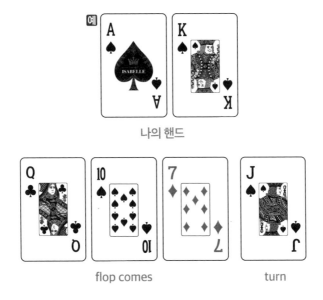

나의 핸드

flop comes   turn

하여튼 슬로 플레이를 할 수 있는 조건을 갖춘 셈이 된 것이다.

어떤 때에는 강하게 플레이해야 하지만 어떤 경우에는 상대방의 패가 더 발전해주기를 기도하며 기다려야 한다.

상대방이 나의 핸드를 정확하게 짐작할 수 없기 때문에 리버에 더 많은 액션을 받을 확률 또한 더 높아지게 된다.

이렇게 포커는 언제나 상대성을 갖는 것으로, 상대방의 플레이 성향에 따라 나의 플레이가 늘 변화해야 하며 달라져야 한다.

포커에서는 매번 하나의 정답만이 있는 것은 아니기 때문인데, 그래서 우리 모두가 포커를 어렵게 느끼는 것이다.

4) 리버(River)

모든 포커 게임에서는 마지막 장이 매우 중요한 요소가 된다.

아마추어 플레이어들이 가장 많은 판단 미스를 저지르는 부분이 바로 리버다.

하루 종일 완벽한 게임 패턴을 구사하던 플레이어도 이와 같은 한 번의 실수로 대세를 그르치게 되는 경우가 비일비재하게 나온다.

물론 프로들에게도 리버에서의 게임 운영에 대해서는 완벽하다고 이야기하기 힘들다.

그래서 프로들의 게임에서 리버까지 가는 경우는 실전에서 그리 많지는 않다.

플롭에서 확률을 계산해 올인을 하는 경우가 있고 또는 턴에서 올인으로 승부를 하는 경우가 많기 때문이다.

보통의 경우에는 4구에서 유리한 상태에 있는 플레이어가 적당히 정리를 하기 마련이다.

배드빗을 당하는 것이 두려운 사람은 유리한 상황에서 올인으로 승부를 보면 된다.

이런 플레이의 단점은 큰판을 이기기가 힘들다는 것이다.

4구의 다음에 펼쳐지는 것을 리버라고 하는데 마지막 장을 받고 승부가 뒤바뀌는 경우가 종종 나온다.

내가 유리한 패인 경우, 4구에서 상대의 약한 패나 끗핀 페도 내가 이기고 있다면 레이즈를 해서 상대를 정리하는 방법과 달고 가는 방법, 두 가지 방법이 있다.

상대가 페어 패로 쫓아오고 있다면 적당한 베팅을 하며 리버까지 당연히 데리고 가는 것이 내게 유익할 것이며 조금 더 이기는 방향으로 나의 플레이 방향을 잡으면 될 것이다.

그러나 상대방이 스트레이트나 플러시를 드로우하고 있다면 턴에서 올인을 해 그 장면에서 판을 끝내는 것이 배드빗을 막는 방법이기도 하다.

그러나 상대가 플러시를 마지막에 그릴 확률은 20%로 매우 낮다. 내가 만약 플러시로 드로우해야 하는 경우, 상대방의 베팅이 있다면 판에 내가 지불해야 할 칩과 내가 이길 수 있는 확률을 계산해 플러시나 스트레이트를 드로우할 수는 있지만, 대개의 경우 마지막 리버에서는 나에게 4 대 1로 불리하므로 드로우는 안 하는 것이 이득이 된다.

상대의 평상시 플레이 매너를 관찰해 어떤 류의 패를 선호하는지를 알아둘 필요가 있다.

그러면 게임 중에 상대의 패를 빨리 짐작해낼 수 있다.

아무 페어나 선호하는 플레이어가 있는가 하면 어떤 이는 무늬를, 어떤 이는 드로우를 더 좋아하고, 어떤 이는 하이 카드를 좋아하기도 한다.

그래서 이런 것들을 미리 알고 게임에 임한다면 자신에게 유용한 자료로 활용할 수 있다.

플롭에서 플러시 드로우로 베팅을 하며 강하게 플레이를 해서는 절대로 안 된다.

불리한 장면에서 먼저 베팅을 해 판을 키워놓을 경우 4구에서 큰 베팅을 받으며 드로잉할 수 없게 되기 때문이다.

두 가지 종류의 플레이어가 있는데 플러시 드로우로는 절대로 베팅을 하지 않으며 액션을 거의 주지 않는 이가 있고, 플러시 드로우로 액션을 많이 주는 플레이어가 있다.

무엇이 잘못되었을까?

당연히 메이드(Made)가 되기 전까지는 베팅을 해서는 안 된다.

오버 카드를 두 장 가지고 있어 베팅을 할 수 있는 특별한 경우가 더러 나오기는 하지만 기본적으로는 베팅을 안 하는 것이 올바른 방법이다.

그래야 메이드가 되었을 때 상대가 플러시로 인정하지 않아 콜을 받을 수 있다.

리버에서 플러시 드로우로 단둘이 남았을 때 오버 카드 없이 상대의 베팅에 콜을 자주 하는 플레이 역시 추천할 수 없다.

리버에서 플러시 드로우로 콜을 받아 플레이어가 이길 수 있는 확률은 19% 정도로, 이기는 경우는 아주 적기 때문이다.

마지막 5구에서 자신이 원하는 자를 뜨지 못했을 때, 우리는 인간이기 때문에 실망의 그림자가 눈빛에 0.001초 순간적으로 지나가게 된다.

이런 것들은 플레이어가 인위적으로 만들어낼 수 있는 것들이 아니며, 인간으로서 표출될 수밖에 없는 희로애락의 아주 작은 단면 중 하나다.

젊은 시절에는 그런 것들을 찾아보려는 노력을 하였고, 또한 실제로 그런 것을 찾아내어 블러핑을 잡아내는 데 실전에서 많이 유용하게 사용하기도 하였다.

지금은 눈이 어두워져 나의 패조차도 알아보기 힘들게 되었지만 말이다.

게임 중에는 어떤 자그마한 것 하나라도 놓치지 않고 게임에 유용하게 사용될 수 있는 것을 찾아내야 한다.

이것을 스스로 터득해 나가는 법을 익히는 것도 훌륭한 플레이어로 거듭나기 위한 매우 중요한 요소 중 하나일 것이다.

게임 중 주의사항 | Tip

- 노-리밋에서는 어떠한 패로 플레이를 하느냐 혹은 어떤 포지션에서 어떤 핸드를 어떻게 플레이했는가가 상대 실력을 가늠할 수 있는 중요한 잣대가 된다.
- 상대에게 나의 목줄을 주고 끌려다니는 플레이어가 되어서는 절대로 안 된다. 이는 체크와 콜만 반복해 플레이하기를 즐겨하는 사람을 일컫는 것이다.
- 포커는 내가 칼자루를 잡고 다른 플레이어들에게 콜을 하든지 죽으라고 명령을 해야지 내가 스스로 칼날 앞에 서서 칼날을 피하는 신세가 되어서는 안 된다. 그렇게 되면 언젠가는 상대방의 칼날이 내 목을 치는 일이 벌어지게 되어 있다.
- 노-리밋은 한 번의 실수로도 토너먼트에서 바로 탈락하거나 그날의 패배로 직결되는 게임임을 잊어서는 안 된다.
- 어떤 포커 게임에서도 콜을 송이히는(calling station) 플레이어는 특히 노-리밋에서는 절대로 이길 수 없다.

POSITION PLAY

포지션 플레이

다른 포커 게임도 그렇지만 텍사스 홀덤에서 포지션 플레이(Position Play)는 가장 중요할 수밖에 없다.

기본적으로 레이트 포지션〉미들 포지션〉얼리 포지션 순으로 유리하다는 건 누구나 알고 있다.

하지만 막상 플레이를 할 때에 어떤 전략을 취하는지는 이론과 달리 개인의 플레이 스타일과 플레이어 본인의 여러 상황에 따라 하늘과 땅 차이로 달라지고 그 결과 역시 마찬가지다.

1) 얼리 포지션(Early position) UTG(Under the gun) UTG+1

포지션이 앞쪽에 있을 때에는 기본적으로 플레이를 타이트(tight)하게 해야 한다.

그 이유는 만약에 뒤에 있는 상대방이 나보다 큰 패를 가졌을 때는 자기 자신을 아주 큰 위험에 빠트리거나 한방에 곤경에 처하게 할 수 있기 때문이다.

따라서 앞에서 하는 플레이는 항상 신중에 신중을 기해야 하며, 플레이 핸드를 고를 때도 범위를 대폭 축소해야 하며, 초심자일수록 수비 위주의 플레이를 구상하는 것이 원칙이다.

앞쪽에 위치한 플레이어의 핸드 밸류는 항상 내려간다는 것을 잊지 않아야 한다.

장사를 할 때 앞쪽에 물건을 진열한 사람은 제값을 받지 못한다는 뜻이다.

뒤쪽에 위치한 사람이 나보다 더 좋은 물건을 나보다 더 싸게 팔 수 있기 때문이다.

2) 미들 포지션(Middle position) MID, MP

미들 포지션의 경우에도 앞쪽 플레이하는 방식과 크게 다르지는 않다.

실력과 경험과 감각이 발전하면 이 모든 공식을 초월해 플레이할 수 있으나 처음에는 기본에 충실하며 게임에 임해야 한다.

그래야만 장차 어느 정도 실력을 갖추게 되면 자기만의 유일한 스타일을 만들어낼 수 있다.

남의 것을 카피한 것만으로는 대성할 수 없다.

포커는 예술이기 때문에 창의력이 필요하다.

그것만이 비로소 고수의 반열에 오를 수 있는 발판이 된다.

다음은 플롭을 보고 나서의 플레이가 가장 힘든 부분이다.

미들 포지션에서는 먼저 블러핑을 많이 당할 것이라는 점을 가오하지 않는다면 노-리밋에서는 한방에 올인을 자주 당힌다는 것을 넝심해야 한다.

플롭에서 완벽한 플레이를 구사할 수만 있다면 많은 핸드를 플레이해도 무방하다.

셋(set)이 떨어졌을 때는 반드시 체크하며 기다리는 것이 정수이고 상대방 플레이어의 플레이 매너에 따라 나의 플레이에 적당한 변화를 주어야 한다.

작은 베팅으로 팟을 키우는 예외의 경우도 나오지만 추후 설명하겠다.

톱 페어가 떨어졌을 때는 적당한 크기로 베팅하는 것이 정수이나 공격적인 플레이어가 뒤에 있거나 누군가 항상 베팅을 좋아하는 사람이 뒤에 있다면 체크를 하고 기다리는 것도 무방하다.

상황에 따라 혹은 자신의 판단에 따라 플레이를 변형할 수 있다는 뜻이다.

자기가 제일 좋은 핸드를 가지고 있다는 것을 알기 전까지는 올인하는 등의 플레이는 가급적 삼가는 것이 좋다.

3) NB(니어 버튼), BTN(버튼)

버튼하고 가까울 때 버튼을 소유하고 싶으면 베팅 액수를 약간 무리해서라도 평소보다 올려 자기보다 좋은 포지션의 플레이어를 아웃시켜 상대보다 유리한 포지션을 차지하고 게임에 임하는 것이 아주 현명한 플레이가 된다.

버튼 근처에서는 아주 많은 핸드(play loose)를 레이즈하며 플레이해도 된다는 말이다.

먼저는 플레이를 타이트하게 해야 된다고 했고 지금은 공격적으로 하라고 해서 이상하게 느껴질 수 있으나 포커에는 하나의 공식만 있는 것이 아니다.

그래서 어렵게 느껴지는 것이다.

앞에 있을수록 뒤쪽에 액션을 취하지 않은 플레이가 많이 있음으로써 핸드의 가치가 자동적으로 내려가며, 버튼에 가까워질수록 핸드의 가치가 자동적으로 올라가게 된다.

많은 핸드를 플레이할수록 상대방에게 혼동과 부담을 주어 나에게 유리한 상황을 연출해낼 수 있게 된다.

실력이 강한 사람일수록 버튼이 가까울 때 플레이를 많이 하며 베팅 또한 강하다.

이런 플레이어가 강한 플레이어라는 것을 알아야 한다.

노-리밋 홀덤에서는 버튼이나 버튼이 가까이 있을 때 공격적인 자신의 플레이가 상대 플레이어에게 혼동과 두려움을 주게 된다.

이로써 현재 플레이하고 있는 상대의 정상적인 플레이를 흔들어놓을 줄 알아야 한다는 뜻이다.

앞쪽(early position)에서 강하게 플레이하는 것은 자해행위에 가까운 것이었음을 경험이 많아지면 알게 된다.

자신이 그동안 얼마나 무모한 플레이를 해왔는지를 점차 알게 될 것이며 이때 비로소 홀덤을 조금 알았다고 생각하면 된다

4) SB(스몰 블라인드), BB(빅 블라인드)

딜러 버튼 아래서, 스몰 블라인드나 빅 블라인드에서 플레이할 때, 이것이 아마도 아마추어 플레이어들에게 가장 어렵고 불안해하는 상황일 것이다.

레이즈를 이미 누군가 했다면 상대 플레이어가 레이즈를 한 위치가 매우 중요하다.

어디서 레이즈를 했는가에 따라 상대 패의 가치가 크게 달라지기 때문인데 앞쪽에서 레이즈했다면 일단은 강한 패일 것이라는 점을 미뤄 짐작할 수 있다.

트래쉬 핸드는 당연히 주저 없이 버려야 하지만 프리미엄 핸드가 들어왔을 때가 가장 플레이하기 어려워진다.

A-10 off suit 같은 패가 나의 경험으로는 가장 결정하기 어려운 패 중 하나였다.

리레이즈를 하여 승부를 볼 수 있는 강력한 패 또한 아니고, 그렇다고 오랜만에 들어온 좋은 패를 그냥 내려놓기도 아깝고 해서 망설이는 경우가 생긴다.

여기서 가장 중요한 것은 누가 어느 포지션에서 레이즈를 하였는가 하는 것이다.

강한 플레이어가 적당한 금액의 레이즈를 하였다면 당연히 내려놓는 것이 옳다.

베팅의 사이즈가 문제인데 보통 나의 경우에는 내려놓는다.

그렇다고 내려놓는 것만이 정답이라는 이야기는 아니다.

나의 의견은 자신의 위치가 가장 나쁜 자리에 위치해 있으므로 나 같으면 고민하는 것보다는 다음 기회를 선택하겠다는 뜻이다.

버튼을 가지고 있을 때와는 다르며, 특히 나의 위치가 블라인드에 있고 남이 레이즈를 했을 때는 그 핸드의 의미와 가치는 많이 달라진다.

하여튼 포커에는 하나의 정답만 있는 것이 아니란 점을 명심하기 바란다.

콜만 할 것인지 레이즈로 바로 승부해야 할 것인지를 결정하기가 힘든데, 이것은 누구에게나 어려운 것이 사실이다.

❶ 그룹 1의 핸드는 바로 레이즈를 하거나 올인을 해 승부를 보는 것이 좋다.

❷ 그룹 2에 속해 있는 Q pair, J pair 혹은 K-Qs, Q-Js, 10-Js 같은 핸드는 콜을 하는 것이 좋다.

하지만 레이즈에 리-레이즈까지 이미 나왔다면 2그룹의 핸드는 반드시 내려놓아야 한다.

이미 상대에게 져 있을 확률 또한 매우 높기 때문에 승부의 찬스를 다음으로 미루고 기다리는 것이 좋다.

전에 이야기했듯이 레이즈를 누군가 했을 때에는 나의 핸드의 가치는 자동적으로 떨어진다는 것을 실전에서 행동으로 실행할 수 있어야 한다.

이렇게 딜러 버튼 아래에서 하는 플레이는 아주 타이트하게 해야한다는 것이다.

블라인드에서 공격적인 플레이를 하는 것은 화약을 품고 불속에 뛰어드는 것과 같은 행위다.

아무도 플레이하지 않는데 블라인드에 둘만 남았을 때 스몰 블라인드에서 프리미엄 핸드를 가지고 있다면 빅 블라인드에 있는 플레이어가 어떤 성향을 가진 플레이어인가에 따라 나의 플레이가 달라져야만 하고, 상대의 칩이 나보다 얼마나 많은지에 따라서도 달라져야 한다.

상대가 공격적인 플레이를 구사하거나 상대의 칩이 나를 커버하고 있을 때는 콜을 해 상대의 블러핑을 유도하는 것이 레이즈를 하는 것보다 좋은 플레이가 된다.

빅 블라인드에서 프리미엄 핸드를 가졌을 때 역시 스몰 블라인드가 콜을 하면 체크로 응수해 상대를 깊게 끌어들이는 방법도 있다.

포커의 포지션이란 것은 상대에 따라 가치가 달라지는 법이다.

이런 기술들을 읽을 수 있다면 앞이나 뒤에서나 다른 어떤 포지션에서도 자유자재로 게임을 자신에게 유리한 방향으로 전개시킬 수 있는 것이다.

"나는 신이 아니기에 다음번의 카드가 무엇인지 알 수 없다."
_ 바비 블드윈(Bobby Baldwin, 1978 WSOP 챔피언)

CHAPTER 2

강한 플레이어가
되는법

HOW TO BECOME
A GOOD PLAYER

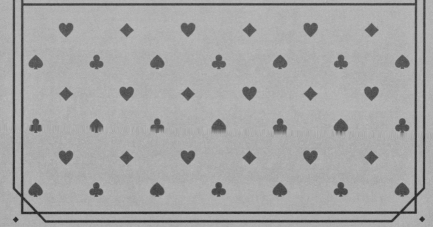

RAISE

레이즈의 중요성

1) 레이즈(Raise)

레이즈는 좋은 패로 게임을 바로 이기는 확률을 높이기 위해 플레이어를 판에서 몰아내는 역할을 하는 부분이다.

그리고 판을 키워 큰판을 이기기 위해서도 한다.

너무 많은 플레이어가 게임에 참여했을 때는 프리미엄 핸드를 가지고 있어도 내가 이길 수 있는 확률이 자연히 낮아지기 때문이다.

실력이 향상되었을 때에는 감각에 의존하며 여러 가지 플레이를 섞어서 할 수 있게 된다.

아마도 먼 훗날의 이야기일 것이다.

그룹 1, 2, 3의 핸드는 언제나 레이즈할 수 있다.

경우에 따라 혹은 좋은 위치에 있을 때는 그룹 4와 5를 레이즈해도 좋다.

레이즈를 함부로 남발하거나 애매한 포지션에서 너무 공격적으로 하는 플레이는 자신에게 아주 위험한 플레이가 되므로 삼가야 한다.

레이즈를 할 때에는 포지션의 선택이 매우 중요하며 앞쪽에 가까이 있을 때는 가급적으로 레이즈를 삼가고 타이트하게 플레이하는 것이 바른 게임 운영방법이다.

레이즈를 할 때에는 버튼을 가졌거나 버튼에 가까울 때 남보다 유리한 위치에서 레이즈를 하는 것이 가장 이상적인 플레이라고 할 수 있다.

버튼을 가지고 레이즈를 했을 경우 모든 이가 플롭에서 자동적으로 나를 향해 체크를 하므로 프리 카드를 받을 수 있는데, 나에게 게임을 운영할 수 있는 선택권이 주어진다는 것은 게임에서 아주 중요한 요소로 작용한다.

레이즈를 하고 나서 게임을 진행하게 되면 게임의 사이즈가 커지므로 항상 조심해서 게임에 임해야 한다.

어떤 플레이어는 하루 종일 레이즈만 한다.

콜이란 거의 찾아볼 수 없고 게임에 출전할 때 언제나 레이즈를 하는 플레이어가 있는데, 과연 그가 그런 훌륭한 프리미엄 패를 매번 들고 있을 가능성은 아주 희박하다고 보아야 할 것이다.

확률게임이기 때문에 다른 플레이어와 좋은 핸드를 가질 확률은 거의 똑같다고 보면 된다.

다만 그 플레이어의 레이징 핸드의 범위가 다른 이보다는 훨씬 더 폭넓을 것이다.

이런 플레이어를 노리고 있다가 프리미엄 핸드가 오면 승부를 바로 걸어야 하는 것이다.

게임을 할 때 어떤 이는 하루 종일 패가 잘 드는 듯 보이지만 실제로는 거의 차이가 없는데, 좋은 패를 받았을 때 액션을 더 받았기 때문이다.

게임이 남보다 잘될 때에 남보다 5% 정도 패를 조금 더 잘 받을 수는 있다.

이것을 흐름이라고 하는데 이런 것을 볼 줄 알면 흐름이 바뀔 때 그 플레이어가 그동안 이긴 칩을 한번에 빼앗아오는 데 도움이 된다.

재주는 곰이 부리고 돈은 누가 갖는다는 이야기가 되는 것이다.

처음에는 아주 잘나가던 플레이어가 도중에 토너먼트에서 탈락하는 것을 많이 보았으면 내 말의 뜻을 이해했을 것이다.

레이즈를 하는 의미 | Tip

- 팟(pot)을 키우기 위해
- 배드 빗(bad beat)을 당하지 않도록 드로잉(drawing)하는 핸드를 미리 차단(out)시키기 위해
- 상대방으로부터 유리한 포지션을 갖기 위해
- 상대에게 내가 좋은 패를 가졌다는 인식을 심어주기 위해
- 현재까지의 팟(pot)을 가져오기 위해
- 상대방에게 지속적으로 압박을 주어 상대가 나에게 반격하도록 유도하기 위해
- 둘만 남아 유리한 위치에서 일대일 승부(Isolation play)를 하기 위해
- 그룹 1, 2, 3은 포지션에 상관없이 항상 레이즈해도 된다.
- 마지막으로, 나에 대한 두려움을 주기 위해 레이즈를 한다.

2) 체크 레이즈(Check raise)

체크 레이즈는 강한 패를 가졌을 때 상대방이 드로잉하는 것을 최대한 막거나 드로잉하는 패에게 부담을 주기 위해, 또 팟을 키우기 위해 사용한다.

· 자기 자신이 싼값으로 드로잉하기 위할 때도 있다.

· 상대방이 실제로 강한 패가 있는지를 알기 위함이다.

· 지금 현재 상태의 팟을 가져가겠다는 제스처일 때도 있다.

리밋 게임에서는 언제나 플롭에서 베팅하는 사람이 있어 거의 매판마다 체크 레이즈를 사용하지만 노-리밋 게임에서는 너무 가볍게 자주 사용해서는 안 된다.

상대방이 오버 페어이거나 톱 페어에 제일 좋은 킥커를 가졌을 때는 곧바로 반격당할 수 있기 때문에 많은 칩을 넣고도 턴 카드조차 보기 힘들 때가 많기 때문이다.

만약 set이 플롭되었을 때는 플롭에서는 레이즈를 하지 말고 잠시 생각했다가 그냥 콜만 하는 것이 올바른 플레이다.

체크를 하는 데 시간을 너무 끄는 것은 다른 플레이어들에 대한 예의가 아니다.

예외의 경우도 존재하지만 정수는 하여튼 콜만 하는 것이다.

체크 레이즈는 강한 패로만 하는 것이 정수이나 고수들은 상대 플레이어의 패를 읽게 되면 가끔씩 블러핑으로도 사용한다.

예를 들어 플롭에 페어에 플러시(pair&flush)를 드로잉하고 있다면 어떤 패와도 훌륭히 승부를 할 수 있으므로 체크 레이즈를 할 수도 있고 올인을 하는 것도 무방하다.

또 다른 예로는 페어는 없지만 오픈 엔드(open-end) 스트레이트와 플러시를 동시에 드로잉하고 있다면 셋을 제외한 어떤 패를 상대해도 81%의 승률을 가진 패이므로 어떤 패보다 유리하므로 곧바로 올인으로 승부해야 한다.

이런 드로잉 패로 체크 레이즈하는 것을 포커에서는 세미 블러핑(Semi Bluffing)이라고 부른다.

현재는 상대에게 지고 있지만 이길 가능성이 많은 패로 블러핑을 치는 것을 말한다.

체크 레이즈는 베팅을 하고 있는 상대 패가 의외로 약하다는 느낌이 올 때 플러시나 스트레이트 같은 드로잉하는 패로, 혹은 보텀 페어에 좋은 킥커 같은 핸드로 체크 후 레이즈를 하여 베팅을 먼저 주도하고 상대를 압도하는 플레이를 구사하기도 한다.

이것은 주로 플롭에서 고도의 수읽기를 바탕으로 하는 것이지 아무 때나 시도 때도 없이 할 수 있는 것은 아니다.

상대가 자신에 대해 강한 플레이어라는 믿음을 가지고 있을 때라야 가능한 것들이다.

그리 되면 상대가 톱 페어에 킥커가 약할 경우에는 무조건 내려놓게 되어 있다.

약한 플레이어는 상대의 패를 정확하게 읽지 못하고 상대가 인정해 주지 않기 때문에 성공한 확률이 매우 낮아진다.

CALLING HANDS
콜링 핸드

어떤 핸드로 콜(call)을 하느냐?

실전이냐 토너먼트이냐에 따라 플레이하는 방식이나 작전이 조금씩 달라지며, 나와 상대방의 칩의 상태에 따라서도 달라진다.

또한 상대방의 플레이 매너나 상대의 실력에 따라서도 플레이하는 법이 매번 달라져야 한다.

승부를 하려고 할 때는 플롭 전에 다 밀어 넣기도 하지만, 상대의 게임 성향에 따라 상대를 도망갈 수 없게 끌어들이기 위해서는 그룹 1과 그룹 2로 콜만 할 수도 있다.

레이즈를 좋아하고 공격적인 플레이어가 앞에서 공격을 하고 있을 때와 나의 포지션이 공격적인 성향의 플레이어 앞쪽에 가까이 있을 때, 그리고 블러핑을 시도하기 좋아하는 플레이어가 뒤에 있다면 당연히 뒤에서 레이즈를 쳐주기를 기다리며 콜을 하며 슬로 플레이하는 것이 올바른 플레이가 된다.

왜냐하면 내 앞에 있는 공격적인 플레이어를 누구가가 뒤에서 반드시 노리고 있기 때문에 좋은 패를 가지게 되면 나는 의식하지 않고 앞의 공격적인 플레이어와 단둘이(head up) 플레이를 하고 싶어 크게 레이즈를 할 것이기 때문이다.

이때는 내가 유리한 상황에서 둘을 한꺼번에 끌어들여 큰판을 이길 수 있는 장점이 있다.

이러한 슬로 플레이의 장점 중에는 설령 아무도 레이즈를 하지 않고 플롭을 보았을 때에도 자신이 가지고 있는 프리미엄 핸드를 다른 사람이 알아채지 못하며, 또 다른 플레이어가 나의 플레이를 가늠할 수 없어 상대가 다음번에 나를 상대할 때 자신의 플레이 판단에 혼동을 줄 수 있다는 또 다른 이점도 있다.

바둑에는 좋은 수가 정해져 있고 상황에 따라서는 조금씩만 변화하지만 바둑과 포커의 다른 점이라면 포커는 하나의 방식이나 하나의 정석만 있는 것이 아니라는 것이다.

이를 명심해야 한다.

1+1=2라는 것은 누구나 아는 상식일 테지만 포커에서는 4도 될 수 있고 7도 될 수 있는 것이다.

4나 7이라고 생각하는 것에 대한 합당한 설명을 할 수 있으면 그것도 정답이 되는 것이다.

1+1이 4나 7이 될 수도 있는 것은 포커가 하나의 예술이기 때문이다. 물론 지금은 이 말이 이해가 되는 사람이 있고 안 되는 사람이 반드시 있을 것이나, 실력이 향상된 후에는 누구라도 이 말을 이해하리라 믿는다.

미디엄 페어(Medium pair) 이상이면 보통 사이스 베팅에 대해 콜을 할 수 있고, 상대의 매너나 실력에 따라 혹은 자신의 포지션에 따라

레이즈도 할 수 있다.

핸드 그룹 3, 4, 5는 콜링 핸드(calling hands)에 들어간다.

아무리 좋은 패도 상대가 먼저 나보다 레이즈를 앞에서 했다면 나의 핸드의 가치는 상대적으로 낮아진다는 것을 항상 명심해두어야 한다.

자기 뒤에 액션을 취하지 않는 사람이 몇 명이나 있는가에 따라서도 패의 가치는 수시로 달라진다.

그래서 아마추어 플레이어들에게 홀덤이 어렵게 느껴지는 것이다.

어떤 이는 언제나 콜을 하는 것을 좋아하며 모든 플롭을 보아야 집에 가서 잠이 잘 온다고 한다.

또 자신이 내려놓은 패가 플롭에 나오면 자신이 플레이를 잘못한 것 같아 크게 후회하는 것을 종종 볼 수 있다.

어떻게 게임을 하면서 모든 플롭을 다 보면서 플레이를 진행할 수 있을까?

아마 그는 제일 먼저 토너먼트에서 탈락하는 플레이어가 될 것이다.

토너먼트에서는 이길 확률이 높은 패로만 출전해야 하는 이유가 여기에 있다.

좋은 패로도 콜만 하고 있는 선수가 앞에 얼마든지 있을 수 있는 법이다.

콜만 전문적으로 하며 체크와 콜을 반복하며 완전한 찬스가 아니면 베팅을 하지 않는 플레이를 하는 사람이 Weak tight player라고 부른다.

교과서적인 플레이만 하는 플레이어를 ABC player라고 부르고, 공격일변도로 게임을 운영하는 플레이어는 Maniac이라고 부른다.

어느 포커 게임에서든지 한 방향으로만 치중되어 있는 플레이어는 결코 좋고 강한 플레이어는 아닐 것이다.

강한 플레이어가 되려면 A-Z를 보여줄 수 있는 플레이어가 되어야 하지만, 이는 아마추어 플레이어들에게는 요원한 이야기일 것이다. 자신만의 스타일을 차츰 만들어가고 그것이 실전에서 통할 수 있을 때 비로소 강한 플레이어가 되는 것이다.

핸드의 가치가 아주 작은데도 이유 없이 레이즈나 콜을 남발해서는 절대로 안 된다.

콜 이후 뒤에서 리-레이즈가 들어왔다면 보통의 경우 그룹 2 이하의 핸드는 반드시 내려놓는 것이 올바른 플레이가 된다.

콜을 받을 때도 반드시 생각해보아야 하는 것 | Tip

- 레이즈한 사람의 평소 실력이 강한지 약한지
- 레이즈한 액수가 얼마인지
- 상대방의 남아 있는 칩이 얼마인지, 핸드의 가치보다는 승부를 보기 위해 올인하기 위한 것인지
- 그 사람이 전판에 크게 져서 흥분되어 있는 상태인지 아닌지를 고려해 결정한다. 상대방이 전에 큰판에서 진 적이 있다면 흥분되어 오버 플레이를 하고 있을 가능성이 높다는 뜻이 되는 것이며 상대의 흐름 또한 나빠 나에게 유리해질 수 있다는 뜻도 된다.
- 상대방이 현재 런이 좋은지 안 좋은지도 고려해 승부를 할 것인지 여부를 결정한다.
- 상대 플레이어가 평소에 블러핑 셋업을 좋아하는 매너인지도 잘 파악해 자신의 플레이를 결정하도록 한다.

TRASH HANDS
나쁜 핸드

나쁜 핸드란 흔히 트래쉬(쓰레기) 핸드라고 일컫는다.

그 중에서 에이스 위드 스몰 킥커(As with small kicker), 킹크랩(king crap) Q, 7 등은 핸드 자체의 가치가 있기 때문에 빅 블라인드에서는 쉽게 버려서도 안 된다.

그러나 프로들은 A rack은 빅 블라인드에서도 거의 플레이하지 않는다.

자기 자신을 필요 이상으로 위험에 노출시키기를 싫어하기 때문이고 A가 플롭되어도 킥커가 강하지 않기 때문에 프로들은 상대에게 끌려다니는 플레이를 하기 극히 싫어하기 때문이다.

타이트한 플레이어나 자신보다 강한 플레이어가 앞에서 레이즈를 치고 들어왔을 때는 포지션과 관계없이 웬만한 패는 무조건 내려놓아야 한다.

좋은 패도 내려놓을 준비가 되어 있어야 하는데 그 이유는 강한 플레이어와 끼가 엮이게 되면 나에게 결국에는 손해가 되기 때문이다.

앞이나 중간쯤 끼어 있어 포지션이 안 좋을 때도 애매한 핸드는 절대로 플레이해서는 안 된다.

그 이유는 자신을 위험에 빠트리는 상황을 연출할 수 있기 때문이다. 그리고 상대방의 날카로운 잽에 자신의 칩이 말라버리기 때문이기도 하다.

상대방이 팟을 쉽게 훔쳐가지 못하게 어떤 때는 방어용으로 사용할 수 있는데 딜러 버튼(dealer button)일 때에는 적당히 레이즈해 블라인드를 훔쳐오는 데 사용할 수 있다.

나쁜 핸드(trash hands)는 될 수 있으면 플롭 이전에 팟을 훔쳐오는 것을 원칙으로 하되 플롭 이전에 레이즈를 맞았을 때는 반드시 내려놓아야 한다.

앞의 플레이어가 패를 버리는 속도는 내 뒤 포지션에 위치한 플레이어에게 좋은 패가 있는지 없는지를 가늠하는 척도가 되기도 한다.

앞의 플레이어가 빠른 속도로 패를 내려놓았다면 내 뒤에 남은 플레이어들이 프리미엄 패를 들고 있을 확률이 높아진다는 뜻이 된다.

이런 것을 빨리 느낄 수 있는 부분도 바로 카드의 재능인 카드 센스에 속한다.

트래쉬 핸드는 앞에 아무도 레이즈를 하지 않았을 때만 플레이가 가능하다고 보면 된다.

앞에 이미 레이즈가 있는데도 트래쉬 핸드를 플레이하는 행위는 가장 나쁜 플레이가 된다.

플롭에서 완벽한 플레이를 구사할 실력이 되어야 비로소 나쁜 핸드도 플레이할 수 있는 것이다.

CONNECTING CARDS
커넥팅 카드

커넥팅 카드(Connecting Cards)란 무늬가 같으며 숫자가 연결되어 있는 카드를 말한다.

예를 들어 K-Qs, Q-Js, J-10s, 9-8s, 7-6s 등으로 숫자가 연결되어 있으면서 무늬가 같은 것인데 이 패는 큰 팟을 이길 수 있거나 큰 팟에서 질 수도 있다.

왜냐하면 만약 A-2s를 가진 무늬를 만나게 되면 동시에 서로 플러시가 플롭되었을 경우 빠져나가기 힘들게 되어 있기 때문이다.

그러나 보통의 경우에는 좋은 플롭을 받았을 때 아주 큰 패들에게 이길 수 있는 매력이 또한 있다.

작은 커넥터의 경우에는 될 수 있는 대로 팟을 적게 만들어 플롭을 보아야 하며 만약 레이즈나 베팅이 강할 때에는 플롭을 보지 않는 것이 원칙이다.

높은 자로 커넥터가 있을 시에는 웬만한 팟은 승부할 수 있으나 자기의 뱅크 금과 베팅 사이즈에 따라 밀리지면 역시 강한 팟 베팅에는 무조건 내려놓는 것이 좋다.

그리고 자신이 칩 리더일 때는 자신에게 유리한 상황이나 또는 승부 흐름이 좋을 때만 승부를 보는 것이 좋다.

예를 들어 K-Qs를 가지고 보통의 베팅을 했을 때 상대방이 큰 베팅이나 올인으로 리-레이즈를 쳤다면 상대방이 프리미엄 페어나 A-K 같은 핸드로 내가 역시 질 확률이 매우 높다는 뜻이다.

플레이할 때에는 페어를 가지고 하는 것처럼 보여야 하며 상대방에게 연막을 잘 칠수록 큰 팟을 이길 수 있다.

플롭을 보기 전에 너무 자주 목숨까지 건 승부를 해서는 안 된다는 뜻이다.

지고 있을 때 참지 못하고 이러한 패들로 무리하게 따라다니기도 하며 승부를 거는 것은 가장 나쁘고 위험한 플레이가 된다.

평상시에는 이러한 이론도 많이 들어 알고 있지만 실전에만 임하면 실천이 안 되는 것은 무슨 까닭일까?

아마도 이론과 실전의 차이를 극복하지 못하고 실전에 적응하지 못한 이유일 것이다.

페어가 없는 낮은 플러시 드로우는 베팅을 받으며 따라다녀서는 안 된다.

예를 들어 7-8s으로 강한 레이즈를 받고 플롭을 보았을 때 9-10-J가 바닥에 떨어졌고 역시 계속해서 강한 베팅이 이어진다면 상대방에게 K-Qs 자가 있을 확률이 높아진다.

그만큼 위험부담이 있기 때문에 작은 커넥터는 될 수 있는 대로 판을 키우는 큰 승부를 피하라는 뜻이다.

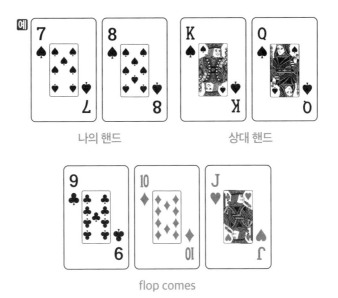

나의 핸드　　　　　상대 핸드

flop comes

강한 플레이어들은 이런 상황에서도 빠져나갈 수 있는 감각과 후각
이 따로 있다.

강한 플레이어들은 많은 공부를 기초로 한 완벽에 가까운 느낌이라
는 것을 가지고 있으며 그 정확도는 일반 아마추어가 상상할 수 없
는 경지에 이른 경우가 많다.

자신이 베스트 핸드가 아니라는 생각이 들었을 때는 항상 승부를
다음으로 미루는 마음의 여유를 갖는 것이 반드시 필요하다.

승부란 자신이 유리한 조건일 때 걸어야 하는 법이다.

BLUFFING
블러핑

블러핑(Bluffing)은 포커의 꽃이라고 할 수 있는 아주 중요한 기술이다.

내가 A-A 2장을 들고 상대방이 K-K을 들었다면 큰 팟을 이기는 것은 운이 따르면 아무나 할 수 있는 것이다.

노-리밋에서는 내가 남에게 블러핑을 당할 수 있다는 것을 염두에 두고 게임에 임해야 한다.

모든 블러핑은 내가 다 잡아내겠다는 생각으로 게임에 임하는 것은 좋은 자세가 아니다.

반대로 내가 남에게 할 수 없이 블러핑을 쳐야 하는 상황도 연출되지만 블러핑을 당할 수밖에 없는 상황도 가끔씩 나온다.

어렵게 생각해서 내가 내려놓은 다음에 상대가 남에게 블러핑을 치다 걸리면 '아까 혹시 나에게도?' 하는 생각을 하지 않을 수가 없다.

노-리밋에서는 항상 블러핑이 존재하지만 내가 그것을 혼자 다 잡아내겠다는 생각으로 게임에 임해서는 절대로 안 된다.

나에게 블러핑을 쳐 성공한 사람은 지속적으로 그런 행동을 반복적으로 하게 되므로 결국에는 또 내가 좋은 패를 가지고 있을 때 또

블러핑을 치다가 걸려 내게 돌려주게 되어 있는 것이 세상의 이치다.

이렇게 편히 마음먹고 자신의 게임 패턴을 이어가야 한다.

블러핑은 고수들만이 할 수 있는 기술이다.

하수들이 블러핑을 하면 상대에게 너무나 잘 걸린다.

- 그 첫 번째 이유는 상대방의 패를 정확히 읽지 못해 발생하는 것이다.
- 두 번째는 평상시에 신용을 쌓아놓지 않았기 때문이다.
- 세 번째는 그 위치 선정이 매우 잘못되어 있기 때문이다.
- 네 번째는 상대방이 내가 원하는 방향으로 내 패를 인정할 만한 베팅 스토리를 구축해놓지 못해서다.

그렇다면 어떤 때 블러핑을 시도하거나 안 하는 게 좋은가?

첫째, 상대 패가 무엇인지를 정확히 읽었을 때에야 비로소 가능하다.

둘째, 상대 패와 우열을 가리기 힘들 때거나 근소하게 지고 있을 때 가능하다.

상대 패가 자신의 패보다 월등히 좋을 때는 블러핑이란 있을 수 없다.

셋째, 자신의 오픈 카드가 상대보다 좋아 보일 때다.

실제로는 지고 있지만 상대가 보기에는 자신이 진 것처럼 여겨질 때니.

넷째, 곰처럼 우직한 사람에게는 아예 블러핑을 포기하는 것이 좋다.

다섯째, 이미 많은 돈을 잃은 사람에게는 블러핑을 쳐서는 안 된다.

여섯째, 어느 정도의 액수로 블러핑을 치면 상대가 죽는다는 강한 확신이 들었을 때다.

일곱째, 쌓인 판돈에 비해 블러핑 액수가 높은 비율일 때다.

이렇게 블러핑은 실패하더라도 가끔씩 쳐주어야 할 때가 있다.

그래야 상대가 "저 사람도 블러핑을 치고 있구나." 하고 경계심을 가지게 되는 것이다.

이것은 상대의 돈을 거저먹겠다는 뜻이 아니라 어디까지나 자기 자신의 보호 차원에서 이루어지는 일이다.

그래서 블러핑을 하기 위해서는 상대 플레이어의 평상시 매너나 습관, 표정 등을 관찰해두며 콜링-스테이션(calling station)인지 아닌지를 미리 가늠해두어야 한다.

그리고 하수들은 표정에 '나는 블러핑을 치고 있어요'라고 얼굴에 쓰여 있는 경우가 많다.

블러핑을 칠 때에는 상대방이 방금 전에 큰 팟을 겼는지에 대해서도 기억해두어야 한다.

만약 상대방이 이전에 큰 팟을 겼다면 그에게는 블러핑이 거의 통하지 않는다는 이야기가 된다.

상대의 심리 상태를 실시간으로 파악하며 같이 호흡해야 비로소 블러핑도 가능해지며 블러핑이 통하는 확률 또한 커진다.

고수들의 플레이 중에는 블러핑을 되받아치는 기술이 있고, 자기가 판단해 상대방도 리버에 드로잉을 미스했다고 판단하면 사신 있게 또다시 되받아치는 기술이 있다.

프로의 세계에서는 세 번까지도 블러핑으로 되받아치며 응수하는 경우도 볼 수 있다.

이런 것들은 고도의 수읽기를 바탕으로 하는 것이지 그냥 배짱으로만 하는 것이 아니다.

처음부터 아마추어 플레이어가 이런 기술만 익히려고 노력해서는 안 된다.

기본적인 실력을 갖추었거나 많은 공부를 했다는 것을 남이 인정하기 시작할 때만 가능하다는 것을 알아야 한다.

자신이 블러핑만 치면 귀신같이 알고 같은 사람에게서 리-레이즈가 날아오는 경우가 흔히 있는데 이것은 자신의 플레이 매너나 습관, 표정 등이 상대에게 읽혔을 가능성이 크다.

그래서 게임할 때에는 포커페이스가 필요한 것이며 희로애락을 겉으로 표현하는 것은 좋은 습관이 아니므로 스스로 고쳐나가야 한다.

블러핑의 성공률을 높이는 방법은 있다.

저격수가 움직이는 물체를 쏠 때에는 움직이는 물체와 호흡을 같이하며 눈을 떼지 않고 움직이는 물체와 함께 동승하며 호흡해 눈과 마음이 함께 따라가야 정확도가 높아지며 저격이 가능해지는 것이다.

포커에서도 이와 마찬가지로 플레이어들의 심리 상태를 실시간으로 파악하고 따라가고 있어야 하며, 하나의 자그마한 움직임도 놓치기 않아야 한다.

이로써 상대 패를 점차 정확하게 알게 되며 그에 따른 정확도가 높아져 블러핑 성공이 가능해진다.

예전에 칩 리즈와 친해지면서 게임에 관한 이야기를 서로 나누는 중에 그가 의문 나는 점에 대해 나의 의견을 묻고는 했다.

서로 인정해주는 프로들은 가끔씩 서로 의문 나는 것을 묻고 해답을 찾는 경우가 많이 있다.

상황에 대한 서로간의 의견을 청취하는 것인데 나 또한 이렇게 서로 의논하는 시간을 가진 적이 많았다.

칩은 사람들이 그를 인정해(respect)주면서부터 그에게 콜을 주지 않아 더 많이 이기기가 힘들어졌다고 불평을 토로한 적이 있다.

당시 우리들의 결론은 이러했다.

상대방이 플롭에서 자신이 이기고 있을 때 콜을 주지 않는 것은 플롭과 궁합이 전혀 맞지 않은 것이 아니라 확실하지 않은 패로 액션을 주기 싫어하기 때문이다.

이를 극복하는 방법으로 그런 이를 상대할 때는 블러핑을 조금 더 자주 치는 방식을 택하는 것이 좋다는 결론을 내린 적이 있다.

이와 같이 상대 플레이어가 자기를 인정해줄 때에는 블러핑을 치기 쉬워진다는 장점도 생긴다.

또한 블러핑을 치기 위해 아무것도 없이 의연하게 상대의 베팅에 콜을 하는 경우도 있다.

첫째로는 상대의 패가 의외로 약하다는 것을 느꼈을 때다.

그리고 두 번째로는 상대의 잘나가는 흐름을 바꿔놓고 싶을 때다.

이처럼 프로들이 잘 사용하는 기술 중 하나가 블러핑이다.

STEALING BLINDS
블라인드 훔치기

남의 것을 훔친다는 것은 도덕적으로 보아서는 아주 나쁜 짓이겠지만 포커에서는 게임의 승리를 위해 불가항력적인 것이다.

아무 근거도 없이 훔쳐야 한다는 뜻은 아니다.

서로 누가 나보다 좋은 패가 있는지를 모르는 상황에서 선수를 친다는 뜻으로 이해해주었으면 한다.

블라인드를 훔치는 기술은 포커의 아주 중요한 테크닉 중 하나이며 포지션이 유리할 때만 사용할 수 있는 기술이다.

앞쪽에서 사용할 때도 있지만 권유하지는 않겠다.

이는 또한 실전에서 자주 사용되는 기술로서 좋은 패로는 콜을 하며 슬로 플레이를 하지만 반대로 약한 패를 가지고는 빠르게 공격적으로 플레이해 상대가 나의 패턴을 읽지 못하게 하는 것이다.

나의 플레이 패턴을 읽지 못해 나를 상대할 때에 나의 패를 가늠하지 못하게 하는 불편함을 주는 것이다.

항상 나의 플레이를 적당히 미스해 상대에게 혼동을 줄 수 있어야 한다.

어떤 아마추어 플레이어들은 고의로 블러핑을 셋업(setup)하는 것을 좋아한다.

하지만 블라인드 훔치기는 블러핑과는 전혀 다른 분야이며 상대가 나를 인정해주기 전까지는 블러핑도 해서는 절대로 안 된다.

블라인드 훔치기는 플롭을 보기 이전에 버튼에 가까울 때나 버튼을 가지고 있을 때 웬만한 패로 다 레이즈를 해 블라인드를 빼앗아오는 수법인데 이것의 중요함은 다음과 같다.

블라인드를 한번 빼앗아오면 다음 라운드에 공짜로 패를 한 번 더 받아볼 수 있는 기회가 나에게 제공되기 때문이다.

화살을 10개씩 가지고 싸움을 시작했을 때 3개의 화살을 빼앗아올 수 있다면 화력은 13 대 7로 변하며, 이로써 상대에 비해 거의 두 배 가까운 유리함을 가질 수 있다는 것을 쉽게 알 수 있다.

실제 사례로 예전에 캐시 게임을 하다 보면 승부욕이 발동해서이거나 서로의 실력을 가늠하기 위해 둘이서만 게임을 한 적이 많이 있었다.

이런 게임을 보통 헤드업(head-up)이라고 부른다.

나의 실전 경험상 톱 프로와 둘만의 게임을 시작해서 상대방 칩의 30%를 이기는 데는 2~3시간이 소요되지만, 나머지 70%의 칩을 이기는 데는 불과 2~30분밖에 소요되지 않았다.

이것에 비추어보면 이 뜻을 이해할 수 있을 것이다.

그러나 남의 팟을 훔쳐오는 것은 극도의 심오한 게임 감각을 필요로 하며 동시에 개입 운영에 아주 중요한 것이다.

상대방과 내가 플롭 후에 아무도 좋은 플롭을 얻지 못했다고 판단되면 재빨리 팟을 훔쳐올 수도 있어야 한다.

훔치는 것은 고도의 기술을 요하며 특히 고수들은 냄새를 잘 맡는 후각을 가지고 있다.

이슬비에 옷 젖는다는 말이 있지 않나?

잔잔한 승부로도 언제 승부가 갈린 줄도 모르는 사이 승패가 결정된다는 뜻이다.

빅 블라인드에 있는 플레이어를 지속적으로 압박하고 괴롭혀야 얻는 것이 있다.

물론 이런 플레이에는 그만한 근거를 가지고 있어야 한다.

특히 토너먼트를 할 때에 블라인드가 지속적으로 오르고 테이블이 숏 핸드로 변화되면 블라인드는 지속적으로 빠르게 진행되는데 이때 언제나 자신이 원하고 있는 플롭을 받을 수만은 없다.

그래서 어느 정도는 이 기술을 필요로 하는 것이다.

스틸링 팟(훔치는 기술), 이것은 고도의 기술이며 포커의 전술 중 중요한 부분이다.

그러나 아무 패로 해야 한다는 뜻은 아니다.

정상적인 플레이를 하는 중에 공격적으로 블라인드를 빼앗아오라는 뜻이다.

이렇게 여러 가지 스타일을 수시로 바꿔가며 구사해 변화를 줄 수 있는 것이 강한 플레이어가 되는 지름길이나.

플러시 카드가 보드에 두 장 깔렸을 때(When two flush cards on the board) 여기에 블러핑을 쳐서는 안 되는 플롭이 딱 하나 있다.

플롭에 두 장의 플러시 카드가 나와 있을 때는 절대로 블러핑을 쳐서는 안 된다.

왜냐하면 의심이 많은 플레이어는 당신이 플러시 드로우를 미스했다고 생각하고 스몰 페어나 A하이로도 반드시 콜을 하기 때문에 블러핑을 쳐서는 안 된다.

그래서 플러시 드로우는 메이드될 때까지 특별한 경우를 빼고는 베팅을 하여 판을 키우면 안 된다.

플러시 드로우를 미스했을 때에는 블러핑을 하지 말고 반드시 체크로 응수해야 한다.

또한 스트레이트 드로우가 있을 때도 조심해야 한다.

하이 카드가 많이 있을 때 자신이 높은 스트레이트 드로우를 하고 있을 때를 제외하고는 메이드되기 전에 베팅을 해서는 안 된다.

이때 베팅을 하는 이유는 작은 페어를 판에서 몰아내기 위해서다.

의심이 많은 플레이어는 스트레이트 드로우로 인정해주고 플레이를 진행하다가 자신이 생각하던 위험한 카드가 떨어지지 않았다고 판단되면 스몰 페어로도 콜을 받는 경우가 많이 있으므로 이때 역시 베팅하지 않는 것이 좋다.

포커 게임에서는 항상 남을 인정하지 않고 자기가 이길 수 있는 패가 무엇인가를 찾아내어 콜을 즐기는 플레이어가 있다는 것을 반드시 명심해야 한다.

STRONG KICKER
킥커의 중요성

어느 포커 게임에서나 무엇보다 킥커가 매우 중요하다.

스터드(stud)나 오마하(omaha) 게임같이 하이만 추구하는 모든 게임에서도 똑같이 적용되지만 홀덤에서는 다른 어떤 게임보다도 더욱 중요하게 작용된다.

우리가 A-K을 플레이할 때에는 안정감을 가지고 플레이할 수 있지만 그 외의 것들은 무언가 불안한 느낌을 가지게 되는 것은 바로 킥커 때문이다.

나의 친구 브래드 아바지안은 A-K 이외의 핸드는 언제나 As 랙(rack)이라고 불렀다.

A의 스몰 킥커(A rack) 즉 A에 작은 킥커를 지닌 것을 통틀어 As 랙이라고 부른다.

홀덤에서의 승부는 큰 패에서 결정되는 것보다 킥커에서 나는 경우가 더 많고 작은 팟을 지속적으로 지기 때문에 잔 펀치에 데미지를 심하게 입는 경우가 심심치 않게 나온다.

이슬비에 옷이 젖는다는 속담대로 나쁜 패를 지속적으로 플레이하는 행위는 좋지 않다.

이로써 필요 이상의 중대한 결정을 너무 자주 해야 하며, 자기 자신의 게임 패턴을 망가트리며, 또한 자신을 궁지에 몰아넣는 이유가 되기도 한다.

아마추어 플레이어들이 최악의 판단을 초래하는 경우를 보면 대부분 처음부터 랭킹에 없는 As 랙 같은 트래쉬 핸드를 강하게 플레이했기 때문이다.

카드를 이기기 위해 하는지 즐기기 위해 하는지는 자신이 결정해야 하는 문제로 자신의 핸드를 어떤 범위 내에서 플레이할 것인지와 어떤 경우에 승부를 볼 것인지를 미리 정해두어야 할 필요가 있다.

A-2, A-9은 모두 As 랙(As trash)으로 부르는 이유가 여기에 있다.

As 랙은 영어로는 trouble hands라고도 명명하고 있다.

프로의 세계에서는 어떤 포지션에서나 혹은 빅 블라인드일 때에도 As 랙을 거의 플레이하지 않는데 여러분은 이런 핸드로 아무 포지션에서나 레이즈를 하고 있지 않는지 자신을 점검해볼 필요가 있다.

As도 플러시가 플롭되기 전에는 a rack과 똑같은 핸드이므로 레이즈를 해서는 안 된다.

아마추어의 경우 As을 처음부터 강하게 플레이하는 것을 많이 볼 수 있는데, 원래는 As은 콜만 하고 있다가 웬만한 사이즈의 레이즈가 날아오면 내려놓아야 한다.

그 이유로는 플러시가 플롭에 메이드로 떨어질 확률은 매우 낮으며 플러시 드로우가 떴어서 웬만해서는 숙을 수도 없기 때문에 근판을 지는 경우가 많기 때문이다.

그다음으로는 플러시 드로우만 나와도 오버 플레이를 하기 일쑤이기 때문에 레이즈로 시작한 판에 플레이하고 있다면 턴에 올인을 당할 확률 또한 높기 때문이다.

As을 오버 플레이하는 것은 아마추어 플레이어의 문제만은 아니고 프로들 중에도 이와 같은 실수를 하는 것을 흔히 볼 수 있다.

A-10, A-J, A-Q도 최상의 패가 아니므로 항상 주의하며 게임을 운영해야 한다.

하여튼 As something을 어떻게 완벽한 플레이로 구사해낼 수 있는지는 홀덤을 좋아하는 우리 모두에게 영원한 숙제로 남을 것이다.

공짜로 패를 받는 법

공짜로 패를 받는 법(Getting a Free Card)에는 여러 가지 경우가 있겠으나 먼저 상대로부터 유리한 포지션을 얻는 것을 필요로 한다.

- 플롭 전에 레이즈를 해서 앞에 있는 플레이어가 함부로 베팅을 할 수 없게 하는 법이 있다.

- 나의 포지션이 유리하고 플롭에서 앞에 베팅을 하고 나왔을 때 그 베팅과 똑같은 양이나 1.5배 정도의 레이즈로 다른 플레이어를 아웃시키고 또한 상대 플레이어를 슬로다운(slow-down)시키는 방법이 있다.

이는 자신이 드로잉할 때에 쓰는 수법으로 상대의 패를 테스트하는 효과도 함께 지니고 있다.

이때 내가 레이즈를 하지 않으면 상대방의 두 번째 베팅이 턴에서 두세 배 이상으로 커지기 때문에 이를 줄이는 효과가 있고, 만약 상대방의 패가 의외로 약할 때는 내가 한 레이즈가 상대에게 위협이 되어 그 자체로 팟을 이겨올 수도 있는 이점 또한 있다.

이따금 반격을 빋이 곤란한 지경에 처할 수도 있으나 반격을 받았을 때는 즉각 승부를 포기하는 것을 원칙으로 생각하고 게임에 임하면 된다.

수동식 차량을 운전할 때처럼 여러 가지 기어를 수시로 마음대로 바꿀 수 있어야 한다는 뜻이다.

평상시 강한 플레이어라는 인상을 상대방에게 심어주면 웬만해선 상대방이 나를 상대로 리-레이즈할 수가 없다.

공짜나 싸게 패를 받는 법은 포커 게임에서는 아주 중요한 부분 중 하나이다.

어떤 때에 실행해야 하는지는 많은 경험에 의해 축적되는 것으로 여러 시행착오를 겪으면서 차츰 발전해나가게 된다.

스몰 페어 플레이하는 법

리밋-게임 경우에는 2, 3, 4, 5 같은 스몰 페어는 거의 플레이하지 않는 것을 원칙으로 한다.

왜냐하면 스몰 페어를 계속적으로 플레이하는 플레이어는 리밋 게임에서는 승률이 높지 않으며 이기는 플레이어가 되기 힘들기 때문이다.

많은 노-리밋 플레이어들 중에는 스몰 페어로 A-K 같은 프리미엄 핸드를 이기는 것에 대하여 희열을 느끼려는 경우가 있는데 결국에는 확률적으로 이길 수 없는 플레이가 된다.

자신의 플레이가 나쁜 방향으로 굳어지므로 반드시 교정해야 한다.

나의 경험에 의거한 이야기이고 프로들의 실전에서 일어나는 통계적인 수치다.

다른 톱 프로들도 나와 마찬가지로 스몰 페어를 자주 플레이하지는 않는다.

스터드 게임에서도 포켓 페어가 아닌 스몰 스피릿 페어(Small sprit pair)는 플레이하지 않는다.

이길 수 있는 확률이 그만큼 적기 때문이다.

그 대신 노-리밋 게임에서는 스몰 페어의 가치가 자동적으로 상승하므로 부담이 되지 않는 정도에서는 플롭을 보는 것이 좋다.

토너먼트에서도 스몰 페어로 필요 이상으로 레이즈해서 자신을 위험에 빠트리는 행위는 금물이다.

노-리밋 게임에서는 스몰 페어로 큰 패를 상대로 한방에 게임의 전세를 역전시킬 수 있기 때문인데, 리밋 게임에서는 라운드별 베팅의 액수와 베팅할 수 있는 회차가(캘리포니아는 4회, 라스베이거스는 5회) 정해져 있어 스몰 페어를 계속해서 플레이하는 플레이어는 게임에서 승리할 수 없다.

리밋 게임에서는 큰판을 한방에 이길 수 없고 노-리밋은 올인할 수 있는 한방이 있기 때문에 페어의 가치가 자동적으로 상승하는 것이다.

그래도 스몰 페어를 플레이할 때에는 가능한 한 팟의 사이즈를 줄이고 부담이 되지 않는 판에만 출전하는 것이 좋다.

스몰 페어를 플레이하는 법(How To Play Small Pair) 또한 포지션이나 게임의 분위기에 따라 좌우된다.

국내의 플레이어들 중에는 스몰 페어만 들어와도 벌써 전운이 감돌며 올인할 준비를 하는 것을 많이 보게 된다.

이런 것은 오버플레이를 하고 있는 것으로, 되도록 삼가는 것이 좋다.

가끔씩 스몰 페어로 앞 게임에 참가한 플레이어가 없다면 먼저 올인을 할 수는 있어도 남의 베팅에 콜을 받으며 올인을 하는 것은 금물이다.

가급적이면 스몰 페어도 모든 핸드를 플레이하지 않는 것이 좋으나 노-리밋에서는 많은 스몰 페어로 다르게 플레이해야 하며 스몰 페어의 가치가 리밋 게임에 비해 크게 올라간다는 점은 리밋 게임과는 다르다.

스몰 페어를 자주 플레이해서는 안 된다.

누군가 레이즈를 하고 자신이 콜을 받았을 때 높은 자가 두 장 이상 플롭에 떨어지면 상대가 무엇을 가지고 있는지와 상관없이 상대의 베팅에 더 이상 게임을 진행하기가 어렵다.

오버 페어를 만났을 때 자신이 이길 확률은 7 대 1 이상으로 매우 낮다.

피차간에 어떤 무늬를 가지고 있는가에 따라 확률은 조금씩 변하지만 낮은 자로 플러시 드로우가 되도 낮은 자로 플러시 드로우하는 것 자체가 실전에서 또한 쉽지 않다.

스몰 페어는 자신이 셋이 플롭되거나 스트레이트가 플롭되기 전에는 이기기 힘들다.

위와 같은 이유로 스몰 페어는 대박을 줄 수도 있지만 자신을 잔잔하게 숏 스택의 위험에 빠뜨리는 요소가 되는 경우가 더 많다고 보아야 한다.

스몰 페어로 플레이를 많이 하게 되면 자신의 칩이 조금씩 줄어드는 것을 금방 알게 될 것이나

블라인드에 가까이 있을 때는(early position) 가볍게 콜만 하고 있다

가 레이즈가 들어오면 내려놓는 것을 원칙으로 하되, 만약 여러 사람이 팟에 참여할 경우에는 그 베팅의 액수가 부담되지 않을 정도에 한해서만 콜을 할 수도 있다.

여러 플레이어가 게임에 참여했을 때 스몰 페어의 값어치가 낮아지는 까닭은 높은 페어와 같이 셋으로 플롭이 되었을 경우 한방에 자신의 칩이 상대에게 넘어가기 때문이다.

그래서 스몰 페어로 레이즈를 자주 하거나 부담되는 베팅에 무리하게 좇아만 다니는 것은 가장 나쁜 플레이에 속한다.

보통 아마추어의 경우 콜로만 세월을 허비하는 경우가 많이 있는데, "포커는 콜링 스테이션으로는 이길 수 없는 게임(Calling Station Can Not Win In Poker)"임을 명심해야 한다.

자신의 칩을 공격에 쓸 것인지 콜에 쓸 것인지를 자신이 결정해야하는데 여러분은 정답을 알고 계시리라 믿는다.

스몰 페어가 셋으로 플롭되는 확률은 7분의 1이기 때문에 셋이 플롭이 되었을 때 반드시 큰 팟을 이겨야만 하는 부담도 함께 갖고 있는 것이다.

반대로 스몰 페어를 빅 페어인 것 같은 냄새를 풍기면서 플레이하는 방법도 있다.

상대가 그런 플레이를 하고 있는 것을 판단하기는 쉽지는 않다.

이런 플레이를 사수 하는 플레이어는 밑포 모든 사람의 미끼시 피어 탈락하는 경우가 많다.

콜도 없는데 자신의 핸드를 자랑스럽게 남에게 보이는 행위 또한 해서는 안 된다.

아마추어의 경우 자신의 플레이를 과시할 목적으로 자신의 패를 보여주는 경우를 흔히 볼 수 있는데, 이는 자신에게 불리한 상황으로 되돌아오게 되며 좋은 매너는 아니다.

보여주지 않아야 당신의 핸드를 궁금해하는 플레이어에게 다음번에 콜을 받을 수 있다.

자꾸 보여준다면 공짜로 볼 수 있는데 무리해서 콜을 할 필요가 없는 것이다.

빅 페어 플레이하는 법

A-A, K-K의 경우 블라인드와 가까이 있을 때 콜만 하든지 스몰 베팅을 하며 할 수만 있다면 남에게 약한 모습으로 보여지는 것이 좋다.

뒤에서 공격적인 플레이어가 쳐주기를 기다리며 만약 레이즈 없이 플롭을 보았다 하더라도 상대방이 나의 강한 패에 대해 전혀 대비하고 있지 않기 때문에 플롭 이후에 더 큰 팟을 이길 수 있다는 이점이 있다.

버튼을 가지고 있을 때는 남이 앞에서 레이즈를 했을 경우 즉시 레이즈를 하는 방법과 가만히 콜만 해서 상대방이 전혀 눈치 채지 못하게 하는 방법도 있다.

의외로 어떤 때는 블라인드가 레이즈를 해서 더 큰 판을 이기는 경우도 심심치 않게 볼 수가 있다.

상대가 뒤에서 레이즈를 했더라도 수비형의 플레이어라면 반격을 바로 하지 않는 것이 좋다.

왜냐하면 낌새를 채고 죽어버릴 수가 있기 때문에 큰판을 이길 수가 없다.

수비형 플레이어는 도망갈 수 없도록 최대한 깊이 끌어들여 승부를 보는 것이 나는 옳다고 생각한다.

지속해서 베팅하는 것을 좋아하는 공격적인 플레이어가 레이즈를 했을 때도 체크하고 콜만으로 응수하는 법도 있다.

상대를 최대한 끌어들이기 위해서다.

A-A나 K-K을 들고 완벽한 플레이를 구사하기는 생각보다 쉽지 않다.

보통의 경우 그냥 레이즈하고 올인하면 되지 않겠느냐고 생각하겠지만 그렇게 간단한 경우만 실전에서 나오는 것은 아니다.

포커는 항상 상대적이라는 것을 조금이라도 안다면 나의 뜻을 이해하리라 믿는다.

앞서도 말했듯이 상대의 플레이 스타일에 따라 항상 나의 플레이가 변화되어야 한다.

앞 포지션에서 빅 페어로 전혀 레이즈하지 않는 법도 있고 고수가 되면 두 가지를 섞어 플레이할 수 있어 상대방에게 혼동을 주는 방법을 자유자재로 구사할 수 있게 된다.

상대방이 내 패를 읽을 수 없다는 것은 그만큼 나를 상대하기가 어렵고 거북하다는 뜻이 된다.

나는 상대의 패를 읽을 수 있고 상대는 나에 대한 정보가 하나도 없다면 그만큼 나를 상대하기가 힘들어진다는 것은 자명한 사실이 될 것이니.

결국 상대는 내 앞에 자신의 패를 펼쳐 보이며 플레이하는 것이 되는 것이며, 상대는 나의 패를 볼 수 없다는 뜻이 된다.

Q페어 같은 보통의 빅 페어는 레이즈하는 것이 좋으며 경우에 따라서는 단둘이 승부를 유도하는 것도 좋다.

보통의 경우는 플롭을 보는 것을 원칙으로 하나 의외로 강한 리-레이즈를 맞았을 경우 Q페어도 내려놓는 것이 좋다.

그 이유는 상대방의 패가 나를 이미 이기고 있을 확률이 높은 A-A, K-K 같은 프리미엄 핸드일 가능성이 가장 높고 최소한 A-Ks 같은 프리미엄 패이기 때문이다.

내가 콜을 해서 이미 판에 발을 들여놓았다고 가정해보자.

상대방이 오버 페어일 경우 그리고 낮은 자만 플롭에 떨어졌을 경우에는 빠져나갈 방법이 없어 올인을 당할 수밖에 없다.

그래서 빅 레이즈에는 감으로 상대의 오버 페어를 인정해주고 Q페어를 플롭 이전에 내려놓는 것이다.

만약 상대방이 A-K일 경우에도 현재는 내가 이기고 있으나 내가 이길 수 있는 확률 또한 3% 정도로 그다지 높지 않아 플롭을 보지 않고 승부 찬스를 다음으로 기다리는 것을 원칙으로 해야 한다.

상대로부터 강한 레이즈를 맞았을 경우에는 상대방이 킹 페어인 경우가 대부분이다.

왜냐하면 A페어인 경우 손님을 어느 정도 달고 가기 위해 따라갈 수 있는 여지를 주기 마련인데 킹 페어의 성부에는 A가 안 생기나도 플롭에 떨어지면 힘을 쓸 수 없어 플롭을 보기 전에 승부를 빨리 보려고 서두르는 경향이 있는 것이다.

그래서 쉽게 상대 패가 킹 페어라는 것을 읽어낼 수 있다.

고수가 되면 이러한 방식으로 상대 패를 읽어 내려갈 수 있다.

그동안 보아온 나의 경험상 토너먼트에서 통계적으로 가장 많이 올인을 당하는 핸드가 바로 A-Qs와 Q-pair이다.

버튼에서 Q-pair로 레이즈를 했을 때 스몰 블라인드나 빅 블라인드에 있는 플레이어가 강한 레이즈를 했을 경우는 그 의미가 앞서와 크게 다르며 곧바로 올인으로 승부해도 좋다.

왜냐하면 상대방이 버튼에서 플레이하고 있는 나의 핸드를 과소평가해 나보다 약한 패로 레이즈를 했을 확률이 매우 높기 때문이다.

따라서 현재 상태로 내가 이기고 있을 가능성이 매우 높다.

그 밖에 또 한 가지 경우가 있다.

스몰 블라인드나 빅 블라인드에서 Q pair를 가지고 있을 때 3~4명이 첫 번째 레이즈에 콜만 받고 들어왔다면 올인으로 승부를 보아도 된다.

그 이유로는 상대 카드가 A big으로 서로 맞물려 있을 가능성이 높고, 그렇지 않은 사람은 자신보다 under pair일 확률이 높기 때문에 올인을 하여 정리할 필요가 있는 것이다.

Q페어를 얼마나 완벽하게 플레이할 수 있는가는 그 사람의 실력을 가늠하는 충분한 잣대가 되기도 한다.

그만큼 Q페어를 완벽하게 플레이하기가 어렵다는 뜻이다.

프리미엄 핸드로 승부할 찬스가 올 때까지 침고 기다릴 줄노 알아야 한다.

게임을 하다 보면 살얼음판 같은 미세한 차이로 승부가 갈리기 때문에 항상 승부의 기회가 오면 과감하게 승부를 볼 줄도 알아야 한다. 프리미엄 핸드가 아니더라도 플롭과 궁합이 맞는다면 오버 페어와도 피할 수 없는 승부를 해야 할 때도 생긴다.

그렇기 때문에 확률에 대하여 미리 공부해두는 것이 승부를 할 것인지 혹은 피할 것인지를 결정할 때 자신에게 유리한 환경을 조성해주게 된다.

자신이 어떠한 확률을 가지고 판에 참가하고 있는지, 팟과의 관계에서는 누가 더 유리한지, 자신의 패가 메이드될 확률은 무엇인지를 아주 빠른 시간 내에 게임 중 계산할 수 있어야 한다.

이런 것들은 아주 사소한 것처럼 보이지만 실전에서 승부를 자신에게 유리하게 만들어주는 중요한 요소가 된다.

자신에게 유리한 찬스가 왔는데도 막장 승부까지는 피하려는 경향이 있는 플레이어를 종종 볼 수 있는데 이것은 아주 나쁜 플레이에 속한다.

나의 견해로는 결단력이 결여되어 있다고 본다.

찬스가 오면 뼈를 묻을 각오로 승부에 임하는 것이 승부사의 자세다.

최상의 플롭

최상의 플롭(Best Flop)이란 자기 핸드가 얻을 수 있는 최고의 플롭을 말한다.

예를 들면 셋(set)이 플롭되었을 때나 페어에 플러시 드로우를 겸하고 있다든지, 스트레이트나 최상의 플러시 메이드가 떨어졌다든지, 아주 약한 스몰 셋(small set)이 떨어지고 바닥에 A나 K 같은 자가 동시에 떨어졌을 때를 말한다.

이외에도 많은 경우가 있겠으나 페어의 경우 톱 페어에 A킥커를 가지고 있고 상대방이 작은 킥커를 가지고 있을 때 역시 최상의 플롭이라고 할 수 있다.

이때는 슬로 플레이를 해서 상대방이 눈치 채지 못하게 다소 액션을 전혀 주지 않는 방법과 정상 속도보다 조금 더 빠른 듯한 플레이로 운영하는 두 가지 방법이 있다.

그런데 아마추어의 경우 큰 패가 플롭에 떨어지면 숨소리가 커진다든지 얼굴이 빨갛게 상기되며 평소와는 다른 모습을 보이는 사람이 간혹 있다.

남이 나를 이길 수 없는 최상의 플롭이 나왔을 때는 1년에 한 번 오

는 추석 같은 대목으로 생각하고, 침착하게 상황에 따라 대처하는
능력을 평상시에 훈련해놓아야 한다.

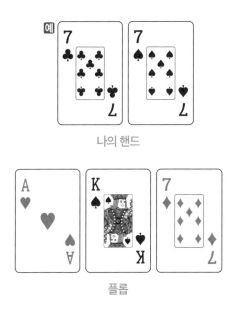

나의 핸드

플롭

낮은 셋이 플롭되었을 때에 A나 K 같은 자가 동시에 떨어져 있을
때는 슬로 플레이를 하지 않아도 되는 예외의 경우가 된다.

이때는 적당한 레이즈를 해서 10-J, Q-J, Q-10 같은 것-샷 스트레
이트를 드로잉하려는 패도 아웃시킬 겸 판을 키울 필요가 있다.

턴에 블랭크가 떨어졌을 경우에는 반드시 다시 체크를 하여 상대에
게 혼동을 주어야 하며, 상대가 A에 아이 식커를 가시고 있으면 나
의 핸드를 스몰 킥커로 읽고 반드시 베팅하게 되어 있다.

이때 또다시 체크 레이즈를 할 수도 있고 콜만 하여 리버에 올인을

할 수도 있으며, 상대의 실력이나 성향에 따라 나의 플레이 방식을 변화시켜 자유자재로 플레이를 구사할 수 있는 것이다.

만약에 콜만 하였다면 리버에 무엇이 떨어지든지 올인을 하여 상대 칩을 최대한으로 빼앗아와야 한다.

이것이 최대한의 이익을 남기는 플레이가 되는 것이다.

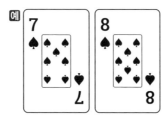

넛 스트레이트(Nut Straight) 나의 핸드

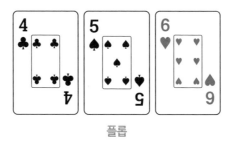

플롭

슬로 플레이를 하지 않아도 되는 또 하나의 예는 이렇다.

7-8s를 가지고 있는데 4d-5s-6c이 바닥에 떨어진다면 이는 드림 플롭(dream flop)이라고 하며 보통의 경우에는 빅 페어를 가지고 있는 상대방에게 큰돈을 이길 수 있게 된다.

이런 경우 자신이 어디에 위치해 있느냐와 몇 명의 플레이어가 게임에 참가하고 있는지 또는 어떤 성향의 플레이어가 게임에 참가하는지에 따라 다르게 플레이를 해야 한다.

자신이 앞쪽에 있다면 당연히 체크를 해서 남들에게 프리카드를 줄 필요가 있다.

맨 뒤쪽에 위치해 있을 때도 모두가 체크를 했다면 마찬가지로 체크를 하며 프리카드를 주는 것이 좋다.

중간에 위치해 있다면 가벼운 베팅으로 남의 레이즈를 유도하는 것이 옳은 방법이다.

게임 중에는 항시 자신의 포지션에 따라 변화되어야 하며 상대의 플레이 매너에 맞추어 나의 플레이 스타일도 변화하는 것이 좋다.

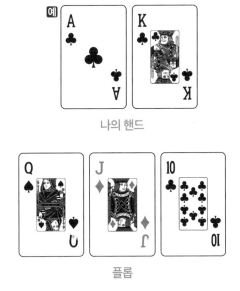

나의 핸드

플롭

A-Ks을 가지고 있을 때 바닥에 Qs-Jd-10c이 떨어져도 역시 최상의 플롭이라고 할 수 있겠다.

플롭 이전에 자신이 액션을 주지 않았다면 빠르게 액션을 주면서 플레이를 하는 것이 가장 좋은 방법이다.

그 이유는 플롭 이전에 자신이 액션을 주지 않았기 때문에 아무도 당신의 패를 A-K으로 인정하지 않게 되며 많은 액션을 주게 되어 있다.

그렇게 큰판을 자신 스스로 만들어 이길 수 있는 것이다.

이런 플롭에서도 앞과 마찬가지로 자신이 어떻게 플레이를 구사할 지는 위치가 매우 중요하게 된다.

나의 핸드

플롭

앞에 위치해 있을 때는 가벼운 베팅으로 판을 키워나갈 필요가 있다.

나의 A-K인 경우 이미 레이즈로 시작된 판에 들어와 있는 플레이어의 핸드는 투 페어나 셋일 가능성이 높다.

처음에는 가벼운 베팅을 하나 턴에 페어가 떨어지지 않았다면 바로 올인으로 승부해야 한다.

드로잉하는 모습으로 상대의 베팅을 유도하여 체크-레이즈를 하는 방법도 있다.

나의 베팅에 상대가 레이즈했다면 역시 콜을 하고 턴을 본 이후에, 페어가 떨어지지 않았다면 올인을 하고 페어가 떨어졌다면 체크를 하고 상대의 눈치를 살필 필요가 있다.

상대의 칩 상태에 따라서도 나의 플레이가 달라져야 하겠는데 숏 스택이라면 올인을 하는 것도 무방하지만 서로의 칩이 많다면 적당한 베팅을 하거나 체크로 응수하여 상대가 도망 갈 수 없도록 깊이 끌어들이는 것이 좋다.

바닥에 Ac-Ad-Kc이 떨어지면 나에게는 좋은 핸드이지만 남이 아무것도 없어 액션을 받을 수 없기 때문에 나에게 최상의 플롭이 될 수 없는 것이다.

최악의 플롭은 아니지만 최상의 플롭도 아닌 것이다.

내 패에 대항할 수 있는 상대 플레이어가 있으며 나의 승리 가능성이 높은 플롭이 최상의 플롭이나고 밀 수 있나.

궁극적으로 자신에게 크게 유리하며, 자신에게 대항할 상대가 있으며, 크게 이길 확률이 높은 플롭이 최상의 플롭이 될 수 있는 것이다.

A WORST FLOP
최악의 플롭

보통의 경우 빅 페어를 가졌을 때 많이 나오는 것으로 10-10이나 J-J 또는 9-9을 가졌을 때 2장 이상의 오버(over) 카드나 한 장이라도 빅(over card) 카드가 바닥에 떨어진 경우가 최악의 플롭이다.

액션이나 그 판에 관계된 사람의 수에 따라 달라지기는 하지만 2인 이상이 플레이를 하고 있다면 한 장의 오버 카드만 떨어져도 거의 져 있다고 생각하면 된다.

나의 핸드

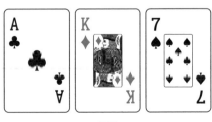

플롭

아무리 좋은 패도 바닥과 궁합이 맞지 않으면 상대의 베팅에 즉시 내려놓을 줄 알아야 한다.

아마추어 플레이어들이 가장 많이 실수하는 부분이 바로 이 장면인데, 처음 스타팅 핸드는 자신이 가장 강한 패로 시작했으나 플롭과의 궁합이 맞지 않았음에도 불구하고 내려놓기가 아까워 게임을 계속해서 이어나가는 모습을 많이 볼 수 있다.

경험이 쌓이면 이것이 얼마나 무모한 짓인지를 알 수 있을 것이다.

평소에는 다 아는 이야기인 것 같지만 실전에서 빅 페어를 가지고 있을 때 자꾸 오버 카드가 떨어지면 슬그머니 열을 받게 되는데, 이 때 판단력이 흐려지기 때문이다.

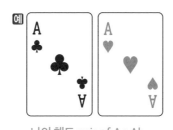

나의 핸드 pair of Ac-Ah

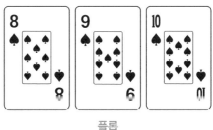

플롭

Ac-Ah의 경우도 플롭에 떨어진 자가 8s-9s-10s로 세 장이 다 스페이드라면 나에게는 스페이드 무늬가 없기 때문에 이 역시 최악의 플롭이고, 두 사람 이상이 판에 남아 플레이를 하고 있다면 당신의 A페어는 한 푼의 가치도 없는 것이 된다.

나의 핸드

플롭

다른 예로는 A-Ks 경우를 가지고 있는데 페어 없이 다른 무늬만 세 장이 바닥에 떨어졌다면 이 또한 한 푼의 가치도 없는 핸드인 것이다.

포커는 7장으로 하는 게임이라는 것을 항상 염두에 두어야 한다.

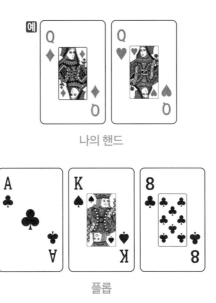

나의 핸드

플롭

Q pair의 경우에도 바닥에 A나 K이 동시에 떨어지게 되면 이 또한 한 푼의 가치가 없는 짐만 되는 핸드가 된다.

헤드-업인 경우에도 A나 K이 한 장만 떨어져도 가치는 즉시 반감된다.

A-K은 확률적으로 플롭에 33%가 A나 K이 떨어진다.

그리고 A와 K이 3+3턴에 6장이 나올 확률이 있으며 리버에도 6장이 또한 살아 있다.

스타팅 핸드에 아무리 좋은 패라도 플롭과 궁합이 맞지 않으면 좋은 패를 내려놓을 줄 알아야 미코L 깡친 플레이어가 되는 것이다.

내가 오버 페어를 가지고 있는데 바닥 상으로는 별로 드로잉할 것도 없는데 상대방의 레이즈가 강하면 역시 셋이나 top two pair가 플롭이 된 것으로 나에게는 최악의 플롭이 되는 것이다.

포커를 하다 보면 어떤 좋은 패를 들고도 플롭과의 궁합이 지속적으로 맞지 않을 때가 있는데 이럴 때일수록 컨트롤이 무너지는 플레이어를 흔히 볼 수 있다.

강자와 약자는 게임이 잘 풀리지 않을 때 실력 차이가 크게 벌어지는 것을 우리는 볼 수 있다.

포커 게임에서는 지속적으로 흔들리지 않는 평정심이 필요하다.

배드빗을 당하거나 지속적으로 좋은 패를 들고 플롭과 궁합이 맞지 않을 때 불평해서는 안 된다.

남들도 그럴 확률은 나와 똑같기 때문이다.

다만 그들은 소리 없이 기다릴 줄 아는 것으로, 겉으로 표현만 안 하고 있는 것뿐이다.

밖으로 자주 표현하는 플레이어는 그날의 승부를 서두르고 있다는 뜻이 된다.

게임 중 항상 내가 승부를 지나치게 서두르고 있지 않은지 반성하는 자세가 필요하다.

포커에서의 실력 차이는 이렇게 안 될 때에 두드러지게 나타나게 되는데, 잘될 때는 상대가 잘하는 것인지 운이 좋은 것인지를 구분하기가 쉽지 않다.

상대의 게임이 잘 풀리지 않고 있을 때 상대방의 실력을 정확하게 가늠할 수 있는 기회가 되니,

실제로 프로생활을 하다 보면 실력은 신통치 않은 것 같은데 런이

좋아 오랫동안 가는 경우를 볼 수 있다.

보통의 경우에는 세 달을 가지 못하지만 6개월을 가는 경우도 가끔씩은 보았으며 심지어는 1년을 가는 경우도 보았다.

결국 운이 다하고 내리막을 가고 있을 때에 그 사람의 진정한 실력을 볼 수 있는 법이다.

WHEN PAIRS ON THE FLOP
페어가 플롭에 깔렸을 때

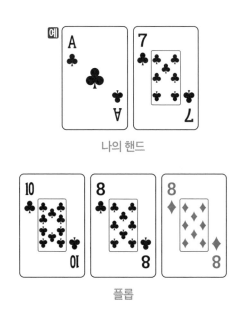

나의 핸드

플롭

플레이어들이 가장 많이 실수를 하는 부분이 바로 페어가 플롭에 깔렸을 때(When Pairs On the Flop)이다.

실제로 강한 플레이어들도 이런 실수를 하는 것을 심심치 않게 볼 수 있는데, 이것은 욕심 때문이고 상대를 인정하지 않기 문에만 자신의 플레이를 망치기 때문이다.

페어가 플롭에 있을 때 상대가 베팅을 했다면 플러시나 스트레이트 드로잉을 해서는 안 된다.

간혹 넛 플러시 드로잉을 하는 경우도 있지만 보통의 경우에는 올바른 플레이가 아니다.

특히 우리가 열을 받아 플레이할 때에는 절대로 아무도 드로잉할 수 있는 패를 내려놓지 않는다.

상대가 이미 풀 하우스가 되어 있다면 자신은 드로잉 데드(drawing dead)를 하고 있는 꼴이 되기 때문인데, 혹은 운이 좋아 플러시가 메이드될 경우에는 한방에 나의 칩이 넘어가기 때문에 이러한 플레이는 가급적으로 고쳐나가야 한다.

상대방이 10-10을 가졌거나 10-8을 가지고 있다면 이미 풀 하우스가 맞아 있다는 뜻이 된다.

나의 콜이 얼마나 위험한 짓인지를 설명을 듣고 그림을 보면 쉽게 알 수 있다.

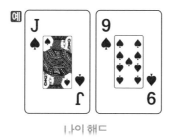

나의 핸드

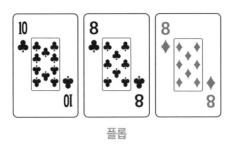

플롭

이 경우도 위와 흡사한 경우로 스트레이트도 풀 하우스를 이기지 못한다.

위와 같은 이유로 페어가 플롭에 깔렸을 때는 상대의 베팅에 콜을 하며 스트레이트도 드로잉해서는 절대로 안 되는 것이다.

단 하나 예외인 경우가 있다.

오버 페어를 가지고 있을 때는 드로잉할 수도 있는 것이다.

왜냐하면 상대의 패를 보지 못하여 상대가 정확하게 무엇을 가지고 있는지를 알지 못하고 있는 상태에서 플레이하고 있고 오버 페어는 두 장씩 두 번의 아웃이 있기 때문이다.

상대가 셋이 아닐 경우 자체로 이겨 있다.

자신에게 셋이 떨어지면 상대를 올인시킬 수 있다.

이러한 이유로 오버 페어는 드로잉을 하는 것이다.

WHEN TRIPLES ON THE FLOP
트리플이 플롭되었을 때

게임 중에 셋(set)이 플롭에 나올 수 있는 확률은 자신의 실전게임 약 100번 중 한 번 정도 꼴이다.

이것은 K, Q, J 같은 그림이 있는 카드만 세 장이 모두 동시에 플롭에 나오는 확률(When Triples On The Flop)과도 동일하다.

포켓 페어를 가지고 플레이할 때는 8번 중에 한 번은 셋이 나온다.

이 뜻은 확률은 7 against 1이라고 말하며 7번은 셋이 안 나오나 8번 중 한 번은 셋이 나온다는 뜻이다.

셋이 떨어지는 경우는 포켓 페어를 가지고 있는 경우와 자기가 가지고 있는 자의 두 장 중 한 장이 페어로 플롭에 깔리는 경우로 구분된다.

포켓 페어의 경우에는 큰 팟을 이길 확률이 높은 반면 후자의 스피릿 페어의 경우에는 킥커가 문제될 경우가 많이 발생한다.

예를 들면 플롭에 A-A-5가 깔리고 상대방이 A-K을 가지고 있고 나는 A-10을 가지고 있다고 하면 은인을 당할 확률이 배우 높아진다.

그래서 홀덤 게임에서는 킥커(Kicker)가 중요하다.

이 경우 플롭에 셋을 가지고도 지는 확률이 높아지게 된다.

셋(set)은 포커 플레이어들이 가장 선호하는 패인데 어렵게 얻은 패를 플롭에서 어떻게 플레이하느냐가 그다지 쉽지만은 않다.

포지션이 앞에 있을 때와 버튼 쪽에 있을 때가 다르며 몇 명의 플레이어가 판에 참여하고 있는가에 따라서도 달라진다.

포지션이 유리할 때 상대에게 따라잡을 기회를 일부러 주기 위해 프리카드를 주는 경우도 있다.

판에 플러시 드로우나 스트레이트 드로우가 있느냐 없느냐가 또한 중요하며 반드시 큰 팟을 이겨야만 하는 부담도 있고, 셋을 질 때의 피해를 최소한으로 줄여야 하는 부담 또한 있다.

플롭에 올인을 하지 않고 턴 카드를 보고 난 후에 승부를 보는 것이 자신에게 유리하다.

이렇게 해야 승리의 확률을 높일 수 있으며 만약의 경우 최악의 상황을 피할 수 있는 방법이기도 하다.

이는 상대를 최대한으로 전투에 끌어들이기 위한 방법으로도 사용된다.

플러시 드로우가 두 장 플롭에 있을 때에도 콜만 해서 턴에 승부하는 이유는 상대가 플러시가 맞아 올인으로 승부를 걸 때에는 나의 셋을 내려놓을 수 있는 찬스가 있고 만약에 상대가 맞지 않았다면 내가 이길 확률이 83%로 올라가기 때문이다.

포커는 강한 패를 가졌을 때 상대에게서 많은 액수를 이겨와야만 세임을 승리로 이끌 수 있다는 것을 인식하고 있어야 하나

적은 자본으로 많은 이윤을 남겨야 하는 장사의 이치와도 같다.

항상 내가 지금 상대하고 있는 플레이어의 특성과 매너를 잘 파악하고 있어야 하며 포지션에 따라 나의 플레이 또한 달라져야 한다.

여기서는 정석을 가지고 플레이해서는 안 되며 스몰 셋(small set)은 큰 팟을 질 때도 종종 나온다.

셋 오버 셋(set over set)이라는 말이 있는데 자기보다 높은 셋에 걸렸을 때 하는 말이다.

나는 실전에서 셋을 플롭에 콜도 못하고 내려놓은 적이 여러 번 있었다.

한 번도 내가 잘못된 판단을 한 적이 없었다.

내가 이미 져 있었다는 뜻이다.

나도 이러한 경우를 당한 적도 있고 상대에게 준 적도 많이 있다.

프로들은 실전에서 게임을 하며 상대의 강한 패를 느낄 수 있는 동물적인 감각과 그 정확도 또한 지니고 있다.

버튼 쪽에 있을 때 앞에서 액션이 많다고 분위기에 취해 덩달아 같이 레이즈를 치거나 액션에 덩달아 참여하는 행위는 절대 금물이다.

어차피 상대가 올인을 하려고 해도 내가 먼저 움직이지 않는 것이 좋고 내가 먼저 하는 것보다는 상대가 거의 다 들어올 때까지 기다리는 것이 좋다.

강한 플레이어들은 냄새를 맡고 좋은 패를 내려놓기 때문에 그들에게 큰판을 이길 수 있는 기회를 그냥 넘겨버리기 때문이나.

약간은 드로잉을 하는 것 같은 모습으로 고민을 해야 할 때도 있으며 너무 빨리 액션을 주며 플레이하는 것은 좋지 않다.

강한 패로 너무 빨리 플레이하거나 너무 느리게 플레이하는 것 또한 좋지 않다.

넘치는 것이 모자라는 것보다 못하다고 하지 않는가?

밸런스를 유지하라는 뜻이다.

그리고 지나친 할리우드 액션은 상대에게 불쾌감을 주므로 게임 중 삼가는 것이 좋다.

포커는 신사의 게임이라는 것을 잊지 않아야 한다.

프리미엄 핸드로 빅 팟을 이기는 것이 게임을 승리로 이끄는 가장 중요한 것임을 잊지 않아야 한다.

프리미엄 핸드를 가졌을 때 플롭에 빅 페어가 깔렸을 경우와 스몰 페어가 깔렸을 경우 두 가지 예를 들어본다.

나의 핸드

flop

예를 들어 Q-Q-5일 경우 내가 A-Q을 가지고 있다면 거의 최고의 패일 경우가 대부분이다.

상대방의 패가 Q-5s일 경우와 5-5일 두 가지 경우를 제외하고는 거의 이겼다고 보아도 무방하다.

나의 핸드

flop

내가 A-K을 가지고 있고 바닥에 A-3-3가 떨어졌다면 좋은 플롭이라고 보아도 무방하다.

간혹 A-3s을 가진 플레이어한테 걸릴 때도 있지만 조금만 조심해 ᆫ ᅠ.

WHEN TRIPLES ON THE BOARD

트리플이 플롭에 깔렸을 때

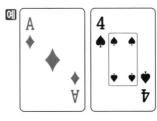

나의 핸드

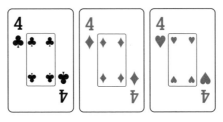

flop

게임을 하다 보면 플롭에 트리플이 떨어지면서 자신의 것이 낮은 4 카드가 되는 경우가 나온다.

예를 들어 자신이 A8s, A7s, A5s, A4s과 같은 패로 레이즈 없이 플롭을 보았을 때 명절과 같은 대목과 함께 행운이 찾아오게 된다.

대부분의 플레이어들이 실전에서 이 부분의 플레이가 미숙아 점을 많이 보게 된다.

그도 그럴 것이 플롭에 흔히 나오는 일은 아니기 때문에 경험미숙 때문에 완벽한 플레이를 하지 못해서 생기는 일이다.

이런 상황에 대하여 미리 공부해둔다면 실전에서 의외로 큰 효과를 볼 수 있다.

일단 하이 트리플이 플롭에 나오는 경우에는 액션을 그다지 받을 수 없다.

상대들이 누군가가 가지고 있을지도 모른다고 조심하기 때문에 큰 판이 잘 벌어지지는 않는다.

이에 중요한 것은 미디엄 셋이나 스몰 셋이 플롭에 떨어지면 누군가 가지고 있다는 생각을 하기보다는 누가 빅 페어를 가지고 있는가에 신경을 더 쓰기 마련이다.

그래서 큰판을 이길 수 있는 기회가 왔는데도 불구하고 상대가 죽을까봐 베팅을 제대로 하지 못하고 아주 작은 판으로 만드는 경우를 심심치 않게 볼 수 있다.

포켓 페어를 가지고 있는 사람은 상대를 A big으로 보고 죽을 수 없게 된다.

또한 A-K은 상대가 트리플을 이용하여 자신에게 블러핑을 치는 것은 아닌지에 대한 의심을 갖게 되며 A나 K 중에 어떤 자를 떠도 이기므로 이런 좋은 패를 내려놓지 못하는 법이다.

그래서 턴이나 리버에 A나 K이 벌어시면 놀인슐 신시 이게 피는 것이다.

자신은 정상적으로 상대가 죽을 수 없는 정도의 베팅을 지속해야 하며 상대가 무엇으로 플레이를 하고 있는지를 정확하게 평소의 상대 매너나 실력으로 가늠하여 신속히 파악해야 한다.

페어가 보드에 있는데 턴에 4카드가 떨어졌을 때에는 상대가 나의 4카드를 더 믿을 수 없는 환경이 조성되었다고 보면 된다.

이제는 마음 놓고 상대가 죽지 않을 것이라는 신념을 가지고 강하게 플레이를 하면 된다.

그렇지 않아도 트리플을 인정하지 않고 플레이를 진행하고 있었는데 마지막 한 장이 바닥에 나왔으므로 더 이상은 4카드에 대한 걱정을 하지 않게 되기 때문에 빅 페어를 가지고 있을 경우 큰판을 지게 되어 있다.

포커에서는 이렇게 자신에게 앞으로 나올지도 모르는 상황에 대하여 미리 공부해두는 것이 필요하다.

나의 핸드

flop

이 경우와 같이 하이 카드로 트리플이 나오는 경우는 위와 크게 다르다.

이런 플롭은 액션을 받기가 힘들다.

상대가 베팅을 하고 있거나 콜을 받고 있다면 높은 포켓 페어일 확률이 높다.

이런 플롭에 콜을 하고 있는 플레이어는 나의 핸드를 인정하지 않고 있기 때문에 적당한 베팅으로 판을 리드하다가 리버에서는 강한 베팅을 하는 것도 무방하다.

이런 플롭에서 콜을 끝까지 받았다면 A-A, K-K일 확률이 제일 높다고 보면 되기 때문에 최대한의 칩을 이겨야 한다.

상대는 나의 핸드를 미디엄 페어로 블러핑을 시도하고 있다고 보고 있는 것이다.

DRAWING DEAD

이길 수 없는 패

홀덤 게임에서는 공용의 플롭을 사용하기 때문에 이길 수 없는 플롭이 펼쳐지는 경우가 종종 나온다.

특히 하수들 경우에는 열심히 생각하며 심각하게 게임을 진행하고는 있지만 이미 이길 수 없는 패로 좇아다니는 것을 많이 목격했을 것이다.

이는 상대 패를 정확하게 읽지 못해 발생하는 것이며 상대의 패를 인정하려고 하지 않기 때문에 발생한다.

낮은 커넥터를 너무 자주 플레이하는 경우와 작은 페어를 무리하게 플레이하는 경우에서 이런 일들이 많이 발생한다.

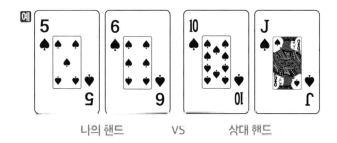

나의 핸드　　　VS　　　상대 핸드

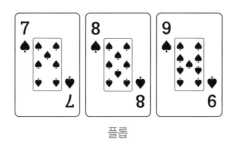

플롭

상대방은 높은 스트레이트 플러시이고 자신은 낮은 스트레이트 플러시가 플롭이 된 경우로, 낮은 커넥터로 무리하게 승부를 서두르다가 실전에서 일어난 일이다.

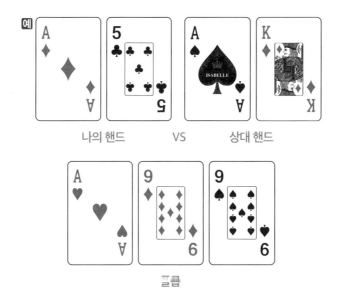

나의 핸드   VS   상대 핸드

플롭

상대 패가 A-K이고 나의 패가 A-5일 경우 플롭에 A-9-9이 깔렸다면 나의 킥커가 상대방을 이길 수 없고 설령 5가 나온다 해도 두 장을 연속으로 받기 전에는 이길 수 없다.

두 장을 연속으로 받을 확률은 425분의 1이기 때문에 이 또한 가능성이 아주 희박하다는 것을 알 수 있다.

보통의 경우 이런 것들을 통틀어 드로잉 데드(drawing dead)라고 한다.

아래는 같은 무늬를 드로잉하고 있는 경우를 말할 수 있을 것이다.

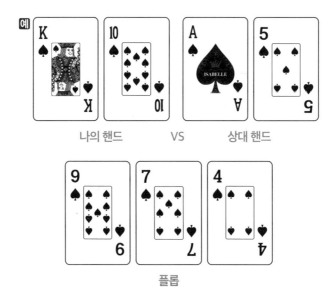

나의 핸드   VS   상대 핸드

플롭

상대방의 패가 A-5s이고 나의 패가 K-10s일 경우 플롭에 같은 무늬로 9s-7s-4s 플러시가 떨어졌다면 상대방은 A하이 플러시(As high flush) 메이드이고 나의 패는 두 번째로 높은 킹 하이 플러시가 메이드되어 있는 경우이다.

이외에도 내가 작은 페어를 가지고 있는데 상대방은 큰 페어를 가지고 있고 상대방이 플롭에 셋이나 포 카드(4 card)가 떨어졌다면 이 또한 이길 수 없는 패일 것이다.

실전에서 나왔던 나의 경우 중 한 가지만 소개하겠다.

예

나의 핸드   VS   나의 오른쪽   다음 플레이어

플롭 rainbow

내가 림프 인(Limp in)을 하고 As pair가 하프 팟을 치고 우리 두 사람은 콜 그리고 플롭이 떨어졌는데 위와 같이 우리 모두 셋A를 이길 수 없는 상황에서 전부 올인을 하고 말았다.

실전에서는 가끔씩 이렇게 탄을 넣은 것 같은 말도 안 되는 황당한 상황인 cold deck이 나오는 경우도 생긴다.

이외에도 수많은 케이스가 있으며 이런 모든 경우들을 종합해 드로잉 데드라고 한다.

VALUE BET
밸류 베트

밸류 베트(Value Bet)란 상대방과 같은 페어를 가졌을 때 킥커로 확실히 이기고 있거나 아주 근소한 차이로 이기고 있다고 판단됨으로써 베팅해서 상대방으로부터 조금 더 이겨오는 수법을 말한다.

베팅 액수는 확실히 이기고 있을 때와 근소한 차이로 이기고 있을 때가 조금씩 달라져야 하지만 반드시 해야만 한다.

프로들 경우에는 밸류 베트의 정도와 액수 차이를 가지고 상대방과 나의 현재 실력의 차이를 가늠하기도 한다.

톱 프로들의 실력 차이란 백지장 하나 차이로 거의 없다고 보면 될 정도로 미미하나 이런 곳에서 정확도가 얼마나 높은지는 많은 차이가 나타난다.

바로 이 부분의 정확도가 노-리밋 홀덤에서 매우 중요한 부분이다.

간혹 상대 패에 대한 나의 판단이 잘못됨으로써 베팅에서 오히려 지는 경우도 나오지만 굴하지 말고 자기의 판단이 옳다고 생각되면 실행에 옮기는 것이 무엇보다 중요하나.

밸류 베트를 하고 지는 경우는 상대방이 나에 대한 인정(respect)으로 남들에게 플레이할 때보다 나에게만은 더 타이트하게 플레이하고 있다는 뜻이다.

머뭇거리다 베팅 찬스를 놓치는 것보다는 하는 것이 발전성 있는 플레이어가 되는 길이기 때문이다.

상대 패를 잘못 판단한 경우는 상대방이 나에 대한 경계심으로 다른 플레이어들에게 하는 플레이와 나를 상대로 하는 플레이가 달랐기 때문인데, 이런 부분은 마음속에 입력해두고 이런 상대방에 대한 상대성 플레이로 교정해나가면 된다.

홀덤이나 어느 포커 게임에서도 밸류 베트는 아주 중요한 부분인데, 아마추어의 경우 이런 미세한 찬스를 그대로 날려보내며 놓치는 경우를 많이 볼 수 있다.

이런 사소한 것 같은 플레이가 실전에서는 그날의 승부를 좌우하는 경우가 많이 나온다.

다만 본인만 모르고 있을 뿐이다.

이것은 남의 핸드를 정확히 읽어낼 수 있는 실력 차이에서 나오는 것으로, 강한 플레이어들의 경우 절대로 이런 찬스를 놓치거나 흘려버리는 경우를 거의 찾아볼 수 없다.

이런 사소한 부분이 승패를 가르는 매우 중요한 부분이 되며, 이런 경우가 아마추어에게는 비일비재하게 나온다.

강한 플레이어가 밸류 베트하는 방식을 눈여겨보아 익히는 방법도 있겠으나 책을 많이 읽고 남부다 공부를 많이 히디먼, 그리고 상내 패를 징확하게 읽을 수 있는 노력을 한다면 섬자 밸류 베트하는 것이 가능해질 것이다.

단 하나 주의할 점은 미세한 승부에서 밸류 베트하는 것을 상대방이 알아차리면 강한 플레이어의 경우 블러핑으로 반격할 수 있다는 것이다.

그리하여 이기고 있는 판을 놓치는 경우도 심심치 않게 발생한다는 점도 함께 유의해야 한다.

아직까지 언급되지는 않았지만 포커에서 가장 중요한 부분이 바로 베팅의 중요성이란 부분이다.

일반적인 베팅에서 베팅 액수를 아주 이상하게 하는 경우를 한국에선 유난히 많이 보게 된다.

여러분도 게임 중에 이런 상황을 쉽게 접하였으리라 생각된다.

물건 값의 가치를 시장 상황에 맞추어 받는 것처럼 베팅에도 시세라는 것이 있다.

베팅은 자신의 핸드의 가치와 상대 핸드의 가치나 플레이 성향에 따라 수시로 변화되어야 하는데, 이런 것들을 전혀 고려하지 않은 채 게임을 진행하는 경우를 아마추어 플레이어들의 게임에서 흔히 볼 수 있다.

자신이 이겨 있는 패로 수익을 많이 내지 못한다면 게임에서 승리하기란 어렵다.

베팅은 상대성이라고 할 수 있는데, 남들이 베팅할 때 그 형태를 주의 깊게 관찰해서 나의의 미련 점이 무엇인가를 아는 것이 우선점으로 쉽게 자신을 교정하는 방법이 될 수 있다.

그리고 자신의 핸드의 가치와 상대가 가지고 있는 패를 신속히 정확하게 알아내어 상황에 맞게 베팅을 구사하는 것이 가장 좋은 방법이다.

실제로 게임에서 베팅의 미숙으로 승리로 이끌 수 있던 그날의 게임을 날리는 경우를 흔히 볼 수 있는데, 이처럼 승리의 기운을 자신도 모르고 그냥 지나친 적이 있었는지를 다시 한 번 생각해보아야 한다.

자니 첸은 "Poker is business"라고 말하곤 한다.

자신에게 조금이라도 유리한 기회가 왔을 때 적당한 수익을 내고 이윤을 남기는 장사를 하라는 뜻이다.

노-리밋에서는 게임 특성상 큰 패가 부딪쳐 승부가 나기보다는 잔잔하게 게임이 진행되다가 한 번씩 큰 패끼리 만나면서 칩 리더가 생기는 법이다.

그렇다고 토너먼트에서 칩 리더가 우승하는 것은 별로 본 적이 없는 것 같다.

한 방에 승부가 갈리기보다 잔잔한 중에 게임이 한쪽으로 서서히 기우는 경우가 많다.

그래서 게임 중 밸류 베팅은 승부에 중요한 요소가 되는 것이다.

복싱이나 격투기를 하는 선수들을 보면 한 방만 노리는 선수들이 있다.

한 방만 노리는 선수에게 럭키 펀치가 나와 이기는 일은 실전에서는 극히 드물다.

노-리밋에서도 한 방이라는 것은 게임 도중 무언가 무르익게 되며 서로 좋은 플롭을 받아 나오게 되는데, 이것이 생각만큼 쉽게 인위적으로 만들어지진 않는다.

항상 지속적으로 게임을 안정되게 이끄는 것이 자신에게 스스로 승부할 기회를 만드는 길이 된다.

배팅을 할 때의 마음자세와 상대 패를 읽는 법 | Tip

- 칩이나 금액에 대한 두려움이 먼저 없어야 한다.
- 상대가 가질 수 있는 가능한 패를 미리 예상해둔다.
- 상대의 콜이나 레이즈에 대한 전략을 미리 구상해두는 것이 좋다.
- 상대로부터 레이즈가 나왔을 경우 플롭 전에는 상대의 평소 실력이나 플레이 매너에 비례해 상대의 핸드를 비교적 쉽게 알아낼 수 있다.
- 상대 패를 읽어내는 것은 프로들에게는 그리 어려운 일이 아니다.
- 먼저 자신이 가지고 있는 두 장의 홀 카드가 첫 번째로 가장 중요한 단서가 된다.
- 그다음에 상대가 플레이할 수 있는 핸드의 범위를 생각하고 상대가 좋아하는 패로 그 범위를 좁혀가고 현재의 액션에 걸맞는 핸드를 생각하면 답이 거의 정확하게 나오는 법이다.
- 빠른 시간 내에 이런 것들을 찾아내야 하기 때문에, 그래서 평소 공부의 양이 매우 중요한 것이다.
- 자신이 상대를 이기고 있을 때에 배팅금액이 중요한데, 그래서 미리 상대의 플레이 매너를 파악해두는 것이 매우 중요하다.
- 이때에 상대의 칩 상태와 심리 상태를 정확히 파악하여 최대한의 흑자를 낼 수 있는 방법을 빠른 시간 내에 스스로 찾아내야 한다.

SLOW PLAY
슬로 플레이

슬로 플레이(Slow Play)는 강한 패로 레이즈하지 않고 다른 플레이어가 눈치 채지 못하게 가만히 콜만 하는 것을 말한다.

예를 들어 누군가 오픈을 하면 그냥 콜만 하는 것인데 이런 플레이는 누군가 뒤에서 혹은 블라인드에서 리레이즈해주기를 바라는 것이며, 혹 그렇지 않더라도 둘만 남게 되면 내가 약한 패인 줄 알고 있는 좋은 위치에서 플롭 이후 상대로부터 더 많은 액션을 유도하는 이점도 있다.

만약 여러 사람이 팟에 끼어들었더라도 내 패를 전혀 짐작하지 못하고 있기 때문에 큰 팟을 이길 절호의 기회가 생긴다.

플롭이 나와 전혀 궁합이 맞지 않았을 때도 최소한의 금액만 잃게 되는 이점도 또한 있다.

이때 알고 있어야 할 점은 여러 플레이어가 게임에 참가했을 A-A의 경우 내가 이길 수 있는 확률도 35% 정도로 낮아진다는 사실이다.

단둘이 남아 있을 경우 승률은 85%를 상회하는 것에 비하면 그만큼 위험성은 커지나 더 많은 플레이어들을 한꺼번에 게임에 끌어들여 큰 팟을 이길 수 있다는 또 다른 매력도 있는 것이다.

단점이라면 안 당해도 될 배드빗을 당할 수도 있다는 것이다.

슬로 플레이의 장점은 좋은 패로 슬로 플레이해 상대방도 같이 좋은 플롭을 받았을 때 아주 큰 팟을 한방에 상대방으로부터 크게 이길 수 있다는 것이다.

노-리밋에서는 이렇게 key pot이라고 하는 큰판을 누가 더 많이 자신의 능력으로 만들어낼 수 있는가도 그날의 승리에 매우 중요한 요소가 된다.

내가 좋은 패로 콜만 하며 슬로 플레이하는 것에 대해 상대방은 지속적으로 심적 부담을 느끼게 되며 다른 핸드를 플레이할 때에도 상대 플레이어가 나의 핸드에 대한 판단력에 혼동과 부담, 그리고 압박을 느끼게 하는 세 가지 효과도 있다.

슬로 플레이는 여러 가지 상황에서 발생할 수 있는데 플롭 전과 후로 나뉠 수 있다.

플롭 전에는 위에 서술한 바와 같이 여러 가지 이점을 가지고 있다.

플롭 후의 경우로는 큰 패가 플롭되었을 때 상대를 전쟁터에서 빠져나가지 못하게 하기 위하여 깊숙이 끌어들일 때 사용된다.

경우마다 상황마다 자신이 가장 좋다고 생각하는 플레이를 구사하면 된다.

슬로 플레이와 슬로 롤(Slow Roll)은 완전히 다른 부분이나.

슬로 플레이는 게임 전략의 일부이나 슬로 롤은 이긴 것을 알고 있으면서 카드를 천천히 보여주는 행위로서 신사답지 못한 행동이다.

이런 비매너 행위는 복수를 불러오며 프로들은 반드시 상대방에게 똑같은 방식으로 되돌려준다.

다시 한 번 말하지만 포커는 신사의 게임이다.

이겼을 때에도 항상 상대를 배려하는 마음을 가지고 겸손하게 게임에 임해야 한다.

추가로 비슷한 단어인 슬로 롤(Slow role)은 비매너에 해당하며 A-A 나 넛 카드를 가지고도 일부러 천천히 콜을 하는 행위를 뜻한다.

HOW TO WIN A NO LIMIT HOLD'EM TOURNAMENTS

노-리밋 홀덤 토너먼트 경기에서 이기는 법

요즘은 토너먼트 게임이 유행처럼 번져 있다.

게임의 특성상 칩이 떨어지면 다시 들어갈 수 없는 관계로 그 또한 캐시 게임과는 작전이 다를 수밖에 없다.

색다른 작전이 필요하다는 뜻이다.

초반에 블라인드가 작을 때는 공격적이고 느슨한 플레이어로 상대에게 인식되는 것이 유리하다.

그 이유는 상대방의 나에 대한 경계심을 풀게 하기 위함인데 이로써 상대는 나에게 필요 이상의 공격성을 보이게 된다.

또 많은 팟을 공짜로 이겨와 탄환을 확보해야 나중에 게임 운영상 유리해지기 때문이다.

상대방이 나를 쉬운 상대로 인식하게 되면 두 가지 좋은 환경이 조성된다.

첫 번째, 나를 상대로는 약한 패로 강하게 플레이하기 때문에 나에게는 상대가 루즈(loose)한 플레이어로 변신하게 된다.

두 번째, 상대방의 나에 대한 판단 혼동으로 상대방의 판단의 중심이 흔들리기 시작한다.

그렇게 해서 강한 플레이어도 쉽게 이길 수 있는 것이다.

따라서 상대방의 실력이나 매너, 습관 등을 빠른 시간 내에 파악하는 것이 무엇보다 중요하다.

또한 포지션 플레이를 얼마나 잘하느냐가 토너먼트 게임에서는 아주 중요한 포인트가 된다.

토너먼트는 리-바이 토너먼트와 한 번의 엔트리만 허용되는 것 두 가지 방식으로 열리는데 전자의 경우에는 정해진 시간 동안은 다시 리-엔트리가 허용되는 만큼 너무 위축된 수비 위주의 플레이 방식보다는 공격적인 방식을 택하는 편이 유리하다.

그 이유로는 큰 팟을 이길 경우 초반에 후반까지 진입할 수 있는 안정적인 칩을 확보할 수 있고, 실패할 경우에는 다시 새로운 칩으로 토너먼트를 진행할 수 있기 때문이다.

이때 주의할 점은 리-바이를 했다고 절대 열을 받은 상태로 게임에 임해서는 안 된다는 것이다.

모든 것이 초반에 미리 기획했던 작전이라는 점을 잊지 말아야 한다.

후자의 경우에는 초반에는 다소 공격적인 플레이를 해서 상대에게 공격적인 플레이어라는 인상을 심어주는 것이 유리하다.

다만 속으로는 기본적으로는 타이트하며 전체적으로는 안정적인 플레이를 해야 한다.

승부를 보아야 할 패의 범위는 미리 마음속으로 결정해놓고 게임에 임하는 것이 좋다.

승부를 할 때는 뼈를 묻는다고 한다.

강한 플레이어를 만났을 때 그 기본이 흔들려 잘못된 판단을 할 확률이 높아지므로 미리 그 범위를 정해두는 것이 자신의 오판을 최소화하는 길이다.

예를 들어 A-K을 들었다면 거의 모든 상황에서 승부를 보아야 한다.

간혹 예외의 경우도 나오지만 95% 이상의 경우에는 승부를 하는 것이 옳다.

페어 J이나 페어 Q도 내려놓아야 하는 경우도 흔히 나오지만 등수와 관계있지 않는 경우는 A-K은 웬만하면 무조건 승부를 하는 것을 원칙으로 정하고 있어야 한다.

단 하나 예외의 경우도 나오는데 레이즈와 리레이즈가 이미 나와 있고 나의 포지션이 블라인드에 위치해 있을 때는 포지션이 나쁜 관계로 콜도 안 하고 내려놓는 것도 좋다.

토너먼트에서는 기본적으로는 실력도 좋아야 하나 운도 많이 작용한다는 것을 유념해야 한다.

블라인드가 올라갈 때마다 좋은 패로 좋은 플롭을 받을수록 플레이도 안정되고 총알도 확보되기 때문이다.

그래서 운이 많이 작용하는 것이 토너먼트 게임이다.

캐시 게임인 경우에는 실력이 약한 플레이어는 절대로 살아남을 수 없다.

그러나 토너먼트 경우가 아마추어가 프로를 이길 수 있는 유일한 게임이다.

이때 같은 핸드로 똑같은 플레이를 반복하는 것은 금물이다.

항상 변화를 주어 상대방이 나의 패를 가늠할 수 없게 하는 것이 고수가 되는 지름길이다.

토너먼트에서 떨어지는 것은 포지션에 따라 콜을 할지 레이즈를 해야 할지 선택을 잘못한 것이 원인이다.

그래서 제대로 승리하려면 가장 우선은 싸울 만한 패로 싸우는 것이 중요하다.

그리고 어떤 상황에서 어떤 패가 싸울 만한 패인지, 어떤 포지션에서 어떤 액션을 선택할지를 공부하고 연구하며 그것을 경험적으로 자기 것으로 만들어야 한다.

그래야만 토너먼트에서 승리할 확률이 높아진다.

숏 스택 플레이하는 법(How to play Short stack)

라이브 게임이라면 상대보다 적은 칩을 가지고 게임에 임한다는 것은 상대적으로 상당히 불리하므로 항상 남을 커버하거나 평균치의 칩을 확보하고 게임에 임하는 것이 좋다.

그 이유는 상대에게 한 방 맞으면 나는 KO가 되고 내가 상대를 한 방 때려도 상대는 여전히 멀쩡하다는 뜻이 된다.

공평하지 않은 게임이 된다는 뜻이다.

그래서 라이브 게임에서는 프로들의 상대 칩에 맞추어 게임 진행

중에 칩이 많이 있는데도 지속적으로 칩을 사는 것을 볼 수 있다.

더러는 최소한의 숏 스택으로 게임을 시작하고 플레이하는 것을 좋아하는 플레이어도 있다.

토너먼트에서 숏 스택을 플레이할 때에 아무 스몰 페어나 들어오면 올인을 부르는 경우를 많이 보게 된다.

이것도 성공률이 아주 희박한 방식이다.

스몰 페어로는 콜만 하고 최소한의 칩으로 플롭을 볼 수만 있다면 어차피 셋이 나온다면 더블 업을 할 수 있으므로 자신이 먼저 승부를 걸어가며 서두를 필요는 없는 것이다.

올인을 부르지 않았다면 다시 게임을 할 수 있는 최소한의 칩이 더 남아 있기 때문에 자신에게 두 번째 찬스를 줄 수 있다.

더욱이 숏 스택일 때 A 한 장만 들어오면 As rack으로 올인을 하는 경우를 많이 보게 되는데, 이 또한 아주 나쁜 플레이로 나로서는 동의할 수 없다.

자살골과 같은 플레이라고 생각하면 된다.

포지션이나 흐름상 아주 특수한 경우는 예외지만 웬만하면 지양하는 것이 좋다.

예를 들어 A3로 올인을 하였는데 뒤에서 누군가 페어4로 콜을 하였다면 A가 석 장 살아 있으며 3을 연속으로 두 장 받을 가능성 또한 매우 희박하니는 셋을 일 수 있다.

페어4를 상대로도 한 장의 오버카드밖에 없기 때문이다.

그리고 A빅이 뒤에서 들어올 경우에도 거의 드로잉 데드라고 볼 수 있다.

그렇다면 이와 같이 A rack은 승리 가능성은 극히 낮다는 것을 알수 있다.

가끔씩은 A가 깔려 킹 페어 같은 하이 페어를 이기는 경우가 나오지만 삼가는 것이 좋다.

숏 핸드에서 적은 칩으로 올인을 할 때에는 8-10s보다는 K-8 off suit이 더 낫다.

앞에서 이미 레이즈를 한 플레이어가 나의 칩을 커버하고 있다면 8, 10s도 승부를 다음으로 기다리는 것이 좋다.

그래야 오래 살아남을 확률이 더 높아진다는 뜻이다.

평소에는 플레이도 하지 않았던 랭킹에도 없는 K-8이 더 낫다는 이유는 플롭에 아무것도 서로 맞지 않았을 때 K 하이 자체로 이길 수도 있기 때문이고 10하이는 아무도 이길 수 없기 때문이다.

그리고 더 이상 콜을 할 부담도 없기 때문에 K 하이가 더 낫다는 뜻이다.

이것은 톱프로들의 공통된 견해임을 밝혀둔다.

중간 스택 플레이하는 법(How to play Average stack)

토너먼트 게임에서 자신이 테이블에서 평균치의 칩을 가지고 있다면 먼저 누가 자신의 칩을 커버하고 있는지를 항시 파악하고 있어야 하며, 또 자신이 누구보다 칩이 많은지도 함께 파악히며 게임에 임해야 한다.

공격할 대상과 공격받을 수 있는 상대 플레이어를 구분하기 위해서다.

빅 스택과 상대할 때에는 극도로 조심하여 게임에 임해야 하며 강한 패로만 승부하는 것을 원칙으로 해야 한다.

이때가 바로 슬로 플레이를 하며 빅 스택으로 하여금 나에게 공격적인 플레이를 하게끔 유도하는 절호의 기회이기도 하다.

빅 스택을 상대로 보통의 패나 애매한 패로 먼저 승부를 걸어서는 절대로 안 된다.

게임을 하다 보면 그날 자신을 승리로 이끄는 핸드가 따로 있는 듯한 느낌을 받는 핸드를 선호하게 되는데 이런 것에 너무 집착하여 게임을 해서는 안 된다.

자신의 평소 실력과 이론에 기반한 기본 플레이를 꾸준히 이어가야 한다.

빅 스택 플레이하는 법(How to play Big stack)

자신이 토너먼트의 리더이거나 상당히 많은 칩을 가지고 있으면서도 상위권 등수에도 들지 못하는 경우를 우리는 너무나 많이 보게 된다.

이런 일들은 게임운영 전략의 부재라고 볼 수밖에 없다.

또 베팅이나 공격은 잘하고 상아나 수비가 박아니고 꼴 구로 있너.

자신에게는 판의 흐름을 리드할 수 있는 명령권이 있었음에도 불구하고 회사의 대주주로서의 권리행사 한 번 못하고 그냥 허무하게 날려버린 꼴인 것이다.

상위권의 칩을 보유하고 있으면서 다른 플레이어가 이미 레이즈를 했는데도 평상시 하던 보통의 핸드로 콜만 하면서 따라만 다니다가 많은 칩을 다시 잃어버리고 숏 스택이 되면서 허무하게 탈락하는 플레이어를 많이 보게 된다.

과연 무엇을 잘못한 것일까?

이것도 게임을 운영하는 작전의 부재라고 할 수 있을 것이다.

토너먼트를 시작할 때 블라인드가 적을 때와 블라인드가 높은 파이널 테이블에서의 핸드 셀렉션은 당연히 그때마다 크게 달라져야 한다.

상위권의 칩을 소유하고 있었다면 최소한 우승을 다투어야 한다.

칩의 여유가 있으므로 내가 명령할 수 있는 패로만 싸워야 하고 가끔씩 블라인드를 훔치기도 하는 등 완벽한 기회를 기다리며 스스로 찬스를 만들어 나가야 하는 것이다.

다른 플레이어의 레이즈를 콜을 하며 따라다니는 것은 많은 군사를 거느리고 있는 장군이 남의 졸병의 명령이나 듣고 있는 것과 같은 이치다.

여러분은 내 말의 뜻을 이해하였을 것이다.

숏 스택을 공격하여 플레이어를 줄여나가야 하며 서로 치고받고 있는 상황이면 상황이 정리되는 것을 기다리는 것도 무방하다.

A-K 플레이하는 법(How to play A-K)

A-K을 어떻게 플레이해야 하는지만 완벽하게 이해하고 실행할 수 있다면 아마도 세계 최고의 플레이어가 되지 않을까 생각된다.

그만큼 A-K은 플레이하기가 어렵고 다른 분야처럼 정답이 정해져 있지 않아서다.

포지션에 따라서도 플레이를 크게 다르게 해야 하지만 대부분의 A-K은 자체로 큰 핸드이기 때문에 대부분의 상황에서는 승부를 해야 한다.

단 승부를 할 수 없는 상황이나 이상하다는 감이 올 때가 있는데 상대가 A-A, K-K 같은 더 큰 핸드를 가지고 있다는 느낌이 올 때만 그 감을 따르는 것이 좋다.

앞쪽에 위치하고 있을 때는 레이즈를 하는 것보다는 나의 의견과 경험으로는 콜만 하는 것이 정답이라고 말할 수 있다.

그 이유는 내가 레이즈를 하였을 때 작은 페어 패들이 한꺼번에 콜을 하여 A나 k이 같이 상대의 셋이 플롭되었을 경우 좋은 패를 가지고 자신이 올인을 당할 위험이 높기 때문이다.

그래서 콜만 하고 레이즈가 들어올 때까지 기다렸다가 상대방의 성향에 따라 레이즈를 할 것인지 올인을 할 것인지를 결정하면 된다.

여러 명의 플레이어가 콜만 받고 게임에 참가하고 있다면 당연히 바로 올인을 하여 승부를 보아야 한다.

그 이유는 위에 말한 것과 같이 작은 페어들을 게임 밖으로 좇아내기 위함이고 A-Qs, A-Js 같은 좋은 패하고만 승부하는 것이 자신에게 크게 유리하기 때문이다.

자신의 플레이가 이미 스몰 페어나 미디엄 페어를 아웃시켰기 때문에 유리한 고지에서 승부를 펼칠 수 있는 기회를 스스로 만든 것이 된다.

콜만 한 것은 만약에 레이즈가 없어 게임이 그대로 진행되었을 때에도 상대들이 나의 핸드를 가늠하지 못하게 한다는 장점도 가지고 있다.

아마추어의 경우 플롭에 페어나 드로우가 없을 때도 계속 베팅을 하며 빅 페어가 있는 것처럼 또한 믿어달라고 공격적인 플레이를 구사하는 경우를 많이 보게 되는데 이는 가장 나쁜 플레이에 속한다.

미들 포지션에 위치해 있을 때는 뒤에 공격적인 플레이어가 있는지 없는지에 따라 자신이 결정하여 플레이하면 된다.

뒤쪽이나 버튼에 위치해 있을 때는 보통의 경우는 레이즈나 올인을 하지만 단 하나 예외인 경우는 있다.

첫 번째 레이즈를 한 플레이어가 바로 빅 블라인드 옆에 레이즈를 하였다면 그의 핸드를 빅 페어 같은 프리미엄 핸드일 것이라고 어느 정도 인정할 필요가 있다.

바로 이런 경우만 레이즈를 바로 하지 않고 콜만 하여 플롭을 본 이후에 결정하도록 한다.

블라인드에 위치했을 경우가 아마추어 플레이어들이 가장 어려워하는 부분이라는 것을 나는 잘 알고 있다.

게임에 참가하고 있는 플레이어의 수와도 관계가 있고 레이즈를 한 액수도 관계가 있다.

콜이나 올인 중에 하나를 선택하여 플레이하면 되는데 나라면 올인을 할 것이다.

올인을 하는 첫 번째 이유는 가장 나쁜 위치에 있어 플롭을 본 후 블러핑을 당할 확률이 높으므로 그러한 변화수를 미리 차단하는 효과가 있기 때문이다.

두 번째로는 매번 불리한 위치에서 액션을 먼저 하게 되면 나의 패가 상대에게 읽혀지므로 불리한 상황을 스스로 만들지 않게 하기 위함이다.

지금까지의 설명들은 나의 오랜 실전 경험에서 얻은 것들이다.

왜냐하면 내가 읽은 수많은 어떤 책에서도 A-K에 대한 특별하고 자세한 설명은 없었다.

그만큼 A-K에 대한 설명을 하기가 쉽지 않았을 것이다.

상황마다 다르기 때문인데 그 변화 또한 무궁무진하고 위치선정 게임의 분위기에 따라서도 조금씩 달라지며 상대에 따라서도 달라진다.

그래서 바르게 플레이하기가 가장 어려운 핸드이기 때문일 것이다.

또 어떤 이는 A-K에 대한 견해가 나와 다를 수도 있다.

그렇다고 그 의견이 틀렸다고는 말할 수 없을 것이다.

이것을 기본으로 참작하여 자신의 스타일을 만들어가면 된다.

왜냐하면 포커에는 하나의 정답이란 것이 없기 때문이다.

아마 이것이 여러분에게 영원한 숙제가 될지도 몰라 나의 견해를 적어보았다.

국제무대에서 토너먼트를 할 때의 주의사항 | Tip

- 딜러나 다른 이에게 욕설을 해서는 안 된다.
- 카드를 딜러에게 줄 때 딜러의 손에 맞추어도 안 된다.(고의로 맞추면 퇴장)
- 딜러에게 카드를 주다가 실수로 너무 세게 밀어 바닥에 떨어뜨려도 안 된다.
- 게임 중 테이블에서 휴대폰을 사용하여도 안 된다.
- 게임장 밖으로 나가서 통화할 수는 있다.
- 게임 중 남에게 자신의 패를 보이는 행위는 그 핸드가 바로 데드 핸드로 처리된다.
- 게임 중 남의 카드에 손을 대서도 안 된다.
- 남의 카드에 손이 닿는 순간 자신의 카드가 석 장이 되기 때문에 데드 핸드로 처리된다.
- 딜러가 플롭을 오픈하고 스몰 블라인드에서 체크를 하지 않고 카드를 버리는 행위도 Acting out of turn으로 1회의 경고를 받게 된다.
- 플레이를 하고 있는 다른 플레이어들에게 지장을 초래하므로 삼가야 한다.
- 위의 상황이 전개되면 20분간의 페널티를 받게 되며 칩은 계속적으로 딜 아웃을 하게 된다.
- 2회의 경고 시에는 바로 퇴장을 당할 수도 있다.

절대로 해서는 안 되는 것 | Tip

- 자기보다 칩이 많은 사람에게는 블러핑을 쳐서는 안 된다.
  (Do not try to bluff to the guy who has a bigger stack.)
- 펑크 난 스트레이트로 드로우하지 마라.
  (Do not draw to the gut shut straight.)
- 아래쪽 스트레이트로는 드로우하지 마라.
  (Do not draw to the bottom straight.)
- 플롭에 플러시 카드가 두 장이 깔려 있을 때 플러시 드로우를 미스하였
  을 시 블러핑을 쳐서는 안 된다.
  (Do not bluff When two flush cards are on the board.)
- 페어가 플롭에 있을 때는 플러시를 드로우해서는 안 된다.
  (Do not draw to flush When pairs are on board.)
- 페어가 플롭에 있을 때는 스트레이트도 드로우해서는 안 된다.
  (Do not draw to straight When pairs are on the board.)
- 방금 전에 큰판을 진 사람에게 블러핑을 쳐서도 안 된다.
  (Do not try to bluff guy who just lost last big pot.)
- 방금 전의 판을 졌다면 조금이라도 약한 패로는 다음 판에 출전하지 마라.
  (Do not play weak hands if you lost last pot.)
- 앞쪽에 위치하고 있을 때나 중간에 있을 때에는 공격적인 플레이를 해
  서는 절대로 안 된다.
  (Do not play aggressive When you are at early position or middle
  position.)
- 페어가 없이는 작은 플러시 드로우를 해서는 안 된다.
  (Do not draw to baby flush with out a pair.)
- 자신이 플러시를 드로잉하고 있다면 판을 키워서는 안 된다.
  (Do not build up the pot if you are drawing to flush.)
- 상대를 경시하지 마라.
  (Do not under estimate your opponent.)

"나는 절대로 운을 기대하지 않는다.
단지, 나는 포커 게임에서 운이 차지하는 부분을 최소화하기 위해
항상 운과 부생할 뿐."

_ 데이비드 스클란스키(David Sklansky, 1982 WSOP 챔피언)

CHAPTER 3

승자가 되는 법
HOW TO BECOME
A WINNING PLAYER

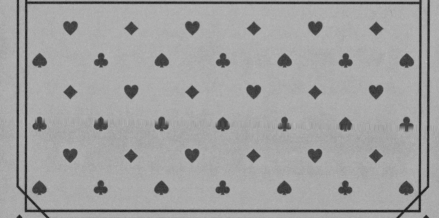

판단력

사업을 할 때에도 판단력은 무척 중요한 부분일 것이다.

포커에서 승리하는 데 가장 중요한 것 역시 순발력이 함께 갖추어진 판단력인데, 실제로 실력이 강한 사람일수록 올바르고 정확한 판단을 하는 것을 볼 수 있다.

노-리밋 포커 게임에서나 토너먼트에서는 한 번의 실수가 그날의 패배로 직결되는 경우가 많기 때문에 노-리밋 분야에서 판단력은 더더욱 중요하다.

판단을 잘할 수 있는 것은 경험을 많이 쌓아서도 가능하겠지만, 그렇다고 경험이 없는 사람은 꼭 판단을 잘 못하는 것일까?

꼭 그렇지만도 않다.

게임 중에는 냉정하게 이기고 지는 것에 대해 감정적으로 휘둘려선 안 되며 항상 기본에 입각해 생각하고 상대방의 흐름 등을 계속해서 관찰해야 하며 상대의 흐름과 자신의 흐름이 지금 어떤지에 대해서도 생각해야 한다.

그리고 가장 중요한 것은 그에 따른 베팅의 크기다.

베팅의 크기가 장차 자기 자신의 흐름에 어떤 영향을 줄 것인가에 대해서도 생각해보아야 할 것이다.

그런데 이 모든 것들을 제한된 아주 짧은 시간 내에 판단해야 한다.

그래서 평소에 많은 공부를 미리 해두어야 하는 것이다.

사업을 할 때도 그렇고, 인생의 기로에서 자기가 갈 방향을 정하는 것이 얼마나 중요한 일이겠는가?

시간을 가지고 최소한 몇 날 며칠을 고민해야 하는 경우가 대부분일 것이다.

허나 노-리밋 게임에서는 이런 중요한 일들을 순간적으로 정확히 판단해야 하는 일이 지속적으로 반복해 나오기 때문에 포커 게임에서의 판단력이란 승부에 매우 중요한 요소가 된다.

내가 본 미국의 포커 책에서는 판단력의 중요성에 대해서 그다지 언급하지 않았다.

하지만 나는 정확성을 가진 판단력이 포커 실력을 가늠하는 아주 중요한 잣대가 된다고 생각한다.

실례로 월드 시리즈에서 오늘의 마지막 핸드라는 방송 멘트가 나온 적이 있었다.

그때 나는 절친인 스튜이 헝거와 같은 테이블에 있었는데 우리 모두 1만 달러로 시작한 첫날, 나에겐 약 4만 달러인 평균치의 칩이 있었다.

스튜이는 4만 3천 달러 정도.

그리고 어떤 플레이어가 약 5만 정도로, 나도 그날 전체 평균보다 대체로 안정된 칩들을 가지고 있었다.

마지막 핸드에 버튼을 가지고 있어 제발 아무것도 들어오지 말기를 바라고 있었는데 페어 Q이 들어왔다.

스튜이 바로 앞 플레이어가 오픈 레이즈로 3천 달러 정도를 했고 스튜이가 고민을 하다가 콜을 했다.

나는 보통 같으면 콜만 했을 텐데 마지막 핸드이니까 웬만하면 다 내려놓겠지 하는 막연한 생각으로 올인을 불러버렸다.

당시에는 시간제한이 별로 없었던 때라 처음 플레이어가 5분 정도 고민을 하더니 콜 다음은 스튜이 차례인데 페어 K을 보여주는 것이 아닌가.

그는 패를 보여주고는 잠시 고민을 하더니 "오케이 지미" 하고 폴드했다.

패를 펼쳐보니 처음 플레이어도 페어 킹이었다.

그리고 나는 좋은 플롭을 받았으나 이기지 못하고 결국 올인을 당하고 월드 시리즈에서 탈락하고 말았다.

나는 스튜이가 얼마나 우승을 열망하고 있는가를 피부로 느낄 수 있었다.

그날 스포츠 베팅 사이트에 스튜이가 우승할 확률은 41 대 1이었다. 나는 일천 달러를 베팅해 4만 1천 달러를 받았다.

스튜이의 생애 세 번째 월드 시리즈 우승이었다.

이렇게 졌다고 생각되거나 자기가 이기고 있을 확률이 낮다고 생각되면 넘버2 핸드 두 내려놓을 줄 알아야 하는 법이다.

페어 킹을 내려놓을 수 있는 이 자세야말로 스튜이가 세계 최초 세 번째 월드 시리즈 우승을 거머쥐게 된 비결이었다.

게임 중 판단력이 가장 좋을 때는 많이 지고 있다가 게임이 풀리기 시작해, 다시 이기기 시작하여 자신의 본전에 가까이 다가가고 있을 때다.

이때가 나의 경험으로 비추어보면 가장 안정된 플레이를 보이는 상황이었던 것으로 기억된다.

여러분 중에도 나와 흡사한 경험을 이미 많이 해보신 분이 많을 것이다.

반대로 많이 이기고 있던 사람이 이겼던 칩의 절반이나 그 이상을 다시 잃어버렸다면 플레이의 중심이 상당히 흔들리고 있다고 보면 된다.

속된 말로 열받아 있는 상태이기 때문에 아직도 이기고는 있는 상태이지만 평소의 플레이와는 다른 플레이를 보이는 불안정한 상태라는 것이다.

상대의 패도 이런 방식으로 시작하여 읽어나간다.

이런 상황을 정확히 읽고 실전에서 누구를 공격해야 하는지를 판단하게 되는 것이다.

게임 중에 자주 나오는 이런 상황은 게임을 승리로 이끌기 위한 자신의 정확한 판단이 요구되는 상황이 연출된 것이다.

승리 난 어린 게임에도 똑같이 사용되는 싯이기도 하나.

바둑에서는 승부처가 오면 이곳에서 뼈를 묻는다고 한다.

승부처가 와도 뼈를 묻을 각오를 하지 않는 사람은 기재가 없다고 한다.

포커에서도 이와 마찬가지로 이런 플레이어는 카드 센스가 없다고 할 수 있다.

포커에서도 오늘의 승부처가 왔다고 생각되면 의식적으로 승부를 피하려는 플레이어가 있고, 승부를 피하지 않고 직선적인 플레이를 하는 플레이어가 있다.

그래서 승부의 유불리를 미리 따져보기 위해 확률에 대한 공부가 우선적으로 완벽하게 되어 있어야 한다.

그래야 올바른 상황 판단을 빠른 시간 내에 할 수 있는 것이다.

승부처가 오면 내가 이길 확률과 판돈과의 관계에서 누가 유리한지를 빨리 판단해야 한다.

그래서 상대가 내 패를 눈치 채지 않게 또는 무엇 때문에 고민하는지를 알아채지 못하게 빠른 시간 내에 결정하는 것이 매우 중요하다.

강한 플레이어는 자신이 시간을 끌며 소비할 때 이미 무슨 패로 고민하는지를 금방 알아내기 때문이다.

특히 토너먼트에서 승부 찬스를 피하는 것은 온갖 잔병을 앓으면서 오래만 살려는 것과 같다고 나는 생각한다.

자신의 인생을 한 번 굵직하고 멋있게 살려고 노력하는 것과 안 하려는 것은 자신이 스스로 판단하여 선택할 부분이다.

바둑 속담에 하수 장고하면 악수 둔다는 속담이 있다.

포커에서도 너무 오래 생각하나 보면 상대를 의심하는 생각이 서서히 들기 마련이고 자신이 이길 수 있는 길 또한 서서히 보이기 마련이다.

결국 콜을 하고 보면 자신이 이미 져 있었다는 것을 확인하게 된다.
대표적인 하수가 장고하여 악수를 둔 경우라고 할 수 있는데, 사실
은 프로들도 장고할 경우 똑같은 실수를 하게 된다.

그래서 마음의 결정은 미리 해두는 것이 장고에서 나오는 악수를
방지하는 예방책이 된다.

혹시 아마추어 플레이어들에게 실전에서 도움이 되지 않을까 해서
적어보았다.

자신이 상대에게 블러핑이나 고의로 베팅을 유도한 것이 아닌 경우
를 제외하고는 보통의 경우 콜을 하여 실전에서 상대에게 자신이
이길 확률은 통계적으로 5%도 채 되지 않는다.

평상시 적당한 시간을 가지고 생각하며 게임을 진행하는 것은 좋은
습관이지만 상습적으로 오래 생각하는 것은 자신으로 하여금 악수
를 두게 만들 뿐만 아니라 게임의 흐름을 방해하는 요소가 된다.

이것은 남에게도 피해가 될 뿐 아니라 결국 자신이 테이블의 공공
의 적으로 전락하는 길이다.

이런 행위는 결국 즐거운 게임을 재미없게 만드는 요소가 되므로
반드시 삼가는 것이 좋다.

얼간이 상대법

영어로는 호구를 피시(Fish)라고도 하며, 미친 듯이 플레이하는 사람을 주로 서커(Sucker)라고 부른다.

보통의 경우 피시는 게임을 잘 못하며 지속적으로 판에서 돈을 잃어주며 게임이 오랫동안 진행되도록 게임 판에서 도움이 되는 사람을 주로 일컫는다.

그리고 서커는 저 잘난 양 혹은 자신이 강한 플레이어인 양 게임에 재능이 없으면서 게임에 임하고 있는 부류를 속어로 부르는 말이다. 즉 얼간이를 말한다.

얼간이에는 2가지 부류가 있다.

먼저 무조건 믿어달라고 혹은 상대에게 제발 좀 죽어달라고 마구 쳐대는 사람이 있고, 베팅은 강하지 않은데 콜을 좋아하며 즐기는 취미 포커를 하는 사람이 있다.

후자의 경우 자기가 유리한 상황이 나오면 상대방이 죽을까봐 베팅 한 번 제대로 하지 못하며 항상 남을 쫓아다니는 것으로만 허송세월하는 부류이다.

이긴 패로도 크게 자산을 늘리지 못했으니 게임에서 승리하는 것은 요원한 일일 것이다.

전자의 경우 용맹은 있으나 지모를 겸비하지 못했으므로 만용으로 끝난다.

공격적인 성향이 포커를 하기에 유리한 조건이므로 갈고 닦으면 발전할 수 있는 여지는 많은 사람이다.

물론 많은 공부를 전제로 하는 말이다.

후자의 경우는 카드 센스가 아주 없는 사람으로 대성할 수 없다.

자신이 현재 하고 있는 플레이를 교정할 수 없다면 일찍 포커를 그만두는 것이 좋을 것이다.

이들을 상대하는 방법 또한 크게 다르다.

공격적인 전자를 상대할 경우에는 전에 배운 슬로 플레이를 이용해 최대한으로 끌어들여 한방에 보내는 방법이 있다.

그런 이를 상대할 때는 타이트한 플레이로 기다리는 포커를 해야 하며 유리할 때 언제든지 한방에 끝낼 수 있는 방법을 미리 연구해 두어야 한다.

자신이 상대 플레이어의 플레이 매너나 패턴에 대해 잘 알고 있다면 자신만의 방법으로 요리하는 것도 하나의 좋은 방법이다.

후자를 상대할 때는 아주 유리한 패로만 싸워야 하고 단둘이 남아 플레이할 때는 공격적인 플레이를 구사해야 한다.

패가 좋을 때는 상대가 받을 수 있는 베팅으로, 속 숙지 못할 정도로 베팅을 해서 따라오게끔 만들어 빼앗아오는 것이 좋다.

아주 공격적으로 플레이해야 하는 이유는 상대는 취미로 게임하는 플레이어이므로 반격을 받을 위험성이 아주 적을 것이기 때문이다.

상대방의 게임 매너나 실력에 따라 베팅하는 방법과 액수는 조금씩 달라져야 한다.

실전에서 게임을 하다 보면 평소에 아주 게임을 잘하는 플레이어가 이런 이를 만났을 때 의외로 고전하는 것을 많이 볼 수 있다.

작전의 부재인 탓이다.

이런 플레이어를 어떻게 다루어야 하는지를 미리 공부해두면 당연히 도움이 될 것이다.

포커는 좋은 패로 얼마를 남기는 장사를 하는가에 따라 전체 승부가 갈리는 게임이라는 것을 명심해야 한다.

PLAYING AGAINST TOUGH PLAYERS
강자를 상대하는 법

만약 열 명이 플레이하는 게임 테이블에 앉았다고 가정해보자.

그중에는 자기보다 강한 플레이어와 약한 플레이어, 그리고 동급의 플레이어가 있을 것이다.

이때 자기보다 강한 사람의 주머니를 노려서는 안 된다.

강한 플레이어는 나와의 실력차이 때문에 내가 이기기는 어렵기 때문이다.

당연히 내가 노리는 상대는 나보다 약한 플레이어가 되어야 한다.

그렇다고 아주 싸우지 않고 도망만 다니는 것도 비겁해 보이고 여간 자존심이 상하는 일이 아닐 것이다.

여기에 좋은 방법이 있다.

항상 강한 패로만 그들을 상대해 싸우는 것이다.

그리하면 그들도 여러분을 피하게 될 것이다.

왜냐하면 항상 좋은 패만 가지고 싸우러 나오기 때문에 그들도 이길 승산이 없어지며 나를 상대하기가 상당히 피곤해지기 때문이다.

예를 들어 1980년대 초중반 내가 한참 떠오르는 태양으로 불리던 시절, 세계적인 플레이어를 상대로 거의 매일 게임을 하던 때가 있었다.

게임에 참가하는 선수들은 세계 랭킹 20위권 안에 있는 선수가 대부분이었는데, 랭킹 1위였던 칩 리즈, 2위 도일 브론슨, 3위 잭 루이스, 4위 요시 나카노부터 존 헤네건(John Heneghan), 테드 포리스트(Ted Forest), 마크 와이즈먼(Mark Wiseman), 하미드(Hamid), 자니 첸(Johnny Chan), 대니 댕(Danny Dang), 데이비드 추(David Chu), 단 즈윈(Don Zuwin), 빌리 벡스터(Billy Beckster), 에릭 드레이크(Erick Draick), 제니퍼 하먼(Jennifer Harman), 놀리 프란시스코(Noli Francisco), 스튜이 헝거, 데이비드 스클란스키, 조니 모스(Johnny moss), 프레드 디(Fred D), 바비 볼드윈, 스티브 졸로토우(Steve Zolotow), 하워드 리더러(Howard Lederer), 데이비드 반야민(David Banyamin), 거스 한슨(Gus hanson), 엘리 엘레즈라(Eli Elezra), 헉 시드(Huck seed), 애니 듀크(Annie Duke) 같은 월드 클래스 네임 플레이어(World Class name player)들이었다.

90년대 중반에 와서는 필 헬무스(Phil Hellmuth), 토드 브론슨, 다니엘 네그리누(Daniel Negreanu), 필 아이비(Phil Ivey), 패트릭 안토니우스(Patrik Antonius), 마이크 만투소(Mike Mantusow), 데이비드 오펜하이머(David Oppenheimer), 스카티 응우옌(Scotty Nguyen), 에릭 사이델(Erik Seidel), 앤디 블로흐(Andy Bloch), 앨런 커닝햄(Allen Cunningham), 크리스 퍼거슨(Chris Ferguson), 헉 시드, 존 주완다(John Juwanda), 댄 해링턴(Dan Harrington), 필 라크(Pill Lark), 에스키모 클락(Eskimo Clark), 데이비드 싱어(David Singer) 등이 노-리밋 토너먼트 분야에서 서서히 두각을 나타내기 시작했다.

한국인으로는 상한 혼합 게임(High Limit Mixed game)에서 마이크 킴 (Mike Kim)이 유일하게 이름을 올렸다.

칩 리즈와 도일 브론슨은 평생 1위와 2인자로 군림하며 자타가 공인하는 사람이라 될 수 있는 대로 그들과의 싸움은 피하면서 그들 상대로는 좋은 패로만 싸우고 있었다.

당시에 나는 아마도 100위권에도 이름이 없을 때였다.

하루는 도일이 말하기를 "I can't beat this guy"라고 했다.

자기가 붙기만 하면 본인은 이 친구를 이길 수가 없다는 것이다.

여기서 이 친구는 나를 지칭한다.

과연 원인이 무엇이었을까?

이미 말했듯이 강한 플레이어가 플레이하는 패의 셀렉션(Selection)을 인정해주고 나는 더 강한 패로만 상대했기 때문이다.

강한 플레이어를 꼭 한 번 이겨보겠다는 것은 자만심의 발로라고 나는 생각한다.

아마추어 중에는 강자를 만나 플레이할 때면 꼭 한 번 블러핑을 쳐서 무용담을 남에게 이야기하고 싶은 충동을 가지고 있는 사람이 많다.

그러나 강한 플레이어에게는 블러핑이 거의 통하지 않는다.

한국 사람들이 전에 라스베이거스에서 만나 팬이라며 인사를 하고 게임을 정하면 게임 중에 꼭 내게 블러핑을 치니 빈 사고가 된 적이 있었다.

하여튼 병법에도 지피지기면 백전백승이라 했다.

이는 남을 알고 나를 알면 능히 이길 수 있다는 말이 아니겠는가? 자신의 현재 위치를 정확하게 파악하고 게임에 임하는 것, 이것이 명장이 되는 길이며 훌륭하고 강한 플레이어로 거듭날 수 있는 길이다.

세계적인 선수가 되려면 | Tip

- 꾸준한 노력과 공부가 재능보다 우선이다.
- 언제나 책을 가까이하며 하루 하나라도 깨우침을 가져라.
- 언제라도 승부할 수 있는 컨디션 관리도 매우 중요하다.
- 항상 운동을 게을리 하지 말고 열심히 해야 한다.
- 승부사가 되려면 외적인 요소도 매우 중요하다는 것을 알아야 한다.
- 멋을 부리는 것을 연습하기보다는 항상 기본에 충실해라.
- 남의 좋은 점을 겸손하게 배워 자기 것으로 만들어라.
- 상대 플레이어를 무시하지 말고 항상 겸손해라.
- 약한 아마추어 플레이어가 있으므로 자신이 이길 수 있음을 알라.
- 상대를 경시하는 것은 강한 플레이어를 만나보지 못하였기 때문이다.
- 이런 이는 자신이 바로 우물 안 개구리임을 알아야 한다.
- 자신이 겸손해져야 자신의 가슴에 남의 좋은 점을 담을 그릇의 크기가 생기게 되며, 그때서야 비로소 남의 것을 배울 수 있다.
- 포커 게임 중에서도 노-리밋이란 게임은 히말라야를 등반하는 것과 같다.
- 아무리 경험이 많은 등반가도 한 번의 실수로 낭떠러지로 떨어지는 법이다.
- 게임을 하는 것은 전쟁터에 나가는 것인즉 항상 긴장을 늦추어서는 안 된다.
- 악한 마음을 가진 사람은 어떤 분야에서든 최고가 될 수 없다.
- 최고의 자리는 인성이 먼저 갖추어져야 비로소 열린다는 전을 명심해야 한다.

READING OTHERS HANDS
상대방의 패 읽는 법

마킹이 되어 있는 카드는 쉽게 읽을 수 있다.

카드 뒷면에 자신만 알아볼 수 있는 표시가 있기 때문인데, 그렇다면 정상적인 남의 카드는 읽을 수 없을까?

공부를 많이 한 사람들은 상대방 패를 쉽게 읽어낼 수 있다.

상대 패를 정확하게 읽어내게 된다면 상대는 홀 카드를 거의 오픈한 상태로 게임을 하는 것과 같고, 나의 카드는 보여주지 않고 플레이하는 상황이 연출되는 것과 비슷한 결과를 가져올 수 있다.

상대방 패를 읽는 정확도가 높을수록 대체적으로 실력이 강하다고 볼 수 있다.

상대 패를 정확하게 읽어낸다는 것은 졌을 때는 칩을 적게 잃을 수 있고 이길 때는 최대한으로 이겨올 수 있는 장점이 된다.

이는 포커 게임에서 매우 중요한 부분이다.

상대가 플레이할 때 어떤 패로 어떻게 진행했는지 기억해두는 것이 상대 패가 수컷인지 가장 빠르게 알아낼 수 있는 방법 중 하나다.

그렇다면 이런 부분을 어떻게 공부할 수 있을까?

❶ 첫 번째는 공부의 양이다.

❷ 두 번째는 상대 플레이어의 실력과 플레이 매너, 습관, 좋아하는 패 등을 관찰해 입력해두는 것이 크게 도움이 된다.

어떤 형태의 패를 좋아하는지를 관찰하고 게임을 진행할 때 상대방이 어떤 패를 어떻게 플레이했는지를 반드시 순서대로 머릿속에 입력해두는 것이 중요하다.

❸ 상대가 처음 베팅하는 형태와 칩을 던지는 동작, 베팅 액수, 홀 카드를 자주 보는 행위, 홀 카드를 조이며 보는 모습과 동작 등을 보고도 알 수 있다.

❹ 실력이 향상되면 차차 조금씩 보이게 되며 느낌으로도 알 수 있게 된다.

❺ 다음은 느낌의 정확도인데, 톱프로가 되면 상대방 패를 읽는 정확도는 85% 정도가 된다.

즉 프로들은 당신의 패를 거의 정확하게 알고 있다고 보면 된다. 프로가 되거나 실력이 강해지면 남들이 가지고 있지 않은 동물적인 감각이 생긴다.

운동을 열심히 할 때에는 누군가 뒤에 다가오면 정확한 거리를 뒤돌아보지 않고도 센티미터까지 정확하게 측정할 수 있는데 이런 것과 같은 것이다.

나의 경우, 게임 중 위기가 닥쳤을 때 이런 게가 발동하게 되는데 그때 상대방의 패를 읽어내는 정확도는 95% 정도이다.

남의 패를 그들보다 조금 더 정확하게 읽어낼 수 있는 것이 다른 이들과의 차이다.

그동안 많은 아마추어 플레이어들이 나에게 질문했던 부분 중에는 톱프로 플레이어와 나와의 차이를 묻는 것이 많았다.

톱프로의 세계에 가면 누구나 실력 차이는 거의 없다고 보면 된다.

하지만 눈에는 보이지 않는 미세한 백지장 같은 아주 엷은 차이 하나가 게임을 승리로 이끌어낸다.

내게는 그 능력이 남들보다 조금 낫다고 보면 될 것이다.

마지막으로 필요한 요소는 카드의 달란트라고 하는 카드 센스다.

카드 센스가 발달되어 있는 사람은 남보다 감도 뛰어나게 좋고, 게임 중 일어나는 여러 가지 일들을 잡담을 하고 있는 것처럼 보여도 하나도 놓치는 법이 없다.

MANNERS AND HABIT
매너와 습관 파악

사람들마다 각기 다른 지문이 있는 것처럼 게임 플레이어의 경우 자세히 관찰하면 그 사람만의 버릇이나 습관 같은 것이 있다.

이러한 것들을 자세히 관찰해 머릿속 컴퓨터에 저장해둔다면 게임에서 아주 유용하게 사용할 수 있는데, 실제로 이것이 승부에 직접적인 영향을 미칠 때가 많다.

나의 경우에는 게임에만 사용하는 메모리 칩 같은 것을 머릿속에 만들어 저장해두었다가 필요시 꺼내본다.

평소에는 카지노를 나오는 순간 그날의 모든 일들을 거의 다 잊어버린다.

그렇지 않으면 나의 작은 머리가 터져버리기 때문이다.

사람에 따라 좋은 패를 들었을 때 쉽게 흥분하며 목소리가 변한다든지, 얼굴이 빨갛게 상기된다든지, 숨소리가 거칠어진다든지, 남을 흘끔흘끔 쳐다본다든지, 안경을 만지작거린다든지, 코를 만진다든지, 말을 많이 한다든지, 원래 말 많은 사람이 갑자기 말이 없어진다든지, 칩 서플음 요란하게 한다든지 등이 평소와는 조금씩 다른 모습을 보이는 경향이 있다.

플레이어들의 대표적인 습관과 행동을 보면 다음과 같다.

- 베팅을 하는 모습
- 칩을 던지는 모양
- 패가 강할 때 베팅하는 액수
- 패가 강하지 않을 때 베팅하는 액수
- 자기의 카드를 자꾸 흘끔흘끔 다시 본다.
- 남의 눈치를 흘끔흘끔 자꾸 살핀다.
- 안경이나 코를 자꾸 만진다.
- 칩을 요란하게 셔플한다.
- 칩을 셔플하거나 칩을 만지는 손이 갑자기 떨린다.
- 말이 많던 사람이 갑자기 말이 없어진다.
- 말이 없던 사람이 갑자기 수선스러운 행동을 보인다.

이런 행동들은 고의적으로 만들어서 할 수는 없는 것들로서 자세히 관찰하다 보면 반드시 상대방의 습관 중 상대 패를 알아낼 수 있는 무언가를 찾아낼 수 있다.

그것만 잘 관찰해도 무슨 패를 가졌는지를 쉽게 파악할 수 있으며 게임을 할 때 이것이 자신에게 상당히 유리하게 작용한다.

이런 것들을 영어로는 텔(tell)이라고도 한다.

표정 없는 사람을 두고 포커페이스(poker face)라고 하지 않는가!

표정은 얼굴에만 나타나는 것이 아니다.

이렇게 평소에 하는 습관과 행동으로도 나타난다는 것을 알아야 한다.

그럼 인터넷으로 게임을 할 때는 어떻게 알아낼 수 있는가에 대한 의문점이 나올 수 있다.

이 또한 베팅의 액수, 액팅에 걸리는 시간 정도, 그 사람이 이겼을 때의 플레이 속도와 졌을 때의 속도, 콜을 하는 데 걸리는 시간 등을 주의 깊게 관찰하면 인터넷 게임에서도 자기에게 도움이 되는 것들을 찾아낼 수 있다.

인공지능의 경우도 베팅 액수, 액팅 타임, 플레이 패턴 등이 두 가지 정도로만 입력되어 있어 플레이 방식이 일정하므로 쉽게 찾아낼 수 있다.

이때 찾아낸 내용들을 머릿속 메모리 칩에 입력해 필요할 때 다시 꺼내볼 수 있게 하는 훈련이 평상시 필요하다.

바둑에서도 복기라는 것이 있다.

처음부터 끝까지 다시 놓아보는 것으로 잘못된 곳을 찾아 변화를 해보면서 다시는 똑같은 실수를 범하지 않으려고 노력하는 것이다.

포커에서도 이와 같은 복기를 하는데 보통은 말로 지나간 카드를 순서대로 이야기하며, 다르게 플레이했을 때 어떤 결과가 되었을지 논의하기도 한다.

사람이 일생 동안 자기 머리의 몇 %를 쓰고 죽는지 아는가?

여태까지 알려진 의학 상식으로는 6% 정도이다.

94% 부분은 한 번도 사용하지 못하고 그냥 사장된다는 말이다.

만약 누군가가 이중 0.5%만 더 사용할 수 있다면 그는 아마 아인슈타인처럼 우리가 천재라고 부르는 사람일 것이다.

내가 기억하는 아인슈타인의 말 중에 "사람들이 어제와 오늘 하는 일이 똑같으면서 더 나은 내일을 꿈꾸는 것은 미친 짓이다"라는 말이 있다.

항상 새로운 것을 기획하고 노력해야만 더 나은 미래가 있다는 뜻이다.

아무튼 하찮은 일도 바보처럼 주의 깊게 관찰하는 이들이 있다.

프로가 되려면 이러한 노력이 지능보다도 더 중요하다는 사실을 알아야 한다.

프로는 평소에 자기관리가 무엇보다 중요하다.

평소에 술을 마셔도 안 되며 주기적인 운동으로 언제나 전쟁터에 나갈 준비가 완벽하게 되어 있어야 한다.

생활이 난잡하거나 복잡해서도 안 된다.

충분한 휴식과 잠자는 것도 일의 연속성 중 하나로 생각하며 행동해야 한다.

또한 항상 책을 가까이 두어야 하며 공부를 게을리 해서도 안 되고 항상 자신의 현재 실력 수준을 정확히 평가하여 바르게 인식하고 있어야 한다.

자신을 과대평가하는 것은 자신에게 최고의 독이 되며, 필요 이상의 자신감으로 남의 실력을 서평가하거나 쌀모아서는 실내도 안 된다.

하찮은 일도 게임 중에는 바보처럼 주의 깊게 관찰해야 한다.

프로가 되고 싶다면 이러한 노력이 지능보다도 더 중요하다는 사실을 알아야 한다.

STRATEGY
게임운영 작전

노-리밋 게임에서는 게임을 시작하기 전에 작전을 구상한 사람과 아무 생각이 없는 사람과는 결과에 많은 차이가 있을 수밖에 없다.

게임운영 방식에는 자신이 가지고 있는 뱅크 롤(bank roll)과 플레이어들의 실력, 그리고 종합적으로 그날 게임이 돌아가는 분위기란 것이 있다.

그에 맞추어 작전을 짜야 하는데 이 구상이 빠른 시간 내에 머릿속에서 일어나야 한다.

누구를 공략하고 누구를 조심하며 나를 노리는 플레이어가 누구인지도 신속히 파악해 게임에 임하는 것이 좋다.

실력이 약한 플레이어는 공공의 적이 되며 누구나 그 약한 플레이어를 노리게 된다.

이때 매너가 불량하고 게임의 흐름을 방해하는 플레이어도 같이 모두의 표적이 된다.

토너먼트 경우에는 자기와 딜러 버튼의 위치와 칩의 상관관세에 따라 그때그때 작전의 변화가 이루어져야 한다.

게임이란 대개 상대성 원칙에 맞춰 흘러가는데 플레이어들의 실력이나 습성에 따라 나의 플레이도 조금씩 변화되어야 한다.

그리고 풀 게임(full game)이 아닌 숏 게임으로 변화되면 강자와 약자의 실력 차이가 점차 두드러지게 나타난다.

링 게임(Ring Game)일 때는 강자만 상대하는 것이 아니기 때문에 강자를 될 수 있는 대로 피해가며 게임 운영을 할 수 있지만 숏 핸드가 되면 별수 없이 강자와 자주 부닥치게 되어 있다.

이때 차츰 실력 차이를 느낄 수 있게 된다.

자신이 상대보다 약하더라도 자신의 강점을 살려 게임에 임하는 것이 좋다.

곰도 구르는 재주가 있다 하지 않는가?

자신에게도 남보다 강하고 나은 부분이 틀림없이 있을 것이다.

그 부분을 살려 임기응변을 하면 된다.

전체적인 자신의 실력을 향상시키는 데에는 많은 시간이 더 필요하지만 순간적인 순발력으로 자신의 약점을 커버할 수도 있다.

캐시 게임에서는 약한 플레이어가 강한 플레이어를 이기는 것은 거의 불가능에 가깝다.

하지만 토너먼트에서는 아마추어 플레이어가 얼마든지 프로를 이길 수 있다.

캐시 게임과 토너먼트는 다르다.

캐시 게임에서는 언제든지 자신의 칩을 계속적으로 구매할 수 있으므로 항상 상대방과 비등하거나 더 많은 뱅그를을 보유하며 게임에 임하는 것이 유리하다.

싸움을 할 때 상대가 나를 한 방 때리면 나는 반드시 케이오가 되고 상대는 아무런 손상을 입지 않는다면 공정한 싸움이 될 수 없는 것과 같은 이치다.

쉽게 풀어 이야기한다면 상대는 좋은 패를 가졌을 때 나를 한 방에 올인시킬 수 있지만 나는 상대를 한 방에 올인시킬 수 없는 것과 같은 것이다.

자신의 칩이 상대방을 커버하고 있을 때는 상대방이 나를 상대로 블러핑을 치기도 쉽지 않고 나를 상대로 플레이할 때에는 극도로 조심해야 하기 때문이다.

그리고 나에게만 완벽한 찬스가 왔을 때는 상대방을 일거에 올인시킬 수 있는 장점이 있다.

토너먼트에서 런이 좋거나 칩이 많은 플레이어를 상대할 때는 초반에는 극단적인 승부를 가급적으로 피해야 한다.

이들을 상대로 플레이할 때는 타이트하게 플레이하며 찬스를 기다리는 방식으로 게임운영을 해야 한다.

토너먼트는 상위로 갈수록 상금 격차가 커지므로 마지막 테이블에 가서 공격적인 플레이어들끼리 치고받게 놓아두면 된다.

단 자신이 승부를 할 수 있는 칩에 대한 밸런스만 잘 유지해주는 선에서 승부 찬스를 기다리는 것이 좋다.

1996년 내가 늘님 신 토너먼트에서 우승할 당시, 파이널 테이블에서 한 번도 넉넉한 칩을 가지고 있은 적이 없었다.

계속 아주 적은 칩으로 게임에 임하고 있었고 자기들끼리 승부를 하며 넉 아웃되면서 마지막 2인이 남아 있는 상황에서도 상대와의 칩 차이는 5 대 1 정도로 불리했다.

하지만 상대가 공격적으로 게임을 진행하고 있어 내게 지속적으로 블러핑을 치도록 유도했고, 상대는 한 번의 방심으로 더블 업을 하게 되었으며, 얼마 안 가 다시 더블 업, 그렇게 헤드 업을 끝내기까지 걸린 시간은 불과 10여 분 남짓밖에 되지 않았다.

게임에 임할 때는 항상 약한 플레이어를 노리고 있어야 한다.

대부분의 경우 한 번의 기회는 찾아오는 법이다.

토너먼트를 하다 보면 물론 한 번의 찬스도 없이 칩이 녹아버리는 경우도 간혹 있지만 보통의 경우는 기다리는 사람에게 위의 예와 같이 더블 업을 할 수 있는 기회가 온다.

이 점을 잊지 말고 마음의 여유를 가지고 기다려야 한다.

이런 것을 구상해두는 것이 게임운영 작전이다.

포커에는 정답이 없다.

간혹 내게 상황에 따른 정답을 묻는 플레이어가 더러 있는데, 포커에 하나밖에 없는 정답이 있다면 누구나 쉽게 고수가 될 수 있을 것이다.

기억력만 좋으면 모든 것을 외워서 실전에 활용하면 되겠지만 포커는 물론 기억력만으로 하는 게임이 아니다.

풍부한 상상력을 바탕으로 추리력, 판단력 그리고 안으로는 배짱과 끼 등 수많은 요소들을 필요로 한다.

아쉽게도 내가 아는 한 포커에는 하나의 정답은 없다고 단언할 수 있다.

그 이유는 상대 실력이나 성향에 따라 나의 플레이가 수시로 변해야 하며 또 자신의 위치와 그날의 분위기 및 시시각각 변하는 상황에 따라 그 모든 것을 종합하여 최선책을 찾아내야 하기 때문이다.

따라서 한마디로 딱 잘라 이것이 제일 좋다고 말할 수 없는 것이다.

포커에는 어느 정도의 상대성이란 것이 늘 존재한다.

A를 상대로 했던 플레이가 좋았다고 B를 상대로도 똑같은 플레이가 좋은 플레이였다고 할 수 없는 경우가 상당히 많이 등장하게 되는 것이다.

상대와 나의 칩 관계에서도 누가 누구를 커버하고 있는가에 따라서도 달라지는 것이다.

그러고도 또 포지션이 바뀌는 동안 많은 변화수가 새롭게 생겨나는 것이다.

그래서 포커를 일컬어 하나의 예술이라고 말하는 것이다.

남의 좋은 것을 카피하는 것만으로 한 분야의 대가가 되기에는 많이 부족하며 궁극적으로는 남의 좋은 점을 받아들여 자기만의 스타일을 스스로 만들어내야 한다.

그래야 비로소 자신이 포커를 하나의 예술로 승화시키며 한 단계 발전했다고 할 수 있다.

그래서 우리 모두가 포커를 어렵게 느끼는 것이다.

흐름 | Tip

게임을 하다 보면 평소보다 패도 유난히 안 들어올 때가 있고 오랜만에 좋은 패를 받았을 때는 플롭이 협조를 해주지 않을 때가 있다. 이럴 때에 플레이어는 자신의 인내에 한계를 느끼며 스스로 무너지게 되고 플레이도 망치게 된다.

또 반대로 잘될 때는 약한 패로 플레이를 하여도 지속적으로 환상적인 플롭을 받으며 큰판을 이겨올 때도 있다. 이런 것들은 포커에서 흐름이라고 하는데 해변에서 생겨나는 파도와 같은 것으로 이해하면 된다. 파도에 몸을 맡기면 편안하지만 거슬러 오르면 힘든 것과 같은 이치다.

흐름을 읽을 줄 아는 지혜와 자신에게 거슬리는 흐름을 참아내며 좋은 흐름으로 바뀔 때를 기다리는 인내가 노-리밋에서는 반드시 필요한 것이다.

MONEY MANAGEMENT
뱅크 롤(자금) 관리

자기 자금을 어떻게 관리하고 뱅크 롤 사이즈에 따라 게임 사이즈를 어떻게 할 것인지를 결정하는 것은 게임을 선택하는 것만큼이나 중요하다.

실력은 있는 것 같은데 항상 거지로만 사는 사람도 오랜 경험을 통해 많이 봐왔다.

대표적인 인물 중 한 사람이 나의 절친이었던 스튜이 헝거였다.

포커로는 수많은 돈을 벌었고 월드 시리즈에서도 역사상 유일하게 세 번이나 우승했으나 항상 돈 관리에는 문제가 있었다.

지난주에 200만 달러를 이기고도 다음 주에는 빈털터리가 되는 적이 많았다.

돈만 있으면 하루 평균 3억 정도를 스포츠 베팅으로 탕진해 그 많은 돈을 며칠 사이에 날리기 일쑤였다.

노-리밋 포커 실력으로 스튜이를 나와 비교한다면, 그가 태양이라면 나는 반딧불 정도에 불과하나.

그는 내가 평생에 만난 포커 플레이어 중 최고의 실력을 갖추었으며 특히 노-리밋 분야에서는 뛰어난 달란트를 타고난 사람이었다.

단지 마약으로 자신을 컨트롤하는 데 실패해서 다른 이들은 스튜이를 저평가했지만 도일 브론슨과 나만은 늘 그를 높이 평가했다.

스포츠 베팅으로 큰돈을 잃었다면 다음날 안정적이고 정상적인 포커를 하기는 매우 힘든 일이다.

실력은 항상 돈으로 환산되며 승부의 세계에서 결과에는 거짓말이란 것이 없다.

이런 이들에게야말로 자산관리를 해주는 매니저가 필요하다.

게임에서 이기는 일도 힘들지만 이긴 자산을 어떻게 관리하는가도 실력에 들어간다고 나는 생각한다.

프로가 되려면 매일 게임의 성적과 종류 그리고 손익을 계산해 기록으로 남겨야 한다.

어떤 게임에서 몇 시간을 투자했는지, 평균 수익은 어떠했는지를 기록으로 남겨 어떤 게임에서의 성적이 자신에게 유익했는지를 항상 따져보아야 하는 것이다.

어떤 이는 같이 플레이했던 사람의 이름과 자리 등을 기록으로 남기는 사람도 있다.

하루 이틀이나 한 달은 아무 의미가 없으며 중요한 것이 아니다.

지속적으로 1년, 5년, 10년의 성적이 어떠했는지가 평균치가 되어야 한다.

이것이 자기 자신에게 매우 중요한 자료가 되는 것이다.

하루 이틀이나 한 달, 두 달의 성적은 무의미하다.

최소한 5승 1패의 성적을 거두어야 비로소 프로가 되었다고 할 수 있다.

6승 1패가 되면 돈이 조금 모이게 되고 그 이상이 되면 돈을 찍어내는 수준이 된다.

다음은 하고 있는 게임의 사이즈가 문제인데 어떤 게임에서 수입을 잡을 수 있고 연간 수입은 어떻게 되는가도 중요하다.

내가 프로일 때의 평균 성적은 열두 번 싸움에서 11승 1패였다.

인공지능을 온라인 카지노나 게임 사이트에 접속시켜만 놓으면 인공지능이 스스로 알아서 돈을 벌어주는 방식이다.

지금은 인터넷 카지노 사이트마다 이 인공지능의 활약을 어떻게 막아내는지가 중요하다.

여기에 운영의 사활이 달려 있다고 해도 과언이 아니다.

HOW TO COUNTING ODDS
확률 계산법

포커를 잘할 수 있는 방법을 꼽으라면 나는 단연코 그것이 확률을 누가 정확하게 빨리 계산해낼 수 있는가와 상당 부분 관련이 있다고 본다.

수학적인 계산능력이 필요한 부분이지만 미리 공부해두면 실전에서 나올 수 있는 확률을 암기하여 응용할 수도 있는 것이다.

새로운 상황만 매번 나오는 것이 아니기 때문에 비슷한 상황이나 똑같은 상황이 연출되었을 때도 남보다 빠르고 쉽게 옳은 판단을 하는 데 도움이 된다.

그래서 확률 계산법은 정확한 판단을 위해 포커에서는 가장 중요한 것이다.

그리고 상황에 따라 각기 다른 확률이 연출되는데 이런 것을 자신이 스스로 계산할 줄 알아야 한다.

지금부터 읽는 내용은 필수로 이해해야 하는 것, 경기 중 1~2초 내로 확률이 계산되어야 하는 내용이다.

진짜 프로들은 아래의 계산법을 습관적으로 몸이나 머리가 아닌 눈으로 익힌다.

보는 순간 0.1초 내 계산하고 다음 액션을 취하며 경기에 임한다.

1) 트리플(Tripple-roll-up) 계산법

처음 52장 카드 중에 어떤 자도 트리플이 될 수 있기 때문에 첫 장은 52분의 52가 된다.

그다음 트리플이 될 수 있는 카드는 1장은 이미 없고 3장의 카드만 남아 있기 때문에 51분의 3이 되는 것이고, 다음번은 2장만 남았으므로 50분의 2가 되는 것이다.

이것을 계산하면 스터드(stud)의 경우 425번의 카드를 받았을 때 한 번은 처음 석 장에 트리플이 나온다는 뜻으로 확률은 425분의 1이 되는 것이다.

$52/52 \times 51/3 \times 50/2 = 312/132600 =$ 즉 425분의 1이 된다.

2) 포 카드(Four cards) 계산법

$52/52 \times 51/3 \times 50/2 \times 49/1 = 425/6,497,400 = 20,825$분의 1

4카드는 20,825의 핸드 만에 한 번 나온다는 뜻이 된다.

3) 페어(Pair) 계산법

$52/52 \times 51/3 = 156/2,652 = 17$분의 1

포셋 페어는 17번 만에 한 번 나온다는 뜻이 된다.

4) 플러시 드로우(Flush Draw) 계산법

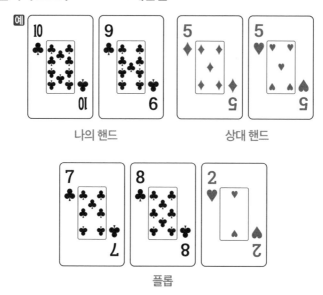

나의 핸드   상대 핸드

플롭

상대방이 클로버 없이 페어 5-5를 가지고 있다면 내가 이길 수 있는 카드는?

먼저 9장의 (플러시 드로우) 클로버가 살아 있다. +9

첫 번째 플러시 드로우에서는 플롭에 석 장의 카드가 나와 있고 그 중 자신의 플러시 카드가 두 장 있다.

자신의 두 장과 플롭의 석 장을 뺀 47장의 카드 중 9장의 플러시 카드가 살아 있어 47분의 9의 확률이 된다.

그래서 플롭에 플러시를 메이드할 가능성은 19%가 되는 것이다.

두 번째 드로우에서는 46장의 카드만 남아 있으므로 7중 플러시 카드가 9장이 남아 있어 플러시를 메이드할 가능성이 20%가 되는 것이다.

그래서 플롭에서 플러시가 메이드될 가능성은 39%가 된다.

두 번째로는 플러시 카드를 뺀 6와 J이 3장씩 있다. +6

세 번째로는 플러시 카드를 뺀 9나 10이 3장씩 있다. +6

턴(4구)에는 21장의 카드가 내게 도움이 되고 리버(5구)에도 똑같은 21장의 out이 있다.

47장의 카드 중 내가 이길 수 있는 카드가 턴과 리버를 합해 42장이 살아 있다는 뜻이 된다.

다시 풀어서 말한다면 47분의 21 즉 9c-10c이 위 그림의 플롭에서 5-5를 이길 수 있는 확률은 턴에 45%가 되며 리버에는 46%가 된다.

이를 합하면 91%가 된다는 이야기다.

이런 경우를 매우 유리한 경우(Big favor)라고 부른다.

이런 경우 상대방의 베팅에 플롭에서 바로 올인으로 승부하는 것이 올바른 플레이가 된다.

이렇게 자신이 이길 수 있는 승률을 미리 계산해 유리할 때 플롭에서 바로 승부를 하기 위해서 확률에 대해 미리 공부해두는 것이다.

이런 확률을 정확하게 알고 게임에 임하는 것과 그냥 감으로 플레이를 하는 것은 하늘과 땅만큼의 차이가 있을 수밖에 없다.

순간적으로 유불리를 정확히 계산할 수 있는 능력을 평소에 숙부해야 하는 이유는, 실전에서는 제한된 짧은 시간 내에서 중요한 결정을 빨리 해야 하기 때문이다.

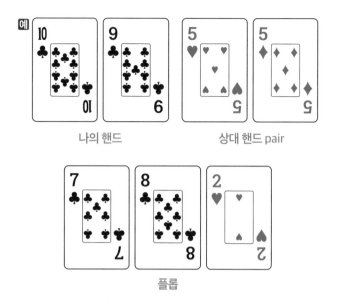

나의 핸드　　　　　　상대 핸드 pair

플롭

Flop 9c = 47분의 9

Turn 9c = 46분의 9

클로버를 뺀 6-J=6×2=12

9-10=6×2=12

첫 번째 턴에서는 9장의 플러시 카드와 12장의 스트레이트 카드, 그리고 두 장의 오버 카드를 합해 33장의 카드가 있으므로 47분의 33이 된다.

이는 70%로 이길 확률이 높다는 뜻이다.

단 9, 10이 떴을 때는 상대방도 리드로우(re-draw)할 수 있는 확률이 46분의 2(5%)가 된다.

두 번째 리버에서두 33장의 카드가 살아 있으므로 46분의 33(73%)이 된다.

196

나의 핸드

상대 핸드

플롭

상대방이 As-Ad일 경우

10c-9c, against over pair AA

플러시 카드 9c=47분의 9+46분의 9=39%는 플러시가 메이드된다.

스트레이트 카드 6&J=47분의 6+46분의 6=16%는 스트레이트가 메이드된다.

55% favor+알파로 9나 10을 뜨는 경우가 알파로 추가된다.

9c-10c이 A-A를 상대로도 55%+알파 플롭에서 유리하단 뜻이다.

곧바로 상대의 베팅에 올인으로 승부해야 한다는 뜻이 된다.

왜냐하면 턴에 메이드가 되지 않았을 경우 상대가 먼저 올인하면 내가 불리하므로 상대의 베팅에 콜을 하기가 힘들어진다.

그래서 승부는 이렇게 확률적으로 내가 유리할 때 먼저 걸어가는 것을 원칙으로 한다.

5) 스트레이트 드로우(Straight Draw) 계산법

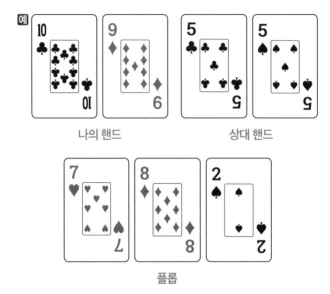

나의 핸드 　　　　　 상대 핸드

플롭

6&j-8=47분의 8로 플롭에 스트레이트로 17%로 이길 확률이 있다는 뜻이다.

9, 10-8=47분의 8로 9나 10페어로 이길 확률이 17%가 된다.

이는 턴에 이길 확률이 34%가 된다는 뜻이다.

리버에는 46분의 8=+46분의 8이 되며 35%가 된다.

그래서 9-10이 페어5-5를 이길 수 있는 확률은 도합 69%가 되는 것이다.

나의 핸드　　　VS　　　상대 핸드

플롭

6&j 8×2=16

+알파 9-10+9-9+10-10

31% underdog+알파

9-10이 위의 플롭에서 A-A를 이길 수 있는 확률은 31%가 조금 넘는다는 뜻이 된다.

포커에서는 팟과 내가 드로잉을 맞추어 상대를 이길 수 있는 확률과 자신이 지불해야 할 금액의 비중이 누가 더 크고 누구에게 유리하느냐가 중요하다.

판을 이기기 위해 지불해야 하는 비용이 많고 승리할 확률이 석나면 나에겐 아무리 좋은 패도 가치가 없는 것이 되고, 상대적으로 투자할 비용은 적은데 내 패가 최상의 패로 발전할 확률이 더 높다면 당연히 레이즈를 하면서 싸워야 하는 것이다.

이때 상대방의 칩과 나의 칩, 그리고 팟과의 삼각관계를 계산하며 게임을 운영하는 플레이어는 가히 고수라 할 수 있다.

예를 들어 판에 앤티 정도로 아주 적은 칩이 있는데 상대방이 백만 칩을 올인했다면 나의 핸드가 A〉Ks이라도 큰 의미가 없다는 뜻이다. 승리할 수 있는 확률은 비슷하거나 낮고 나에게 최상의 플롭이 펼쳐져도 더 이상 이길 수 있는 칩이 상대방에게 없기 때문에 핸드의 가치가 별로 없다는 뜻이 된다.

실전에서 벌어지는 모든 상황을 정확히 계산하는 방법에 대해 미리 공부해두는 것이 실전에서 올바른 판단을 하는 데 크게 도움이 된다는 것을 알 수 있다.

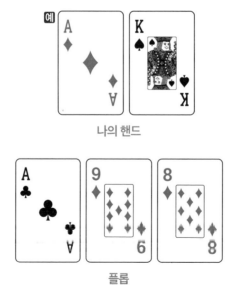

나의 핸드

플롭

나의 핸드가 톱 페어에 좋은 킥커를 가지고 베팅을 했을 때 두 사람이 콜을 했다면 반드시 드로잉을 하는 패가 있을 것이다.

한 사람은 다이아몬드 플러시 드로우일 것이고 다른 플레이어는 10d-Jc일 가능성이 매우 높다.

물론 상대방이 나와 같은 A페어에 낮은 킥커를 가지고 있는 경우도 나오지만 강한 플레이어를 상대로 플레이하고 있는 경우 이런 예는 찾아보기 쉽지 않고, 그런 상황에 상대가 나를 이길 확률은 17분의 1로 매우 낮으므로 무시하고 경계할 필요는 없다.

어떤 경우에는 상대방이 둘 다 플러시 드로잉을 하는 경우도 간혹 나오지만 일단은 이러한 방식으로 상대 패를 읽어나가는 것을 원칙으로 생각해두는 것이 좋다.

그래서 내가 주의해야 하는 카드는 다이아몬드와 7과 Q 정도가 된다는 것을 유념하고 게임에 임하는 것이다.

턴에 다이아몬드나 7 그리고 Q이 떨어지지 않으면 곧바로 올인으로 승부해 드로잉하고 있는 상대방에게 부담을 주어 곧바로 그 자체 상황으로 승리해야 하는 것이다.

게임에서 자주 나오는 상황에 대한 확률은 외워두는 것이 게임 중에 중요한 결정을 하는 데 크게 도움이 된다.

아주 자주 나오는 플롭이라면 플러시 드로우를 꼽을 수 있다.

상대 페어에 오버 카드가 있는지, 부 장이 있는 경우 그리고 페어에 플러시 드로우를 하고 있는가에 따라 크게 다르기 때문에 이 모든 경우의 확률을 미리 공부하고 외워두는 것이 좋다.

그리고 어떻게 계산하는지도 확실하게 배워두어야만 어떠한 경우가 나오더라도 금방 유불리를 알아낼 수 있다.

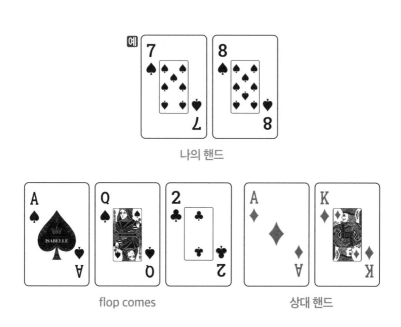

나의 핸드

flop comes   상대 핸드

먼저 위와 같이 오버 카드가 없는 경우를 알아보자.

이 경우에 상대를 이길 수 있는 카드를 먼저 생각해보자.

플러시 카드가 9장씩 턴과 리버에 두 번에 걸쳐 있으며 7과 8을 연속으로 뜨는 경우는 있으나 쉬운 계산을 위해 일단은 제외하고 계산한다면 턴에 9장을 47로 나누면 19.15%가 되며, 리버에는 9장을 46으로 나누어 19.57%가 된다는 결과가 나온다

턴과 리버를 합히서 38.72%의 확률로 플러시를 만들 가능성이 있다는 뜻이다.

거기에 7과 8을 연이어 뜰 수 있는 확률은 약 1%가 된다.

그래서 플러시 드로우가 약 6 대 4의 비율로 불리하다는 결론이 되는 것이다.

계산을 할 때 턴에 47로 나누는 이유는 플롭에 3장이 나와 있으며 자신이 가진 두 장의 카드를 빼면 내가 보지 못한 카드는 47장이 남아 있기 때문이고, 리버에는 한 장의 카드가 더 나와 있으므로 46장으로 나누면 되는 것이다.

아마추어들이 어떻게 계산하는 것이 옳은 방법인지에 대해 혼동하는 경우가 많으나 프로도 계산법을 가끔씩은 잊어버리고 감으로만 게임을 진행하는 경우가 많이 있다.

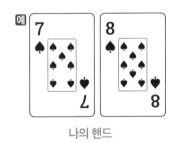

나의 핸드

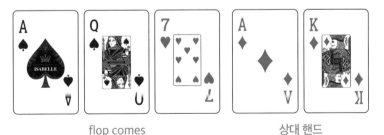

flop comes   상대 핸드

다음으로 중요한 상황은 페어에 플러시를 드로잉하는 경우이다.

이런 경우에는 위와 매우 다르며 반대로 플러시 드로우가 유리한 상황이 되는 것이다.

먼저 플러시를 만들 수 있는 카드는 9장씩 두 번으로 위와 같으나 트리플을 만들 수 있는 카드가 두 장씩 두 번에 걸쳐 있으며 투 페어를 만들 수 있는 카드가 3장씩 두 번에 걸쳐 있다.

그래서 턴에는 9+2+3=14가 되며 리버에도 똑같은 확률이 존재하게 된다.

그래서 턴에 29.79%의 확률이 있으며 리버에는 30.43%의 확률로 이길 수가 있다.

도합 60.22%의 확률로 이길 수 있다는 뜻이 되므로 상대의 베팅에 올인으로 승부할 수 있다는 뜻이 된다.

이로써 현재는 불리하나 상대를 이길 수 있는 확률이 매우 높다는 것을 알 수 있다.

다음 경우는 두 장의 오버 카드를 가지고 있을 때의 경우이다.

이 경우에도 플러시 드로우가 매우 유리한 결과가 나오는 것을 알 수 있다.

플러시 카드가 9장씩 두 번에 걸쳐 있으며 오버 카드가 3장씩 두 번에 걸쳐 있다.

턴에 9+3+3=15가 되며 리버 역시 9+3+3=15의 아웃이 있다.

턴에 31.91%가 되며 리버에 32.61%가 된다.

두 장의 오버 카드가 있다면 도합 64.52%로 유리하다는 결과가 나온다.

즉 2 대 1로 유리하다는 뜻이 된다.

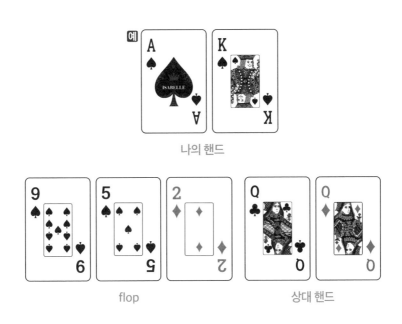

나의 핸드

flop   상대 핸드

마지막으로 뒤의 그림같은 경우도 역시 게임 중에 자주 나오는 상황 중 하나이다.

먼저 이길 수 있는 카드로는 6과 J가 스트레이트를 만들어주며 9는 트리플, 10은 투 페어를 만들어준다는 것을 알 수 있다.

넛을 만들어주는 스트레이트 카드가 8장이 살아 있고 9가 두 장, 10이 3장 살아 있다.

턴에 내가 이길 수 있는 카드가 8+2+3=13이 되며 리버에도 똑같은 확률이 있다.

턴에 29.79%, 리버에 30.43%의 확률로 이긴다는 뜻이 된다.

도합 60.22%의 확률로 9 10이 유리하다는 결론이 된다.

스트레이트 드로우의 경우에는 나눌 확률도 1%가 항상 있다는 것
도 잊지 않아야 한다.

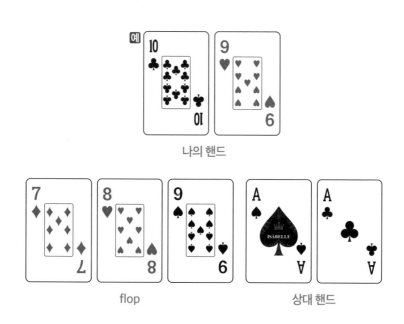

나의 핸드

flop   상대 핸드

우리가 게임을 하다 보면 페어끼리 부딪치는 경우가 자주 나온다.

확률에 대하여 전혀 모르는 경우에는 감에만 의지하는 수밖에 없다.

그러나 먼저 쉽게 생각해볼 수 있는 것은 페어가 트리플이 플롭될
수 있는 확률은 6 대 1이라는 것이다.

그렇다, 6 대 1로 물리하지는 않다.

턴에 나올 확률과 리버에 나올 확률도 있고 스트레이트를 만들 확

률과 바닥에 스트레이트나 플러시가 나오는 상황도 있기 때문이다.

페어의 크기에 따라 약간씩은 달라지지만 보통의 경우에는 81% 대 19%의 확률로 스몰 페어가 불리하다.

그리고 상대와 무늬가 맞물려 있는지와 아닌지에 따라 확률도 조금씩 달라진다.

10페어가 A-K을 만났을 때는 6~7% 정도가 유리하다.

무늬에 따라 확률이 변화되기 때문이다.

10페어와 A-Js이 만났을 때 50% 대 49%로 거의 이븐(even)이다.

6) 주사위(Dice) 계산법

내가 1976년 미국에 이민을 가게 되자 바둑을 좋아하는 포커학 교수인 칩 존슨 교수가 프로 기사가 미국에 왔다는 소문을 어디선가 듣고 백방으로 나를 찾게 되었다.

우연히 카지노에서 내가 게임하는 것을 뒤에서 잠시 지켜본 후 나에게 자신을 소개했다.

인터넷 바둑이 없을 때라 아마추어 2단쯤 되는 자신으로는 미국에서 적수를 찾기가 힘들고 자신의 실력을 향상시키고 싶어 바둑의 고수를 물색하던 중이라고 했다.

존슨 교수의 말에 따르면 나의 포커 실력은 당시 바둑으로 따진다면 아마추어 6급 정도였다고 한다.

이때부터 나는 바둑, 존슨 교수는 포커에 대해 교환교수를 하며 서로를 가르치기 시작했다.

처음에 나는 포커를 그저 노름으로 생각했고 노름을 학문적으로 공부한다는 것에 대해 이해하지 못했지만 아무튼 그렇게 시작되었다. 타짜가 되기 위해 연습하며 공부한다는 것은 알고 있었지만 포커를 공부한다?

그가 나에게 던진 첫 번째 질문 중에는 이런 것이 있었다.

주사위가 1이 나올 수 있는 확률은 무엇인가?

6분의 1이다.

그렇다면 자신이 주사위를 던져 1이 안 나오면 나에게 1달러를 주고 1이 나오면 내가 6달러를 주사위를 던진 이에게 준다면 누가 이길까?

당연히 1달러를 주며 던지는 사람이 이기는 것이다.

왜냐하면 5달러를 주어야 하는데 6달러를 주었기 때문인데 6분의 1이란 5 대 1이란 뜻이 된다.

영어에서 확률을 이야기할 때에는 5 against 1이라고 한다.

여섯 번을 던졌을 때 여섯 번 중에는 반드시 한 번 1이 나오게 되어 있기 때문에 5달러를 주어야 정확하게 평균치(even)가 되는 것이다.

다음으로는 주사위 두 개로 던지면서 7이 안 나오면 1달러를 내게 주고 같은 방식으로 열두 번을 던지면 어떤 결과가 나오는가?

여기서 조금 어렵고 복잡한 문제에 봉착하게 되는데 확률적으로만 계산한다면 이것 또한 even이 된다.

그러나 열두 번 중 상대가 던진 주사위에서 두 번째 7이 나오고 일곱 번째 또 7이 나온다면 나머지 다섯 번은 공짜(Free Roll)로 던지게 된다는 이야기가 된다.

물론 열두 번 중에 한 번도 7이 나오지 않을 수도 있지만 열두 번 전부 다 나올 수도 있다.

어찌되었든 확률이기 때문에 두 번은 반드시 나온다고 보아야 한다.

여기서 우리가 주의를 기울이고 알아야 할 점은 프리 롤에 대한 부분이다.

상대에게 이길 수 있는 기회가 더 많이 주어진다는 사실이다.

그래서 결론은 던지는 사람이 유리하게 되어 게임에 이긴다는 것이다.

이 뜻을 이해하는 사람도 있겠지만 확률이 같은데 어떻게 다를 수 있느냐며 이해가 안 되는 사람도 있을 것이다.

확률로는 같은 결과에서 왜 다른 해답이 나오는지에 대해서는 프로들이 이미 실험을 통해 검증한 바 있다.

이런 것을 계산하고 손익의 정확성을 높이기 위해 확률 공부를 해두는 것이 매우 중요하다는 것이다.

이것은 포커를 비롯해 그밖의 다른 게임이나 내기를 하는 모든 상황에 응용할 수 있는 좋은 공부다.

내기를 하기 전에 우리가 꼭 알아야 하는 기초적인 상식이라 하겠다.

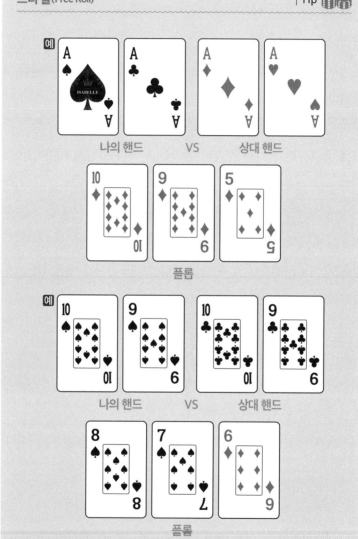

이와 같이 상대기 기지고 있는 무늬기 세 장 떨이지면 싱대가 35% 이길 확률을 공짜로 갖게 되는데, 이와 같은 상황을 프리 롤이라고 부른다.

7) 아웃에 대한 도표

OUT	TURN	RIVER	TOTAL
1	2.13%	2.17%	4.30%
2	4.26%	4.35%	8.61%
3	6.38%	6.52%	12.90%
4	8.51%	8.70%	17.21%
5	10.64%	10.87%	21.51%
6	12.77%	13.04%	25.81%
7	14.89%	15.22%	30.11%
8	17.02%	17.39%	34.41%
9	19.15%	19.57%	38.72%
10	21.28%	21.74%	43.02%
11	23.40%	23.91%	47.31%
12	25.53%	26.09%	51.62%
13	27.66%	28.26%	55.92%
14	29.79%	30.43%	60.22%
15	31.91%	32.61%	64.52%
16	34.04%	34.78%	68.82%
17	36.17%	36.96%	73.13%
18	38.30%	39.13%	77.43%
19	40.43%	41.30%	81.73%
20	42.55%	43.48%	86.03%
21	44.68%	45.65%	90.33%

위의 도표는 모든 포커게임 실전에서 출현하는 아웃에 대한 확률을

최저치인 1장부터 최대치인 21장까지 알기 쉽게 정리한 것이다. 도표에서 아웃(out)이란 플랍 전이나 플랍(flop)에서 자신이 상대방을 이길 수 있는 카드의 숫자를 말한다.

단둘일 때 페어인 경우 오버페어가 81%-19%로 유리하며, 플랍에서는 8.61%, 턴에서는 4.35%가 유리하다. Ak와 AQ, AJ처럼 카드가 물려 있는 경우는 AK가 80%-19%로 유리하며, 나머지 1%는 찹(CHOP)이 될 수 있는 확률이 된다.

모든 플러쉬를 드로잉하는 경우는 최소로 9장의 아웃이 턴에 있으며, 또한 리버에 9장의 아웃카드가 한 번 더 있는 것이다.

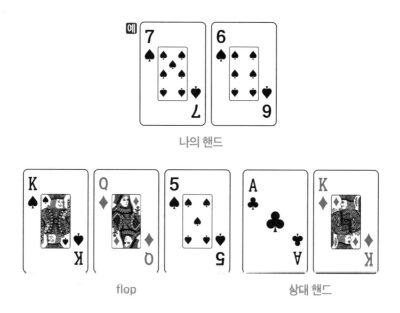

나의 핸드

flop   상대 핸드

자신의 손에 있는 두 장과 플랍에 나와 있는 두 장을 합하면 자신이 필요한 플러쉬 카드 중에 빠진 자는 넉 장이 되는 것이며, 13장의 플러쉬 카드 중에 4장을 뺀 나머지가 덱에 살아 있는 것이 된다. 결국, 남아 있는 플러쉬 카드는 9장이라는 뜻이다.

이때 남의 패에 나의 플러쉬 카드가 이미 빠져 있을 수도 있으나 그런 상황은 개의치 않아도 된다. 그것은 계산에는 아무런 영향을 미치지 않는다. 그냥 그런 것들은 무시하고 게임을 진행해도 된다.

그래서 52장 카드 중에 내 손에 있는 두 장의 카드와 플랍에 나와 있는 석 장의 카드를 합하면 내가 보고 알고 있는 카드는 5장이 되는 것이며, 52장 카드 중에 5장을 빼면 47이라는 남아 있는 카드의 숫자가 나오게 된다.

9x100%에서 현재 덱에 남아 있는 카드 47을 나누면 턴에 맞을 수 있는 확률이 나오는 것이며, 리버에서는 턴에 한 장이 이미 더 빠졌으므로 9x100%를 46으로 나누면 다음과 같은 답이 나온다.

조금 더 정밀한 계산을 원한다면 10,000%로 나누어 계산하면 조금 더 정확한 답을 얻을 수 있다. 이 경우 턴에서는 19.15%, 리버에서는 19.57%, 도합 38.72%란 답이 나오며, 이어 플러스알파로 1.28%로 더 쳐주어 40%의 이길 확률이 있다고 말하는 것이다.

그래서 페어나 오버카드가 없는 베이비-플러쉬-드로우(baby flush draw) 경우에는 상대의 투 페어나 오버페어를 상대로 내 손은 매우 불리하다는 뜻이 되며, 만약 2인 이상의 플레이어를 상대하고 있을 때는 조금 다른 상황이 발생하게 된다. 그 이유인즉 자신이 지불해야 되는 돈과 자신이 이길 판돈의 비율이 heads up일 때보다는 크게 높아졌다는 변수가 생긴 것이다.

그 뜻은 자신이 지불해야 하는 돈이 판돈 비례 25%밖에 되지 않아 이길 확률인 40%보다 자신이 투자할 금액이 적기 때문인데, 자신이 지불해야 하는 돈에 비해 이길 수 있는 확률이 40%로 훨씬 높음으로써 자신에게 조금 유리한 상황으로 변화되었다는 것을 알 수 있다. 물론 그렇다고 자신이 이길 확률이 더 늘어난 것은 아니다. 다만 자신이 지급할 액수가 25%로 이길 확률인 40%보다는 많이 작아졌다는 뜻이다. 이 경우, 상대가 풀 사이즈로 베팅했다고 가정해 본다면 기본 판돈을 1이라고 가정할 때 두 사람의 베팅액수를 합한 것은 2가 되며 기본 판돈과의 합이 3이 되었다는 것을 알 수 있으며, 내가 드로잉을 하기 위해 지불하는 나의 몫은 판돈의 4분의 1밖에 안 된다는 것을 알 수 있다. 그 뜻을 확률로 풀어서 설명한다면 판에 나와 있는 판돈 비율은 75%가 되는 것이며, 그렇다면 자신이 지불해야 하는 판돈 비율은 4분의 1인 25%란 것을 알 수 있다.

자신이 이길 확률은 40%인 데 비해 자신이 지불해야 하는 투자액은 25%로 작아졌다는 것은 판의 환경이 자신에게 유리하게 변화되었다는 것을 알 수 있다.

드로잉핸드는 이렇게 자신이 이길 수 있는 확률과 이길 수 있는 판돈 크기와 자신이 지불해야 할 돈과 자신의 뒤에 콜이나 레이즈를 더 할 수 있는 플레이어가 남아 있는가에 따라서도 또 조금씩 달라지기 때문에 모든 상황을 종합적으로 판단해야 되는 것이고, 그렇게 판돈과의 비율을 비교해 자신의 유불리도 수시로 달라지므로 매번 빠르게 다시 따져보아야 하는 것이다.

바로 이 부분이 아마추어 플레이어들이 실전에서 이해하기 어려워 하며 혼동하기 쉬운 부분으로 유불리 확률은 현재 게임에 참가하고 있는 플레이어 수에 따라서도 항시 확률과 함께 변화된다는 것을 반드시 함께 알아두어야 한다.

오버카드가 한 장 있는 경우는 플러쉬 카드 9장과 3장의 오버카드의 페어카드를 합하여 12장의 아웃이 있는 것이다.

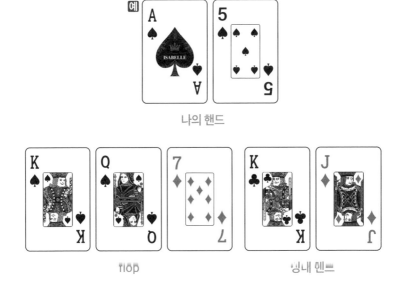

나의 핸드

flop   싱내 핸드

이 경우 턴에는 25.53%, 리버에는 26.09%, 도합 51.62%로 상대

의 톱 페어나 오버페어를 상대로도 자신이 조금 유리하다는 것을 알 수 있다. 그래서 11장의 아웃이 있는 패는 플러스알파를 합하여 1.5% 정도 불리한 승부가 되며 12장의 아웃이 있는 패는 2.90% 유리한 승부가 된다는 것은 노 리밋에서 가장 많이 나오는 상황이므로 머릿속에 인지해두는 것이 게임의 빠른 진행과 정확한 판단을 위해 크게 도움이 된다.

이런 미세한 승부들을 통틀어 이븐머니(even money) 또는 플립(flip)이라고 말한다. 여기서 한 가지 우리가 토너먼트를 할 때 인지해야 할 점은 이런 미세한 승부 찬스가 왔을 때 공격적으로 플레이할 것인지, 수비적 플레이를 할 것인지, 아니면 승부를 미뤄야 하는지 등은 자신과 상대의 칩(스택) 상태에 따라 달라져야 하며 누가 먼저 공격적인 위치에 있는가도 승부에는 매우 중요한 요소가 된다는 것이다. 상대의 흐름이 오르막을 타고 있어 매우 강할 때와 상대의 칩이 나를 현저하게 커버하고 있을 때는 3% 유리한 패로도 승부를 피할 때도 있지만, 반대로 상대의 흐름이 나쁠 때는 4-6의 불리한 장면에서도 승부를 보는 경우도 있는 것이다.

이런 것들은 판의 흐름을 주의 깊게 관찰하고 있어야만 가능한 것들로, 강한 플레이어가 되려면 확률을 정확하게 파악하는 것과 함께 게임의 흐름을 파악하는 것도 확률 못지않게 매우 중요하다는 것을 알아야 한다. 토너먼트와 라이브 게임에서는 게임운영전략부터 크게 달라져야 하는 것이다.

플로쉬 드로우에 것 샷 스트레이트 드로우(flush draw with gut shut

straight draw)가 있는 경우도 역시 12장의 아웃이 있다.

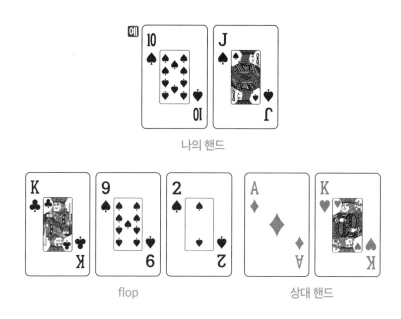

나의 핸드

flop   상대 핸드

9장의 플러쉬 카드와 3장의 스트레이트 카드가 살아 있다. 이때 가끔씩 플레이어가 혼동하는 부분은 스트레이트 카드를 넉 장으로 착각하여 계산하는 수가 간혹 있다는 것이다. 스트레이트 카드 넉 장 중 한 장은 9장의 플러쉬 카드 중에 이미 계산했기 때문에 한 장은 빼고 석 장으로 계산해야 하는 것이다. 그래서 컷 샷의 경우도 한 장의 오버카드가 있는 것과 같은 51.62%로 오버카드가 한 장 있는 것과 같은 결과가 나온다는 것을 암기해둘 필요가 있다.

두 장의 오버카드가 있는 경우에는 9장의 플러쉬 카드와 6장의 페어카드를 합하여 도합 15장의 아웃이 있다.

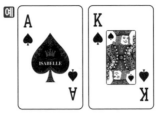

나의 핸드

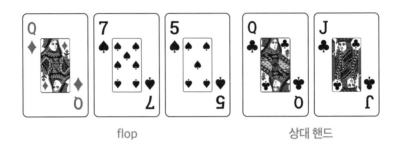

flop   상대 핸드

이 경우 턴에는 31.91%, 리버에 31.61%가 있어 도합 64.52%가 되어 약 2 대 1에 가까운 매우 유리한 승부가 되는 것이다.

그래서 페어가 없는 베비 플러쉬 드로우는 단둘이 승부하는 것은 4 대 6으로 불리하다는 것을 알 수 있으며, 플러쉬 드로우는 두 명 이상 게임에 참가하고 있을 때 플레이를 지속할 수는 있지만 페어가 없는 베비 플러쉬 패로는 가급적으로는 콜을 받으며 승부를 보지 않는 것이 좋다는 것을 알 수 있다.

왜냐하면 두 명 이상 게임에 참가하고 있을 시 자신보다 높은 플러쉬 드로우를 하는 패가 있을 수 있다는 또 다른 위험 요소가 존재한다는 점을 유의하며 게임에 임해야 하기 때문이다.

그래서 노 리밋에서 플러쉬 드로우는 원칙적으로 넛(nut)일 경우에만 드로잉하는 것을 원칙으로 삼고 플레이해야 한방에 넘어가는 것을 사전에 방지할 수 있다.

페어에 플러쉬 드로우(pair with flush draw)를 하고 있을 때는 9장의 플러쉬 카드와 두 장의 트리플 그리고 석 장의 페어카드를 합하여 14장의 아웃이 있다.

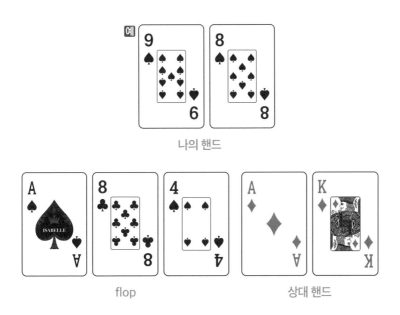

나의 핸드

flop   상대 핸드

이 경우 턴에는 29.79%, 리버에는 30.43%, 도합 60.22%로 상대방의 톱 페어나 오버페어를 상대로도 매우 유리하다는 것을 알 수 있다. 페어에 베비 플러쉬 드로우를 하고 있는 패는 어떤 패를 상대로도 드로잉데드하지 않는 좋은 패이다.

"Pair with baby flush draw never drawing dead against any hands."

설령 상대가 셋을 가졌거나 넛 플러쉬를 드로잉하고 있을 경우에도 드로잉 라이브라는 강점을 가진 패라는 뜻이다.

플러쉬와 오픈 앤드 스트레이트 드로우(flush&open-end straight draw)를 겸하고 있을 때는 그리고 2장의 오버카드가 있을 시 최대로 21장의 아웃이 있다.

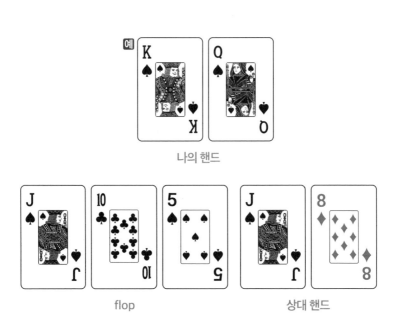

나의 핸드

flop   상대 핸드

이런 경우는 턴에 44.68%, 리버에 45.65%, 도합 90.33%로 유리하다.

9플러쉬+6스트레이트+6오버카드=21

이것은 홀덤게임 중에서 발생하는 최대치 확률로 흔히 나오는 것은 아니다. 이런 최대치 확률인 경우에는 더 이상의 플러스알파는 존재하지 않는다. 최대치 확률로 이미 다 계산되었기 때문이다. 이런 경우를 over 9 대 1 favor라고 한다.

이외에 플러쉬 드로우에서는 항상 별도로 예측하지 못했던 상황이 연출되기도 하는데, 플랍에서는 스트레이트 드로우가 전혀 없었던 경우에도 턴에 스트레이트 드로우가 우연히 만들어지는 경우도 가끔씩 나오며, runner-runner로 스트레이트가 실제로 만들어지는 요행도 나오기도 해서 플러스알파가 예상보다 더 많이 생겨나는 법이다.

마지막으로 모든 플러쉬 드로잉핸드(flush drawing hand)에 플러스알파가 생겨나는 이유 중 하나는 자신이 손에 가지고 있는 홀 카드가 트리플이나 투 페어를 연속적으로 떠서 이기는 경우와 없던 스트레이트를 연속으로 뜨는 경우도 간혹 나오기 때문인데, 이를 모두 통틀어 플러스알파라고 칭하는 것이다.

플러스알파는 매번 일정하지 않은데 그 이유는 상대가 가지고 있는 카드 무늬에 따라서도 매번 조금씩 확률이 달라지기 때문에 어떤 확률을 일정한 수치로 정확하게 정할 수 없으므로 플러스알파라고 막연하게 가정해두는 것이다.

간혹 나에게 이런 질문을 해오는 경우가 있다.

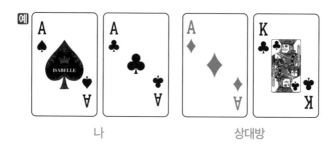

나   상대방

자신이 As, Ac 페어를 가지고 Ad, Kc을 가진 패와 플랍 전에 서로 올인을 담그고 10s,7c,2d 같은 드림 플랍을 받고도 진적이 있다며 그 확률은 무엇인지를 물어보는 경우다.

나 자신도 평생 게임을 하면서 이런 상황의 똑같은 벳-빗을 수없이 당해봐서 그 심정을 이해한다. 이런 상황을 계산하는 법은 다음과 같다.

먼저 상대가 king을 연속적으로 뜨는 경우인데 3장의 king이 살아 있다. 턴에 king을 뜨는 확률은 47분의 3이 될 것이며 리버에는 46분의 2가 된다. 즉 47x46=2162을 3x2=6으로 나누면 360분의 1이라는 답이 나오며, 그 뜻은 360번 중 한 번은 king을 연속적으로 뜨는 경우가 나온다는 뜻이다.

다음으로는 Q과 J을 연속적으로 뜨는 확률이다.

턴에 Q과 J을 합하여 8장이 있다. 상대가 턴에 Q을 떴다고 가정할 때 그리고 리버에는 4장의 J이라는 스트레이트 카드가 살아 있다. 47x46=2162을 8x4=32로 나누면 68분의 1이라는 답이 나온다. 그래서 정확하게 답한다면 68.36번 중 한 번은 A, A 페어가 A, K을

222

상대로 드림 플랍을 받고서도 지는 경우가 나온다.

하이레벨 게임에 가면 천재들 중에는 이런 모든 상황마다 플러스알파까지 더한 정확한 수치를 계산기 없이 순식간에 빛의 속도로 정확하게 계산해낼 수 있는 플레이어가 실제로 포커세계에는 수십 혹은 수백 명이나 존재한다. 3.19x4.25는 얼마가 되느냐는 질문이 끝나기도 전에 소수 콤마 아래 수치까지 정확하게 나열하며 답을 말하는 천재들이 실제로 존재하는 것이다.

예전에 나와 함께 게임을 했던 플레이어 중에는 실제로 많은 이들이 존재했으며 나는 직접 경험했다. 앞으로 여러분 중에 세계적인 플레이어가 나온다면 이런 천재들을 실제로 실전에서 만나게 될 것이다. 공부의 양과 재능, 체력, 그리고 두둑한 담력을 갖추어야만 이런 천재들을 넘어 세계적인 플레이어가 될 수 있다.

나는 여기까지 게임 중 발생하는 모든 확률에 대하여 도표를 그려 자세하게 설명했다. 게임 중 매번 다르게 나타나는 확률을 누가 얼마나 정확하고 빠르게 계산해낼 수 있느냐가 게임을 승리로 이끄는 데 매우 중요한 요소가 된다는 것을 우리는 알게 되었다.

확률만 완벽하고 신속하게 계산해낼 수 있으면 어떤 어려운 상황이 생겼을 때에도 인공지능과 같은 완벽한 결정을 내릴 수 있는 것이다.

· 플랍 전에 지금 당장 승부를 보는 것이 좋은지?
· 플랍에서는 콜만 하고 턴에서 승부를 보는 것이 좀 더 나은 것인지?

- 플랍을 볼 수 있는 패인지?
- 베팅은 어느 정도로 하는 것이 좋은 것인지?
- 상대를 달고 가는 것이 더 좋은 작전인지?
- 플랍에서 과연 누가 얼마나 유리한 것인지?
- 누가 발전성을 더 가진 패를 가지고 있는지?
- 상대에게 프리카드를 주며 슬로우 플레이를 해도 괜찮은지?
- 레이즈를 어느 정도 사이즈로 하는 것이 좋은지?
- 액션을 강하게 주며 판을 주도적으로 키워야 하는지?
- 콜을 해도 되는 것인지?
- 콜만 하는 것이 옳은지?
- 어떤 장면에서 올인으로 승부를 먼저 거는 것이 좋은지?
- 먼저 플랍부터 보고 결정하는 것이 좋은지?
- 폴드하고 다음 기회를 기다리는 것이 좋은지?
- 현재 상황에서 최선의 플레이가 과연 무엇인지?

등을 실전에서 빠른 시간 내에 아주 정확하게 판단하여 인공지능과 똑같은 수준으로 게임에 임해야 한다.

예전에 나 자신도 미국에서 현역으로 게임을 할 적에는 이런 도표를 만들어 사용하는 방법에 대해서는 전혀 생각해보지 못했다. 프로들은 어떤 상황이 전개되더라도 스스로 신속하게 계산해낼 수 있어야만 했기 때문에 당시에는 모든 상황을 실전에서 해결했다.

나는 아마추어 플레이어들이 노 리밋을 좀 더 쉽게 이해하고 즐길 수 있는 방법이 없을까 고민하다가 위의 도표를 생각해내게 되었다.

대부분의 아마추어 플레이어들은 확률계산법에 대해 너무 막연하게 어렵다고만 생각하는 경향이 있다. 하지만 확률계산은 자신의 아웃이 몇 개인지만 알아내면 그다음은 누구나 아주 쉽게 계산해낼 수 있는 것이고, 그것도 어려우면 분량도 그리 많지 않으니 아웃에 대한 도표를 그냥 외워두면 된다. 물론 수학문제에 밝은 사람이 포커게임에 매우 유리하나 이 도표만 외워두면 확률문제나 계산하는 법 때문에 따로 걱정하지 않아도 된다.

여태까지 확률계산법에 대해 전혀 몰랐거나 막연하게 어림짐작이나 혹은 감에만 의존하여 게임을 했다면, 그리고 확률에 대한 아무 지식도 없이 주먹구구식 홀덤을 했다면, 이제는 안개가 걷힌 듯 눈이 환히 뜨이는 것을 느끼셨으리라 믿는다. 확률 하나만 확실하게 공부한 것만으로도 노 리밋의 절반은 이미 터득하신 것이라 하겠다.

❶ 플레잉 더 러쉬(playing the rush)

게임이 잘 풀리고 있을 때, 약한 패로도 연속적으로 플레이하는 것을 말한다. 이것은 게임을 헤프게 운영하는 것과는 전혀 의미가 다르다. 게임이란 잘 풀릴 때는 약한 패로도 뽑밥을 살 받아 계속해서 이길 때가 있는 것이며, 이런 상태가 연속적으로 이어지는 경우가 나오는데, 이것은 확률과는 관계없는 게임의 흐름에 관한 부분이라고 이해하면 된다.

전판 한 판을 이겼다고 rush라고 하지는 않을 것이다. 최소한 2판 이상은 연속적으로 이길 때를 말하는 것이다. 또 어떤 때는 오랫동안 참고 기다리다 AA pair 같은 최상의 드림 패를 가지고도 블라인드만 이기든지 작은 셋에 걸려 큰판을 지는 경우도 종종 나오며, 또 때로는 좋은 드로잉 패를 가지고도 플랍이 반대로만 떨어져 낭패를 보는 경우도 종종 나온다.

이것은 자신의 흐름이 나쁘기 때문이고, 위의 경우는 반대 경우로 흐름이 자신에게 유리하게 돌아가고 있을 때를 말하는 것이다. 이렇게 승부란 파도의 흐름과 같이 높고 낮음이 있으며 밀물과 썰물이 반드시 있다는 것을 잊지 않아야 하다.

❷ 베팅(Betting)

베팅이란 공격을 하기 위해 하는 것이지만 수비하기 위해 하는 경우도 있다.

리밋게임의 경우 베팅이나 레이즈는 복싱의 잽과 같은 수법으로 상대 패를 정확하게 알아내기 위해 매번 쓰이나, 노 리밋에서는 레이즈를 할 경우 판이 기하학적으로 커지기 때문에 미리 선제 베팅을 하며 간을 떠보기 위해서도 쓰인다. 이때 레이즈를 맞으면 즉시 내려놓아 피해를 최소한으로 줄이는 수비의 방편으로 쓰이기도 하는 것이다.

❸ 포지션(position)

포지션의 중요성은 자신의 핸드의 발류와도 직접적인 관계가 된다. 똑같은 핸드라도 위치에 따라 그 값어치가 크게 달라지기 때문이다. 위치에 따라 자신의 핸드 가치가 크게 차이가 나는데, 위치가 좋으면 구사할 수 있는 범위의 플레이가 크게 늘어나게 되며, 버튼 아래 플레이는 극히 제한적일 수밖에 없는 것이다. 자신 앞에 누군가 레이즈를 했다면 자신의 패의 가치는 급속하게 떨어지며 레이즈를 한 상대의 포지션에 따라서도 값어치가 달라진다는 것을 꼭 유념해야 한다.

고수가 되면 포지션에 관계없이 완벽한 플레이를 구사하는 방법을 터득하겠지만, 그때까지는 포지션에 따라 플레이하는 핸드의 범위를 대폭 축소해야만 한다. 버튼 아래쪽에서는 좋은 패로도 공격적으로 플레이하는 것도 노 리밋에서는 극히 삼가야 하는 것이다. 이것이 리밋게임과의 다른 점이라 하겠다.

❹ 플레이어가 절대로 해서는 안 되는 나쁜 습관들

■ 똑같은 방식으로 한 방향의 플레이만 고집스럽게 지속적으로 하는 것

이런 것들은 남에게 자신의 패를 쉽게 읽을 수 있도록 도와주는 것이 되므로 아무리 좋은 플레이라 하더라도 같은 방식의 플레이를 지속적으로 하는 것은 아주 나쁜 플레이가 될 수 있다.

■ 게임 중 칩을 지속적으로 샤플링하는 것

이는 불안정한 마음을 밖으로 표출하는 것으로, 샤플링을 하는 모습이나 패턴에서 자신의 패를 남에게 읽힐 수도 있으니 될 수 있는 대로 삼가는 것이 좋다. 텔(tell)이라는 것은 얼굴에만 나타나는 것이 아니라 자그만 행동에서도 나타난다는 것을 유념해야 한다.

■ 자신이 좋아하는 플랍을 받았을 때 매번 똑같은 액수의 베팅을 하는 것

이 또한 게임을 집중하여 관찰하는 플레이어에게는 자신의 패를 쉽게 파악할 수 있게 한다. 그래서 베팅 액수도 항시 변화를 주어야 하는 것이다.

❺ 아마추어와 프로

아마추어는 게임에 져도 충분히 게임 자체를 즐길 수 있으나 프로는 이겨야만 프로로서 생존할 수 있다는 점이 다르다.

프로는 하루나 한 달을 잘나간다고 되는 것이 아니다. 프로는 1년, 5년, 10년 이상의 평균치 성적을 내어 자신이 어떤 수준의 플레이어인지를 정확하게 가늠할 수 있어야 한다. 최소 5승 1패를 한다면 겨우 프로에 입문했다고 보아도 된다.

아마추어는 게임 자체를 즐길 수 있지만 프로는 매일 매일이 프로로 살아남기 위한 생존 투쟁으로 승부의 연속일 수밖에 없다. 그래서 프로의 마음가짐은 아마추어 플레이어와는 크게 달라야 한다.

❻ 토너먼트에서 오래 살아남는 법(how can you stay last longer at tournament)

토너먼트에서 우승하고 싶은 것은 이미 모든 플레이어의 소망이며 숙제일 것이다. 토너먼트는 캐시게임과 달리 큰 팟을 이기는 것이

중요한 것이 아니라 끝까지 살아남아 파이널테이블까지 진출하는 것이 첫 번째 과제일 것이다. 쉽게 설명한다면 건강하였으나 일찍 죽는 사람보다는 살면서 각종 병치레도 많이 하며 빌빌거리지만 장수하는 사람과 같은 경우라고 보면 된다.

그래서 어떠한 작전으로 게임에 임하느냐는 것이 무엇보다도 중요한데, 처음부터 끝까지 똑같은 작전으로 임해서는 좋은 결과를 얻을 수 없을 것이다. 왜냐하면 처음부터 끝까지 자신의 칩이 평균치를 유지하지 않으며 적었을 때와 많은 경우로 수시로 달라지기 때문인데, 그때마다 작전 변화가 필요한 것이다.

칩이 적을 때는 출전 기회를 줄이며 매우 타이트한 플레이를 구사할 수밖에 없다. 반대로 칩이 많은 때에는 공격적인 플레이를 좋은 위치에서만 해야 하며 숏 스택을 꼭 자신이 자르려고 무리하게 노력해서는 안 된다. 플레이어 수가 줄어들기를 기다리는 것이 더 현명한 방법이다.

칩 리더가 자신의 오른쪽에 위치한 경우와 왼쪽에 위치한 경우도 있을 수 있다. 그래서 자신이 처한 환경에 따라 자신의 플레이를 변화시켜야 오랫동안 살아남을 수 있다.

아주 적은 칩을 가진 상황이 되었을 때의 플레이가 가장 어려운 법이나 리 바이가 있을 경우에는 빨리 적당하다고 판단되는 핸드가 왔을 때 승부를 일찍 보는 것이 옳을 것이며, 리 바이가 있어도 블라인드가 너무 높아져 기회가 낮을 것이라고 판단될 경우에는 최대한으로 기다리는 플레이를 권유한다.

작은 페어로 앞에서 올인을 하는 것은 절대로 금물이며 남의 레이즈에 콜을 받는 것 또한 해서는 안 되는 행위다. 왜냐하면 작은 페어가 이길 확률은 19% 정도로 아주 낮기 때문이다.

조금 더 확률이 좋은 패를 참을성을 갖고 기다리는 것을 권유하고 싶다.

❼ 핸드의 값어치

홀덤의 핸드는 현재 가치와 미래 가치라는 두 가지 의미를 지니고 있다.

첫 번째로는 플랍 전 핸드의 가치가 있으며 플랍 후에는 좀 더 명확한 가치를 알 수 있다.

플랍 후에는 자신이 이길 수 있는 확률과 질 수 있는 확률이 정확하게 나오게 되는데, 이 부분이 아마추어 플레이어가 가장 실수를 많이 저지르는 부분이다.

플랍 전의 가치와 플랍 후의 가치는 일치하지 않는 경우가 일치하는 경우보다 압도적으로 많은데, 플랍 후에도 플랍 전 가치에 미련이 남아 일어나는 것이다. 그래서 플랍 전후에 이런 변화가 있다는 것을 유의하고 플레이한다면 한층 더 강한 플레이어가 될 것이다.

두 번째로는 현재 플랍에서는 상대에게 지고 있으나 자신이 이길 가능성이 더 높은 경우가 종종 나온다. 그래서 확률에 대한 공부가 매우 절실한 것이다. 그래야만 승부 찬스를 인세토 잡아야 하는시를 정확하게 알 수 있으며 아주 강한 플레이어로 거듭날 수 있는 것이다.

적당하게 주먹구구식으로 알아서는 안 되는 것이다. 저자가 확률에 대해 자세히 설명하는 이유가 바로 여기에 있다.

❽ 버튼 아래서 강하게 플레이하는 법(Tough play under the gun)

버튼 아래에서는 리-레이즈를 하며 빠르고 강하게 플레이하는 방식과 프리미엄 핸드로 콜만 하며 플랍을 보고 천천히 안전하게 플레이하는 두 가지 방식이 존재한다. 단 AA와 KK은 제외된다. 이 두 핸드는 플레이어가 이미 게임에 참가하고 있다면 레이즈를 하는 것이 좋다.

두 가지 다 장단점을 가지고 있는데 문제는 게임에 참여하고 있는 플레이어 수에 따라서도 다르게 플레이해야 되며, 또 상대 플레이어 성향에 따라 나의 플레이가 변화되어야 하며, 나의 칩 상태에 따라서도 달라져야 하는 것이다.

어느 것이 더 좋다고 하는 정답은 없다. 허나 나의 경우는 후자를 주로 선호한다.

그 이유로는 내가 간혹 아주 좋은 프리미엄 핸드로 슬로우 플레이를 하는 것을 본 적이 있는 상대가 다음번에 나와 만났을 때 한방에 넘어갈 우려가 있으므로, 내가 게임에 참여하고 있을 때는 나를 상대로 강하게 배팅을 하며 플레이하기 힘든 상황이 조성된다는 것이다. 그래서 자연스럽게 많은 프리카드를 받을 수 있으며 공짜로 프리카드를 받으며 드로잉할 수 있는 찬스가 생기는 장점이 있다.

또 하나의 이유는 나에게 좋은 플랍이 떨어졌을 때도 상대가 나의 패를 가늠할 수 없어 큰 액션을 받을 수 있으며 한방에 상대 칩을 가져올 수 있는 장점 또한 있다는 것이다.

포커는 아무리 좋은 플레이라고 하더라도 똑같은 방식을 매번 사용해서는 안 된다는 것을 명심해야 한다. 왜냐하면 상대에게 나의 패를 읽힐 수 있기 때문이다.

이 경우가 위험한 이유는 나의 패를 상대방이 정확하게 읽고 있다면 나는 카드를 오픈한 상태로 상대와 플레이하는 것이나 다름없기 때문이다.

❾ 인터넷게임 하는 법(How to play internet games)

우리는 간혹 인터넷게임을 접할 때가 있다. 인터넷게임은 사이트마다 패턴이라는 것이 각기 다르고 기본적으로는 매우 타이트하게 플레이를 해야 하지만 앤티가 있는 게임과 없는 게임은 플레이하는 방식에서 많은 차이가 날 수밖에 없다.

앤티가 없는 게임은 타이트하게 플레이하는 것만으로도 쉽게 이길 수 있다. 반면 앤티가 있는 게임은 타이트한 플레이만 고집할 수는 없다. 왜냐하면 앤티라는 보슬비에 옷이 젖을 수 있기 때문이다. 여기서 가장 중요한 것은 게임에 들어갔을 때 상대방들의 칩 상태가 어떠한지를 일단 살펴보는 것이다. 미니멈 바잉을 가지고 있다면 일단은 약한 플레이이라고 인식해도 무방하나, 하지만 맥시멈 바잉이나 더 많은 칩을 소유하고 있다면 강한 플레이어라고 생각하고 상대방과 게임을 진행할 때 조금 더 신경을 쓰면 된다.

보통의 경우 미니멈의 3배 이상까지 구매할 수 있는데, 최소한 2.5배 이상의 칩을 가지고 들어가는 것이 유리하다. 노 리밋에서는 미니멈 같은 숏 칩으로 시작하는 것은 상대적으로 매우 불리하다는 것을 알아야 한다.

앞에서 레이즈가 이미 나왔을 때 아래와 같은 핸드로 콜을 받아서는 안 된다.

Do not call with these hands.

any Axs, KJ, QJ, Q10s, A10, 10 9s, 98s, 76s 54s, 66, 55, 44, 33, 22,

AJ을 중심으로 AQ 이상의 핸드가 플레이할 수 있는 것이다.

그만큼 스타팅 핸드가 중요하다는 뜻이다.

노-리밋에서는 앞에서 이미 레이즈가 나왔다면 나의 핸드의 발류가 주식 폭락하듯이 급격히 떨어진다는 것을 항상 명심하며 플레이해야 한다.

⑩ 상대 실력을 가늠하는 법

· 라운드당 얼마나 많은 핸드를 플레이하는지?

· 어떠한 핸드로 어떤 포지션에서 어떻게 플레이를 하는지?

· 어떠한 핸드로 레이즈가 이미 있는 판에 콜을 받는지?

· 어떤 패로 어떻게 판을 운영했는지?

· 어떤 핸드를 주로 플레이하는지?

- 콜을 너무 자주 받지는 않는지?
- 포지션에 따라 슬로우 플레이도 구사할 줄 아는지?
- 상대가 출전한 핸드 중에 이기는 확률은 과연 어떠한지?
- 발류 벳을 미스하지는 않는지?
- 이긴 패로 최대한의 발류를 빼앗아오는지?
- 판의 흐름을 읽고 리듬을 탈 줄 아는지?
- 남의 플레이 방식을 얼마나 빨리 알아내고 그에 적응하여 플레이 하는지?
- 벳-빗을 당한 후 얼마나 빠른 시간 안에 정상으로 돌아오는지?
- 확률보다 운에 의지하여 플레이하고 있지 않은지?
- 강한 패로 레이즈만 고집하지 않는지?
- 똑같은 패로 항상 똑같은 플레이를 하지는 않는지?
- 변칙적인 플레이를 얼마나 자주 하는지?
- 상대 패를 정확하게 읽어낼 수 있는 능력이 있는지?
- 항상 이기는 플레이어인지?
- 스타일상 게임에서 이길 수 없는 플레이어인지?
- 플랍에서 턴과 리버까지 어떻게 플레이했는지?
- 플랍에 오버카드가 있었는데도 끝까지 포켓페어로 콜을 받았는지?
- 플랍 전 리-레이즈를 맞고두 끝까지 진 패로 콜을 받는지?
- 스몰페어를 자주 플레이하는지?
- Ax를 플레이하는지?

- 플랍 전에 레이즈를 하면 플랍에서도 무조건 베팅을 자주 하는 지?
- 졌다고 판단될 때 확인 들어가지 않고 좋은 패도 내려놓을 줄 아는지?
- 어떤 패로 승부 판을 벌였는지?

등을 정확히 판단하여 상대방 실력에 등급이나 급수를 매겨두면 게임운영에 많은 도움이 될 것이다.

상대 실력을 정확하게 알고 있으면 상대 패를 정확하게 읽어낼 수 있어 불필요한 콜을 안 해도 되고 자신이 이기고 있을 때는 최대한으로 빼앗아올 수 있어 결국에는 큰 차이가 생기게 된다. 다시 말해 이런 것들은 게임을 승리로 이끌게 해주는 중요한 요소이며 수익으로 환전되는 것이기 때문에 매우 중요한 것이다.

⓫ 포커에서 이길 수 있는 방법
- 좋은 패로 출전하는 것이 우선시되어야 한다.
- 상대 패를 정확하게 읽어내어 이겼을 때는 최대한으로 빼앗아와야 한다.
- 지고 있을 때 체이스하지 않아야 한다.
- 지고 있디는 갑이 왔을 때 좋은 패도 과감히 내려놓을 줄 알아야 한다.
- 플랍 전과 플랍 후 변화된 핸드의 가치를 정확하게 판단할 줄 알

아야 한다.

- 베팅을 상황과 위치에 맞추어 정확한 액수로 하는 법을 읽어야 한다.
- 핸드란 위치나 상황에 따라 레이징핸드가 콜도 할 수 없는 핸드도 된다.
- 앞쪽에서는 좋은 패로도 강하게 플레이해서는 절대로 안 된다.
- 버튼 때 하는 플레이나 좋은 포지션 만드는 법을 완벽하게 터득해야 한다.
- 수시로 변하는 카드의 흐름을 파악할 줄 알아야 한다.
- 상대 실력과 게임패턴을 빠른 시간 내에 파악하라.
- 자신의 실력과 형편에 맞는 게임을 찾아서 하라.
- 분수에 넘치는 게임은 피하는 것이 좋다.
- 남들이 자신의 게임스타일을 정확하게 파악할 수 없게 자주 변화를 줘라.
- 끊임없이 공부하고 노력하라.

여러분은 과연 위 승리의 조건과 몇 가지가 맞는 게임을 해왔는지를 점검해볼 필요가 있다. 아무리 강한 플레이어도 벳 빗을 당했을 때는 흥분할 수 있고 플레이가 무너지는 경우가 있는데 그런 상황을 잘 관찰하여 이용한다면 게임운영에 많은 도움이 될 것이다.

만약 자신이 위와 달리 플레이하고 있었다면 자신이 약했던 부분이 무엇인지 알 수 있을 것이므로, 잎으로 자신의 플레이를 하나씩 교정해나간다면 훌륭하고 또 남들이 두려워하는 강한 플레이어로 거듭날 수 있을 것이다.

⑫ 두터움과 엷음

바둑을 아는 플레이어라면 이 뜻을 금방 이해할 것이다. 그러나 바둑을 모른다면 무슨 의미인지 이해하기 힘들 것이다. 카드에도 두터운 의미를 내포하는 패가 있고 엷은 의미의 패가 있다. 플랍 전에 강하고 두터운 패와, 좋은 플랍을 받아서 만들어지는 두 가지로 분류된다고 할 수 있다.

두터운 카드란 현재 상황과 상관없이 앞으로의 발전성이 높아 이길 확률이 아주 높은 패이거나 현재 이기고 있으면서 거의 질 수 없는 카드를 말한다. 이런 카드로는 현재는 지고 있는 상황인 줄 알면서도 강하게 플레이해야 하며 액션을 주어도 무방하다.

물론 두터움에도 그 차이가 천차만별이지만 최소 52%부터 최대 90.33%까지 두텁게 이길 확률이 높은 패도 나온다. 보통의 경우 60% 이상 이길 확률이 있다면 매우 두터운 패라고 말할 수 있다.

두터운 패로 게임을 운영하는 플레이어는 한 번 승기를 잡으면 그 게임을 승리로 이끌 수 있는 원동력을 알게 되며, 게임에서 이기는 방법도 함께 터득해서 승기를 한 번 잡으면 거의 지는 적이 없어진다. 그래서 두터움이 중요하다.

반대로 엷은 패란 현재로는 톱 페어로 이기고 있는 것 같으나 질 확률 또한 매우 높은 패로 강하게 플레이할 수도 없고 또 그래서도 안 된다. 킥커가 약하거나 바닥에 스트레이트나 블럭할 수 있는 카드가 없으며 플러쉬 드로우가 있으나 자신에게는 그 무늬가 한 장도 없는 경우가 바로 그것이다. 한마디로 발전성이라곤 찾아보기 힘든 패를 엷은 패라고 말한다.

이런 패의 운영방법은 베팅을 하지 않아 판을 최대한 축소하거나 상대가 앞에서 베팅을 하면 톱 페어라도 그냥 내려놓는 것이 좋다. 노 리밋은 한방에 넘어갈 수 있는 게임이기 때문에 다음 베팅을 생각하여 톱 페어라고 콜을 하며 끌려 다니는 플레이는 극히 삼가야 한다. 엷은 패를 운영하는 것을 즐겨하는 플레이어는 잠시 이기고 있는 유리한 상황을 맞을 수는 있지만 승리를 지켜내기는 거의 불가능에 가깝다고 보면 된다.

이것이 두터움과 엷음의 차이로 강자와 약자의 차이로 나타난다.

⑬ 상대 실력을 가장 정확하게 평가하는 법

· 어떤 패로 어떤 포지션에서 어떻게 플레이했는지를 살펴본다.
· 포지션과 핸드 발류에 맞는 플레이를 적절히 했는지 생각해본다.
· 적당한 발류 벳을 미스하거나 정확하게 했는지 살펴본다.
· 상대 패를 정확하게 읽고 플레이하는가를 살펴본다.
· 두 장의 오버카드가 플랍에 있는데도 언더 페어로 콜을 받았는지 살펴본다.
· 두 장의 오버카드를 손에 가지고 있다고 플랍에 느로우노 없이 콜을 받았는지도 살펴본다.

- 남보다 출전하는 횟수가 많은지 적은지도 항상 살핀다.
- 액션을 필요 이상으로 느리게 하는지도 살펴본다.
- 지나치게 느리게 게임을 진행하거나 할리우드 액션을 즐겨하는 플레이어는 기본기가 약한 플레이어라고 보면 된다.
- 가끔씩 내가 처음 보는 배울 만한 아주 좋은 플레이를 보이는 경우, 아주 강한 플레이어라고 보면 된다.
- 좋은 패도 포지션에 따라 내려놓는 것을 아는지 살펴본다.
- 좋은 패로 항상 레이즈하는지도 살펴본다.
- 남들이 인정하는 플레이어라 해도 내가 매기는 점수의 기준은 플레이어마다 각자 따로 생각하고 있어야 한다.
- 게임 중 상대 칩의 변동이 거의 없으면 타이트한 플레이어라고 보면 되고, 변동이 심할 경우는 액션플레이어라고 볼 수 있다.

⓮ 플레이어가 가장 많이 실수하는 나쁜 버릇
- 플랍에서 자신의 핸드를 과신하여 오버 플레이하는 것
- 자신의 핸드가 플랍과 맞지 않아도 지속적으로 게임을 진행하는 것
- 플랍 전에 자신이 레이즈했다고 플랍에서 베팅을 리드하는 것
- 세컨드 페어로 콜을 자주 받는 것
- 두 장의 오버카드가 플랍에 있는데 콜을 받는 행위
- 상대 패를 지속적으로 의심하는 행위
- 스몰페어로 레이즈하는 것

- 리-레이즈가 이미 나왔는데도 좋은 패를 받았다고 콜을 받는 것
- 승부할 찬스를 놓치고 칩을 녹이는 행위
- 지고 있는 줄 알면서도 운을 바라며 콜을 받는 것
- 이길 확률이 적다는 것을 알면서 콜을 받는 것
- 포지션과 걸맞지 않는 플레이를 하는 것
- 확률을 계산하지 않고 드로잉을 너무 자주 하는 것
- 작은 페어나 작은 커넥터를 자주 플레이하는 것
- 이미 앞에서 레이즈가 나왔는데 작은 페어로 콜을 받는 것
- 베비 플러쉬 드로우를 가지고 페어 없이 단둘이 승부하는 것
- 오픈앤드 스트레이트 드로우라고 오버카드 없이 콜을 받는 것
- 벨류 벳을 자주 미스하는 것은 상대 핸드의 리딩이 전혀 안 된다는 뜻

⓯ 파이널 테이블 플레이하는 법(How to play final table)

누구에게나 파이널 테이블에 올라가서 플레이하는 것은 매우 흥분되는 일이고 우승하고 싶은 욕망이 앞서는 것은 당연한 일이라고 하겠다. 하지만 천신만고 끝에 올라간 파이널을 어떻게 마무리해서 우승할 것인지는 누구에게나 여전히 어려운 숙제가 아닐 수 없다.

일단 9명이 파이널 테이블에 갔다고 가정해보자.

첫째는 자신의 칩이 어떤 상태에 있는가가 매우 중요하며 그에 따라 각기 그에 맞는 다른 전략을 세워야 할 것이나. 먼저 숏 스택인 경우에는 플랍을 볼 수 있는 패로 콜을 하며 자신의 칩을 녹이며 더

욱 어려운 상황으로 만드는 것보다는 한 번의 기회에 어떤 핸드로 올인하여 승부를 보아야 할 것인지를 미리 마음에 정해놓고 게임에 임하는 것이 좋다.

단 주의할 점은, 나는 작은 페어나 A high로 올인하는 것은 확률적으로나 통계적으로 이길 확률이 아주 낮은 플레이라고 생각한다. 물론 포지션에 따라 혹은 상대의 플레이스타일 또는 상대 칩 상태에 따라 매번 조금씩 달라질 수는 있다. 하나의 답이 있는 것이 아니라서 그래서 노-리밋이 어렵게 느껴지는 것이다.

자신의 핸드의 발류는 상대의 플레이 매너에 따라 순간마다 달라진다는 것을 알아야 한다. 포커는 상대성 게임이기 때문이다. 그래서 빠른 시간 내에 상대의 플레이 매너를 파악해야 하며, 순간마다 변화하는 상대 심리를 정확하게 파악하고 있어야 하며, 그에 따라 자신의 전략을 새로이 세워야 한다. 전략을 가지고 게임에 임하는 것과 무념으로 게임을 하는 것은 결과적으로 큰 차이가 날 수밖에 없다.

다음으로는 에버레이지 칩을 가지고 있을 때일 것이다. 이 경우에는 최소한 3위 이내에는 들어야 한다. 게임의 흐름만 바로 읽는 것만으로도 가능한 일이다.

이때는 칩 관리를 어떻게 하느냐는 것이 매우 중요하다. 내공이 생긴다넌 안정된 플레이를 할 수 있는 상태인 것이다.

마지막으로는 칩 리더이거나 그에 준하는 칩을 소유하고 있는 경우일 것이다. 이때가 심리적으로는 가장 안정적이지 못한 때다. 이미 우승이나 한 양 마음이 들떠 있어 플레이가 흔들리는 경우가 더 많기 때문이다.

위의 경우는 무조건 우승을 다툴 수 있는 상태로, 숏-스택을 자신이 스스로 자르려고 콜을 하며 쫓아다니는 플레이를 하는 것은 절대로 해서는 안 되는 행위다. 서로 치고 받아 인원이 줄어들기를 기다리는 것이 더 낫다. 아주 좋은 패로만 플레이하라는 뜻이다.

여러분은 파이널 테이블에서 칩 리더가 상위 등수에도 들지 못하고 탈락하는 것을 많이 보았을 것이다. 넉넉한 칩만 믿고 약한 패로 남의 레이즈에 콜을 하며 무리한 승부를 서둘렀기 때문일 것이다. 승부는 서두르는 사람이 지게 마련이다.

⓰ 자만은 자신의 최고의 적이다

아마추어 플레이어가 토너먼트에서 우승을 하거나 계속해서 좋은 성적을 내었을 경우, 자만이라는 무서운 적이 자신을 찾아오게 된다. 어느 정도의 자신감은 게임을 진행하기 위해서는 꼭 필요한 요소이기는 하다. 하지만 자만과 자신감은 전혀 다른 것이다.

자신의 실력 이상의 자신감은 교만이 되는데, 자만이 무서운 이유는 자신의 실력이 절정에 이르렀다고 생각하여 공부를 게을리하게 되며 남의 좋은 충고를 귀담아 들으려고 하지 않기 때문이다. 이로써 자신의 실력은 정체와 되보를 가져오게 된다. 남들은 계속해서 공부하며 실력이 나날이 향상되어 가는데 자신은 정체되어 있다면 시간이 지날수록 그들과의 차이는 엄청나게 벌어질 수밖에 없다.

세상은 넓고 숨은 강자 또한 수없이 많다는 것을 인정할 때 비로소 자신의 발전을 기대할 수 있다. 천재와 카드에 재능 있는 사람은 대체적으로 게으른 법이다. 왜냐하면 조금만 공부해도 금방 보통사람들보다 뛰어나기 때문에 게을러지게 되는 법이다. 그래서 재능 있는 사람이 공부하고 노력도 하면 두각을 나타내게 되는 것이다.

최고가 되어보겠다는 욕망을 가지고 노력한다면 남들이 인정해주는 보다 더 강한 플레이어로 거듭날 수 있다. 항상 자신이 무언가 부족하다고 생각할 때 비로소 한없는 발전의 문이 내 앞에 열려 있게 된다. 무슨 게임에서나 승부사의 가장 큰 적은 항상 자신 속에 있다는 것을 명심해야 한다.

HOW TO BECOME A WINNING PLAYER

이기는 자가 되는 법

❶ 상대방보다 더 많이 노력하고 공부하는 것만이 상대를 이기는 유일한 길이다.

포커에서나 어느 승부에서도 타고난 천재는 거의 없고 노력하는 사람이 이기는 법이다.

❷ 나의 경우를 예로 들면 나는 세계 초일류들을 상대로 거의 매일같이 게임을 했다.

하이-레벨 포커에 가면 수많은 세계적인 천재들이 도사리고 있다.

IQ 173 이상의 천재들과 180 만점인 완벽한 지능을 가진 플레이어들이 수십 명씩 포진되어 있다.

나로서는 도저히 따라갈 수 없는 지능을 가진 사람들로만 대부분 구성되어 있었던 것이다.

나의 지능은 그들보다 많이 못하나 타고난 카드 센스와 승부사의 끼, 배짱 그리고 많은 양의 공부로 나의 부족한 부분을 극복하게 되었다

❸ 자신의 화를 디스릴 수 있어야 한다.

흥분했을 때는 1분 이내로 빨리 평상심으로 돌아갈 수 있는 훈련

을 평상시에 해두어야 한다.

대다수의 플레이어들은 배드빗을 당한 후 정상적인 상태로 돌아오기까지 30분에서 2시간 혹은 하루 종일 걸리는 사람도 있다.

나의 장점은 다른 플레이어가 하기 힘든 틸트 컨트롤(tilt control)로 1분 이내에 정상으로 되돌아올 수 있다는 것이다.

완벽에 가까운 플레이어로 거듭나려면 단시간 내에 정상적인 상태로 되돌아올 수 있도록 스스로 훈련하고 그 방법 또한 스스로 터득해야 한다.

❹ 나는 본시 성미가 몹시 급한 편이었다.

성미가 급하다는 것은 승부에는 아무 도움이 되지 않고 약점으로 작용되는 부분이다.

그래서 나는 나의 약점을 보강하기 위해 스스로 나를 다스리기 위한 방법의 하나로 아주 미개한 방법을 선택했다.

평정심과 안정감을 빨리 찾기 위해 나는 사우나에서 가장 먼저 들어가 가장 마지막에 나오는 사람이 되겠다는 작심을 하고 사우나에 들어가 훈련하는 방법을 택했다.

사우나에 들어가 무작정 오랜 시간 앉아 있다 보면 숨이 턱에 차고 힘이 들어 나가려고 하다가도 누군가가 들어오면 방금 들어온 사람처럼 다시 차분히 앉아 기다리기를 반복했는데 어떤 때는 뜨거운 사우나 안에서 두어 시간을 넘기는 경우도 있었다.

견뎌내기 힘든 상황까지도 생겼지만 이것은 나 자신과의 약속과 싸움이라는 신념으로 그 상황을 태연하게 극복했다.

그야말로 나의 아주 원시적이고도 미련한 수련 방법이었다.

한국에 오면 암벽등반 같은 극한의 환경에서 나 자신을 단련했고 수상스키 같은 격한 운동을 하면서 인내의 한계를 다스리는 훈련을 스스로 해왔다.

그 위험하고 힘든 암벽을 하다 보면 올라가는 중간에 후회를 수십 번도 더 할 때가 많았다.

돈이 되는 것도 아닌데 이 위험하고 어려운 암벽등반을 내가 왜 하고 있는 거지?

하지만 등반을 마치고 나면 성취감과 자신감이라는 것이 나도 모르게 생긴다.

저 어려운 인수봉을 내가 올라갔다 왔다는 사실에 니 자신이 나 자신에게 놀라는 것이다.

승부란 자기를 다스릴 수 있는 자와 다스릴 수 없는 자의 싸움이라고 생각한다.

자기 자신도 이기지 못하면서 어떻게 남과 싸워 이길 수 있겠는가?

승부라는 것은 처음부터 자신과의 싸움이 우선이라는 것은 나의 경험에서 나온 나의 지론이다.

❺ 지고 난 후에는 항상 자신을 반성할 줄 알아야 한다.

왜 졌는지를 머릿속으로 복기도 해보고 어떤 미스플레이를 했는지 스스로 찾아내야만 한다.

그래야 다음번에는 똑같은 실수를 반복하지 않게 되며 조금씩 강해지는 법이다.

똑같은 실수를 스스로 고치지 못하고 지속적으로 하는 것은 바보나 하는 짓이다.

우리는 어려서 하던 짓을 나이가 들면서 자연스럽게 배우면서 고쳐 나가지 않는가.

같은 실수를 반복해서 하는 이는 자신의 실수를 알려고도 하지 않는 것인데, 반성이 없으면 성공도 없다.

아마추어의 경우 배드빗(bad-beat)을 당한 것에 대해서만 이야기하는 경우를 많이 보게 되는데 자신이 어떤 확률에 당했는지를 정확하게 알아내는 것이 배드빗을 당한 것보다 더더욱 중요하다.

남에게 배드빗을 주는 것을 좋아하는 사람과는 언제든 다시 만나고 싶지 않은가?

작은 커넥터를 많이 플레이하면 배드빗을 많이 당하게 되는 법이다.

예를 들어 자신의 베이비 플러시가 플롭이 되었다고 하더라도 상대가 하이 카드 하나로 콜을 받고 들어와 그려가는 일이 비일비재 벌어지고는 한다.

그래서 작은 커넥터의 값이 떨어지는 것이며 배드빗 또한 많이 당하는 법이다.

베이비 플러시가 플롭에 메이드가 되었을 경우에는, 그래서 플롭에 바로 올인하지 않고 턴에 올인을 하거나 리버까지 기다려 액션을 주는 방법을 많이 사용한다.

확률로는 당한 것과 상대에게 준 것이 거의 똑같을 터인데 당한 것만 이야기하는 것은 자신의 패배를 배드빗으로만 돌리려는 것이 아닌지 한번 반성해보아야 할 것이다.

패한 날일수록 반드시 책을 보고 자신의 부족한 부분에 대해 다시 공부해야 한다.

자신의 실수가 무엇이었는지를 책 중에서 찾아내어 반성함으로써 자신의 약점을 집중적으로 보강해나가야 강해지는 법이다.

자신의 약점이 보강되면 자연히 강한 플레이어로 거듭나게 되는 것이다.

패한 날일수록 책을 절대로 놓아서는 안 된다.

책을 보다 보면 자신의 실력이 향상됨에 따라 저자의 글에 대한 이해의 각도가 달라지게 되며, 책을 보고 읽는 시각도 점차 달라짐을 하나씩 느끼게 된다.

그만큼 자신의 실력이 발전했기 때문에 저자가 말하는 다른 부분이 눈에 들어오는 것이다.

진정으로 공부해서 자신의 실력을 향상시키고 싶다면 한 권의 책도 최소한 20~50번은 읽어야 한다.

그러고도 지는 날은 또 책을 들어야 한다.

항상 책을 옆에 두고 함께 살아야 하는 것이다.

저자의 글을 자신만의 해석으로 이해하고 있지 않기를 다른 이와 의논해보는 노력도 필요할 것이다.

천재들은 보통 사람들이 읽는 데 2~3시간이 걸리는 책도 읽는 데

30분밖에 걸리지 않는다.

그러고도 그 내용 전부를 다 외운다.

우리 같은 보통 사람으로서는 참으로 맥 빠지는 얘기다.

책의 양면을 한꺼번에 읽어 내려가기 때문에 속도가 우리보다 빠를 수밖에 없다.

나는 책 한 권을 읽고 그 뜻을 이해하는 데 최소한 세 달이 걸린다.

영어로만 되어 있는 포커 책을 보다 보면 모르는 전문용어가 너무 많이 나와 단어를 찾아 이해하는 데 시간이 걸린다.

한영사전에는 없는 단어들이 대부분이라 영영사전으로 찾아야 하는데, 하나의 뜻을 알려고 찾아야 하는 단어가 최소한 50가지는 되니 나로서는 시간이 많이 걸릴 수밖에 없다.

이것이 바로 천재와 둔재의 차이다.

지는 것을 남의 탓으로 돌리거나 운으로만 돌리는 사람에게는 미래가 없고 발전이 없다.

운명을 딛고 다시 일어설 수 있는 사람이 승리한다는 사실을 알아야 한다.

사막을 옥토로 바꿀 수 있는 사람이 이 세상에는 항상 존재한다는 것을 알아야 한다.

일류가 되려면 거의 매일매일 최고의 고수들을 상대로 게임을 하게 되는네 이들을 이겨내지 못한다면 고수의 반열에 오를 수 없다.

그렇다고 2류급 혹은 3류급 선수라고 결코 약한 것만도 아니다.

나의 경험과 기억으로는 수많은 좋은 선수들이 이 세상에는 모래알처럼 헤아릴 수 없을 정도로 많이 있다.

호랑이가 토끼를 잡을 때도 사력을 다해 쫓아야 겨우 잡을 수 있는 것처럼 항상 최선을 다해 노력하고 추구하라는 뜻이다.

모든 일에 항상 노력하며 자신의 최선을 다하는 사람은 누구도 이기기 어렵다.

포커에는 대략 25종류의 게임이 있다.

노-리밋 한 가지 게임을 완성하는 데는 약 1년이 소요된다.

두 번째 과목을 소화하는 데는 9개월이 걸리며, 세 번째는 6개월, 네 번째 이후부터는 각기 3개월이면 한 과목씩 소화해낼 수 있다.

간혹 카드 센스가 있고 재능이 뛰어난 이는 3개월이면 족히 노-리밋 홀덤을 마스터할 수도 있다.

"Poker is Business."

_자니 첸(Jonny chan)

CHAPTER 4

정보

INFORMATION

KIND OF POKER GAME
포커 게임의 종류

내가 가장 좋아하는 게임이 무엇이냐고 사람들이 많이 묻는다.

그때마다 난 항상 같은 대답을 한다.

난 모든 경기를 좋아하고 상대가 어떤 경기를 선택하든 상대하곤

한다.

그렇게 난 믹스게임의 1인자로 86~97년도에 프로 포커 플레이이

수입 랭킹 1위를 한 해도 놓친 적이 없었다.

포커 게임의 종류는 다음과 같다.

❶ 스터드(stud): 포커의 기본이라고 할 수 있는 리밋 게임이다.

　　7장을 받아 5장으로 최상의 하이-핸드를 만드는 방식이다.

　　한국에는 세븐 오디라는 이름으로 널리 알려져 있다.

❷ 팟 리밋 스터드(pot-limit-stud): 위와 동일하나 테이블 위에 나와 있

　　는 액수를 칠 수 있는 게임이다.

❸ 스터드 8 or better: 스터드 게임에 로우를 곁들인 게임으로 하이

　　는 자격이 없으나 로우는 8 이하가 되어야 한다.

❹ 하이 로우 레귤러(hi-low-regular): 위와 요령은 같으나 로우는 자격이

없는 게임이다.

❺ 래즈(razz): 7장으로 게임을 하며 12345가 베스트 핸드가 된다.

❻ 2-7 래즈: A는 하이-카드가 되며 2345-7이 베스트 핸드이다. 플러시와 23456 스트레이트는 최악의 패이다.

❼ 바둑이(baduki) or 2-7 래즈: 바둑이와 2-7을 동시에 진행한다.

❽ 텍사스 홀덤 리밋(texas hold'em limit): 먼저 두 장의 카드를 히든으로 받은 후 베팅을 시작하고, 플롭을 펼치고 베팅한 후 턴을 보게 되며, 마지막 카드를 펼치고 베팅이 끝난 후 하이 패를 가진 사람이 이긴다.

모든 과정을 리밋을 정해놓고 하는 게임이다.

❾ 팟-리밋(pot-limit): 테이블 위에 올라온 액수만큼만 베팅하는 게임이다.

❿ 노-리밋(no-limit): 판돈과 관계없이 자기 앞에 있는 모든 칩을 한꺼번에 칠 수 있는 게임이다.

⓫ hold'em-hi-low: 홀덤과 똑같이 두 장으로 게임을 하나 하이와 로우를 동시에 진행하는 게임이다.

하이는 자격이 필요 없으며 로우는 8 이하가 되어야 하는 자격 게임이다.

⓬ 오마하 8 or better: 4장의 카드를 받으며 하이 패는 자격이 필요 없으나 로우 패는 8 이하가 되어야 한다.

⓭ 팟-리밋-오마하(pot-limit-omaha, P.L.O): 요령은 위와 동일하나 하이 패만 보는 게임으로 판에 있는 돈만큼만 베팅하는 게임이다.

넉 장으로 게임을 진행하나 게임 종료 시 자신에게 필요한 두 장만 사용할 수 있다.

쉽게 표현한다면 넉 장으로 하는 홀덤 게임과 흡사하나 손안에 있는 두 장을 반드시 사용해야 하는 점만 다르다고 보면 된다.

최근 카지노에서 보편적으로 유행하는 게임이다.

⑭ 5card-pot-limit-omaha: 위와 동일한 게임이나 게임에 액션을 더 주기 위해 고안된 게임이다.

5장으로 플레이하는 만큼 그 변화가 훨씬 더 많아 아마추어들에게는 조금 더 어렵다.

⑮ no-limit 2-7: 베스트 핸드는 2345-7이 되는 게임이다.

한 번 카드를 바꿀 수 있고 누-리밋으로 진행된다.

⑯ tripple-draw 2-7: 위와 동일하나 리밋으로 진행되며 3번의 카드 교체를 할 수 있다.

⑰ low-ball: 12345가 베스트 핸드이고 리밋으로 진행되며 5장을 한꺼번에 받은 후 한 차례만 카드를 바꿀 수 있다.

⑱ triple-draw A-5: 위와 같은 게임이며 3번까지 바꿀 수 있다.

⑲ triple-draw-badacey: A-5와 바둑이를 접목시킨 게임으로 바둑이는 다른 무늬의 1234가 베스트 핸드이고 로우 핸드는 12345가 베스트 핸드가 된다.

⑳ triple-draw-daducey: 2-7과 바둑이이 접목이다.

4장은 비둑이기, 로우는 2345-7이 베스트 핸드이나.

㉑ triple-draw-badugi: 바둑이를 3번 바꿀 수 있다.

㉒ badugi: 넉 장으로 하는 게임으로 각기 다른 무늬로 1234를 맞추는 게임이다.

㉓ hi low badugi: 하이와 로우를 동시에 진행하는 게임으로 하이는 A K Q J, 로우는 1234가 베스트 핸드가 되며 각기 다른 무늬로 맞추어야 한다.

베팅이 끝난 후 card proof로 카드를 펼쳐 베스트 핸드가 자동 스윙을 할 수 있는 게임이다.

㉔ archie: archie의 이름을 따서 만든 게임으로 하이-로우 게임이다.

하이 핸드는 페어6 이상이 되어야 하며 로우는 8로우 이하가 되어야 하는 자격 게임이다.

하이 패나 로우 패의 자격이 미달되면 베스트 하이-핸드가 이긴다.

근래에 빅-게임에서 많이 유행하는 게임이다.

이외에도 7card chinese, 13card chinese, 13card 2-7 in the middle, open face, open face progressive 같은 게임도 있다.

위와 같이 프로가 되려면 수많은 게임들을 공부해야 한다.

프로가 되려면 80% 이상의 성적을 올려야만 겨우 먹고살 수 있다.

7 이하의 성부에는 프로가 되기는커녕 밥을 먹는 것조차 힘들어진다.

한 사람이 20여 가지가 넘는 포커의 모든 분야에 탤런트를 가지고 모두 다 섭렵하고 성취하기란 쉽지 않다.

게임마다 필요한 재능이 각기 다르기 때문인데 한 가지 게임을 잘할 수도 있고 혹은 몇 가지 게임에 재능을 보이는 경우도 더러 있다. 이 모든 게임을 완벽에 가깝게 잘할 수 있는 사람을 일컬어 'World Class Player'라고 부른다.

플롭(plop)

빅 게임을 매일 하다 보면 지루함을 느낀다.

그래서 플롭 게임이라는 것을 별도로 한다.

각자가 좋아하는 3장의 카드를 고르는데 석 장이 플롭에 나오면 "Gentleman I see it"이라고 하면서 각자가 약속된 금액을 지불하게 되는데 보통의 경우 3000~6000달러의 게임을 한다.

만약에 자신이 'Gentleman'이라고 콜을 하지 않고 있다가 턴 카드가 나오면 돈을 받을 수가 없다.

무늬가 다르면 싱글이라고 하며 모두 3000달러를 지불하고 무늬가 같거나 트리플이 나오면 6000달러가 되며 다음 판에 연속해서 나오면 약속 금액의 두 배를 받게 된다.

석 장이 동시에 플롭에 나오는 확률은 100분의 1 정도이다.

거의 모두가 플롭 게임에 참가하기 때문에 어떤 때는 본 게임보다 훨씬 더 클 때도 있어 게임에는 이기고 있지만 플롭 게임에서 큰돈을 잃고 열받이 히는 경우도 생긴다.

전원이 게임에 참가하고 있을 때는 싱글만 나와도 2만 1천 달러를

받게 되며 더블일 경우 4만 2천 달러를 받게 되니 아주 큰 게임이
라고 할 수 있다.

어떤 때는 연속적으로 나오기 때문에 갑자기 10만 달러 이상이 들
어올 때도 있다.

다음은 플레이어가 선호하는 플롭의 이름이다.

· K, 5, 3: 칩 리즈

· 10, 3, 2: 도일 브론슨

· J, 9, 4: 요시 나카노

· Q, 7, 4: 자니 첸

· 5, 6, 7: 데이비드 추

· K, 8, 2: 브래드 아바지안

· J, 10, 5: 스티브 울프

· 3, 6, 9: 베이스 볼

· K, Q, J: 페인트

· A, K, 9: 지미지미

홀덤을 좋아하는 스타들

미국에는 영화계, 스포츠계, 재계를 비롯한 다양한 업종에 종사하는
유명인들 숲 홀덤을 즐겨 하는 사람들이 의외로 많다.

영화계만 해도 내가 아는 아마추어 플레이어들이 수천 명에 이
른다.

예전에 우리가 하는 큰 게임을 실제로 보고 싶어 하는 할리우드 스타들이 가끔씩 참관을 요청하여 관전을 하는 경우가 실제로도 있었다.

도일을 좋아하는 많은 스타 팬들이 할리우드로 그를 초청하여 아직도 그와 홈게임을 하는 경우도 종종 있다.

미국의 수영 영웅인 마이클 펠프스(Michael Phelps)도 Patrick Antonius의 절친으로 홀덤을 좋아하여 세계를 다니며 토너먼트에 참가하고 있다.

월드 시리즈에는 약 100명의 스타가 실제로 게임에 참가하고 있다.

KIND OF CASINO GAMES

카지노 게임의 종류

🎲 바카라(baccarat)

1) 바카라란?

바카라는 카지노에서 가장 매력적인 게임으로 통하며, 특히 중국계를 비롯한 아시아권 플레이어들이 즐겨 하는 게임이다.

바카라는 두 장의 카드를 받아서 합이 '9'에 가까울수록 이기는 것이다.

카지노 게임 중에서 확률이 가장 높고 다각적이며, 라스베이거스에서 가장 범위가 크며, 카지노 게임 중에서 가장 카지노다운 게임이라고 볼 수 있다.

바카라는 미니 바카라와 메인 바카라 두 종류로 구분된다.

바카라 게임은 1~12명까지 할 수 있으며 미니 바카라는 6데크로 하며, 메인 바카라는 8데크로 게임이 진행된다.

메인 바카라는 주로 '하이 롤러(고액 베팅 자)'들을 대상으로 하는 게임으로 금액이 크기 때문에 다른 카지노 게임과 분리시켜 조용한 장소의 별도 게임 룸에서 진행된다.

바카라는 얼마 전까지 하이 롤러 게임으로 라스베이거스 카지노에서는 고객들이 화려한 옷을 입고 게임을 하는 것은 물론이고, 딜러들(바카라 게임에서는 크루피에라고 한다)도 턱시도를 입고 게임을 운영해 왔으나, 최근에는 딜러 한 명이 게임을 주관하는 미니 바카라로 플레이어들이 모여들고 있다.

카지노에 따라서 미니멈 5달러 테이블도 있다.

대부분 카지노에서는 전광판을 통해 20회 정도의 승부 결과가 표시되므로 지금까지 진행되고 있는 게임의 흐름을 파악해볼 수도 있다.

각자 베팅 종류(player, banker, tie)를 선택하여 원하는 만큼 베팅한다.

처음에 뱅크와 플레이어에 2장씩의 카드를 나누어주고 각 상황에 따라 카드를 1장씩 더 받아 승부를 결정한다.

손님은 뱅크(Bank)나 플레이어(Punto) 한편으로 베팅할 수 있고, 먼저 받는 두 장이나 규칙에 의하여 세 번째 받은 카드의 합이 9에 가까운 쪽이 이긴다.

바카라는 미래를 예측하지 못하는 우리 인간에게 딱 맞아떨어지는 게임이다.

뱅크와 플레이어가 승부를 가려 어느 쪽이 9에 가까운 숫자를 가질 것인가를 미리 예측하여 베팅을 하고 예측이 맞았을 경우 배당금을 받게 된다.

게임은 딜러기 키드 배분, 검수 핀득, 승부 결징 등 모든 일을 진행하며 카드 K, Q, J, 10은 0으로 계산되며 나머지는 해당 숫자로 계산이 된다.

카드를 합산한 숫자에서 10의 자리를 제외한 숫자를 가지고 승부를 가린다.

2) 베팅 방법

베팅은 뱅크의 점수가 이길 것이라고 예측할 경우 뱅크 편에 베팅하고, 플레이어의 점수가 이길 것이라고 예측할 경우 플레이 편에 베팅하는 것이다.

그리고 타이(Tie) 베팅이 있는데, 이것은 양쪽이 비기는 것을 예상한 베팅으로 비길 경우 8 대 1로 돈을 따지만 좋지 않은 베트이기 때문에 카지노 측의 확률이 높다.

뱅크 쪽 승률이 높으므로 뱅크가 이길 때는 이긴 베팅액 5%는 카지노 커미션이 된다.

이는 스코어 카드를 이용해서 승률 관리와 자금 관리에 활용한다.

게임 진행은 딜러가 하게 되며 승부 결정은 카드를 받는 원칙에 따라 결정되기 때문에 베팅한 사람들은 딜러의 딜이 끝나면 자신의 승패 여부를 알 수 있다.

카드 점수 계산은 2~9까지는 그대로 계산하고 10, J, Q, K는 '0'으로 계산하고 'A'는 1로 계산한다.

만약 5와 7의 두 카드를 받아 '9' 보다 크면 마지막 자릿수를 점수로 계산하므로 '2'가 된다.

플레이어는 점수가 1, 2, 3, 4, 5, 10이면 카드를 받아야 하고, 6, 7

이면 스탠드, 8, 9는 '내추럴'이라 하여 이길 확률이 높다.

3) 게임 방법

바카라 테이블은 표주박 두 개를 대칭으로 놓고 합친 것 같은 모양을 하고 있다.

테이블의 한쪽에는 1~7까지, 그 반대쪽은 8~15까지 전부 14개(13은 빠져 있다)의 숫자가 쓰인 박스가 그려져 있다.

각 박스 앞마다 플레이어 한 사람씩 앉아서 게임을 하는 것이다.

플레이어들이 돌아가면서 뱅커 역할을 하며 게임을 진행시키는데, 뱅커가 그 게임에서 지게 되면 시계 방향의 반대로 돌아가면서 다음 플레이어에게 박스를 물려주게 되는 것이다.

뱅커 차례가 돌아와도 뱅커 역할을 하기 싫으면 다음 플레이어에게 박스를 넘겨주면 된다.

뱅커 역할을 하려면 그 테이블에 정해진 최소한의 베팅액 이상의 돈을 걸어야만 가능하다.

플레이어들은 플레이어 측이나 뱅커 측 어느 곳이든지 베팅을 할 수 있다.

이것은 뱅커 역할을 하는 플레이어도 예외가 아니고, 뱅커 역할은 사실 다른 플레이어들에게 카드를 나누어주는 것이라고 할 수 있다

비기리 게임은 진행 방법이 간단하다고 볼 수 있다.

다른 카지노 게임처럼 별도의 전략이나 옵션도 필요 없다.

일단 게임이 진행되어 카드를 나누어주기 시작하면 플레이어 측 또는 뱅커 측 어느 쪽에 베팅을 하든지 관계없이 이미 정해진 규칙에 따라서 게임이 자동적으로 진행된다.

게임 자체는 상당히 빠른 편이어서 1분에 두 판 정도가 끝나는 속도로 진행된다.

바카라 게임은 플레이어, 뱅커, 타이 또는 이를 조합한 3개를 선택하여 간단하게 베팅하면 된다.

플레이어, 뱅커 또는 타이 중에서 선택한 다음, 베팅하고 싶은 곳에 하고 베팅을 마치고 카드가 분배되면 승패가 결정된다.

만일 플레이어에 베팅해서 이겼다면, 베팅한 동일한 금액을 이긴다.

그리고 만일 뱅커에 베팅해서 이겼다면, 베팅한 동일한 금액에서 5% 커미션을 빼고 이긴다.

또한 타이에 베팅해서 이겼다면, 내기를 건 금액의 9배를 이긴다.

게임을 시작할 때 플레이어, 뱅커에게 각각 카드 2장씩 분배된다.

만일 누구든지 합의 점수가 8 또는 9가 될 경우 게임은 끝나고, 더 이상의 카드 배부를 하지 않는다.

만일 누구든지 합의 점수가 8 또는 9가 될 경우에 게임을 시작한다.

맨 처음 플레이어는 다음과 같은 규칙에 따라 게임을 시작한다.

만일 플레이어의 카드 합이 0~5일 경우, 플레이어는 또 다른 카드 하나를 받지만 그렇지 않을 경우는 받지 않는다.

그다음 뱅커는 게임을 시작한다.

만일 뱅커의 카드 합이 7, 8, 또는 9일 경우, 뱅커는 또 다른 카드를 받지 않는다.

만일 처음 뱅커의 두 개 카드 합이 0, 1 또는 2일 경우, 뱅커는 또 다른 카드 하나를 뽑지만 그렇지 않을 경우는 테이블에 의하여 카드를 뽑는다.

4) 게임의 기본 룰

❶ 플레이어 룰

플레이어의 카드 2장의 합계가 1, 2, 3, 4, 5, 0일 때는 세 번째 카드를 받는다.

6, 7일 때는 세 번째 카드를 받지 않는다.

8, 9일 때는 내추럴이므로 우선적으로 승리한다.

뱅커는 카드를 받을 수 없다.

❷ 뱅커 룰

■ 카드 2장의 합계가 3일 때

플레이어의 세 번째 카드가 1, 2, 3, 4, 5, 6, 7, 9, 0이면 뱅커는 세 번째 카드를 받는다.

다만 플레이어의 세 번째 카드가 8일 때는 뱅커는 세 번째 카드를 받을 수 없다.

■ 카드 2장의 합계가 4일 때

플레이어의 세 번째 카드가 2, 3, 4, 5, 6, 7이면 뱅커는 세 번째 카드를 받는다.

플레이어의 세 번째 카드가 1, 8, 9, 0일 때는 뱅커는 세 번째 카드를 받지 않는다.

플레이어의 카드 2장의 합계 점수	3장째 카드 선택
0, 1, 2, 3, 4, 5	카드를 받는다
6, 7	카드를 받지 않는다
8, 9	우선적으로 승리 (뱅커는 카드를 받지 않는다)

▲플레이어의 룰

■ 카드 2장의 합계가 5일 때

플레이어의 세 번째 카드가 4, 5, 6, 7이면 뱅커는 세 번째 카드를 받는다.

플레이어의 세 번째 카드가 1, 2, 3, 8, 9, 0일 때는 뱅커는 세 번째 카드를 받지 않는다.

어떤 경우에 세 번째 카드를 받는지는 플레이어 측과 뱅커 측이 조금 다른데, 그 룰은 다음 표와 같다.

뱅커의 카드 2장의 합계	플레이어의 3장째 카드가 다음과 같을 때 뱅커도 추가 카드를 받음	플레이어의 3장째 카드가 다음과 같을 때 뱅커는 추가 카드 받지 않음
0, 1, 2	0, 1, 2, 3, 4, 5, 6, 7, 8, 9	
3	0, 1, 2, 3, 4, 5, 6, 7, 9	8
4	2, 3, 4, 5, 6, 7	0, 1, 8, 9
5	4, 5, 6, 7	0, 1, 2, 3, 8, 9
6	6, 7	0, 1, 2, 3, 4, 5, 8, 9
7		0, 1, 2, 3, 4, 5, 6, 7, 8, 9
8, 9	우선적으로 승인 인정(플레이어는 카드를 받을 수 없음)	

▲뱅커의 룰

❸ 카드 카운팅(Card Counting)

바카라에서 카드 카운팅은 카드에 기록된 숫자로서 점수를 계산한다.

즉 에이스는 '1'로 계산하고, 2에서 9까지는 카드의 숫자대로, '10'과 그림 카드는 전부 '0'로 계산한다.

카드의 밸류(value)가 '10'을 초과하면 10 단위는 '0'로 계산하고 나머지 단위로 승부를 가른다.

• 게임에서 카드 짝패는 아무런 의미가 없다.

• 카드 10의 값어치는 숫자 7대로 간주한다.

• 10, 잭(Jack), 퀸(Queen), 킹(King)은 0으로 간주한다.

• 에이스(Ace)는 1로 간주한다.

· 가지고 있는 카드의 점수 계산은 각 카드의 값을 더하고, 자릿수 10은 버린다.

예를 들어 7 하트와 7 스페이드 점수는 다음과 같다.

7 + 7 = 14 (자릿수 10) = 4

카드 7이 3개일 경우의 점수는 다음과 같다.

7 + 7 + 7 = 21 − (자릿수 10) = 1

5) 바카라 용어 해설

❶ 내추럴(natural): 카드 두 장의 점수가 8 또는 9일 때를 뜻함

❷ 바카라(baccarat): 카드 3장의 합이 0(nothing)이 되는 카드

❸ 뱅커banker): 바카라 게임에서 카드를 나눠주는 역할을 하는 사람, 미니 바카라에서 '플레이어'와 함께 베팅 구역을 나눔

❹ 타이(tie): 플레이어와 뱅커가 비겼을 경우를 일컬음

❺ 크루피어(croupier): 바카라 게임에서 딜러를 일컫는 말

❻ 커미션(commission): 뱅커에 베팅해서 게임자가 돈을 땄을 때 카지노에서 가져가는 일정 비율의 금액

※ 바카라는 5%라는 커미션 때문에 아무도 게임에서 승리할 수 없다.

블랙잭(black jack)

1) 블랙잭이란?

본시 프랑스어로는 쉐밍데헤라는 게임으로 프랑스에서 2차 세계대전을 치르고 돌아온 미군들에 의하여 전해졌으며 약간의 수정을 거쳐 만들어진 게임이 바로 블랙잭이다.

블랙잭은 카지노에서 인기가 있어서 손님들이 즐겨 하며, 카지노 게임 중 플레이어에게 가장 유리한 게임이기도 하다.

사실 슬롯머신이나 바카라, 룰렛 등의 카지노 게임은 플레이어가 게임 진행에 직접적 영향을 미칠 수 없다.

그러나 블랙잭에서는 게임을 어떻게 진행할 것인지 플레이어가 자신의 패를 보고 결정할 수 있기 때문에 기본 전략만 잘 익힌다면 위험 요소를 상당히 줄일 수 있고 경우에 따라서는 단번에 많은 돈을 따기도 한다.

보통 카지노에서는 딜러 한 명과 2~7명의 플레이어가 참가하여 게임을 즐긴다.

블랙잭에 사용되는 카드는 one deck을 기본으로 총 52장으로 구성되어 있는데, 카지노에 따라 one deck을 사용하기도 하지만 대부분의 카지노에서는 5~6개의 deck을 사용하고 있다 블랙잭은 카지노의 게임들 중 유일하게 고정된 확률 게임이 아니다.

만든 카드에 따라서 계속하여 승률이 바뀌므로 플레이어의 기술이 중요한 요소로 작용할 수 있다.

2) 게임 방법

게임을 진행하려면 우선 베팅을 해야 하는데 각 테이블의 베팅 범위 한도 내에서만 베팅을 할 수 있다.

또한 베팅 범위는 테이블마다 다르므로 게임에 임하기 전에 테이블 위 팻말에 표시된 베팅 범위를 먼저 확인하는 것이 좋다.

플레이어들의 베팅이 끝나면 딜러는 자신을 포함한 테이블의 모든 플레이어들에게 기본 카드를 2장씩 나누어준다.

이때 플레이어들은 2장의 카드를 펼친 상태로 받고, 딜러는 1장의 카드를 펼쳐놓고 또 다른 1장을 펼치지 않은 상태로 놓는다.

플레이어 카드 숫자의 총계와 딜러 카드 숫자의 총계를 비교하여 겨루게 되는데, 높은 점수의 카드를 가지고 있는 쪽이 승리하게 되는 것이다.

그림 카드 K, Q, J 그리고 10은 10으로 계산하고, 에이스(A)는 1 또는 11로 상황에 따라 선택하여 계산하면 된다.

나머지 카드는 자신의 숫자 그대로 계산한다.

블랙잭이란 처음 받은 두 장의 카드가 각각 에이스(A)와 10에 해당하는 카드(10, J, Q, K)를 받은 경우를 칭한다.

이 경우, 딜러가 블랙잭을 가지고 있지 않다면 베팅한 금액의 1.5배를 받게 된다.

만일 블랙잭을 갖지 못했을 경우, 계속해서 카드를 받아서 숫자의 합을 가능한 크게 만들어 딜러의 숫자보다 크면 이기는 게임이다.

단, 받은 숫자의 합계가 21을 넘어가면 자동으로 베팅한 돈을 잃게 되어 있다.

플레이어는 카드를 원하면 언제라도 더 받을 수도 있고 그만 받을 수도 있다.

그러나 딜러는 16 이하의 숫자를 가지고 있을 때는 무조건 카드를 추가로 받아야 하며, 17 이상일 경우에는 더 이상 카드를 받을 수 없다.

3) 카드 카운팅

카드의 숫자를 셀 때 2~10까지의 카드는 액면 숫자를 그대로 점수로 환산하면 되고, J, Q, K는 모두 10으로 계산한다.

에이스는 경우에 따라 1로 셀 수도 있고, 11로 셀 수도 있어 신경을 써서 계산하는 것이 좋다.

그러므로 자신의 패를 잘 살펴보고 유리한 쪽이 어느 것인지를 살펴야 한다.

이런 높은 숫자를 만들기 위해서, 플레이어는 처음 2장의 카드를 받고 그다음 카드를 더 받을 것인지 여부를 선택하게 된다.

카드를 더 받는 것을 히트(hit)라고 하고 카드를 더 받지 않는 것을 스탠드(stand)나 스테이(stay)라고 한다.

카드를 히트할 때는 조심해야 한다.

왜냐하면 블랙잭은 무조건 숫자가 높다고 이기는 것은 아니기 때문이다.

카드의 총합이 21을 넘으면 버스트라고 하며 자동적으로 지게 된다.

그러므로 21 또는 20, 19처럼 21에 가장 가까운 숫자를 만들어야 한다.

그리고 카드의 총합이 21을 넘는 경우를 버스트(bust)라고 하는데 딜러든 플레이어이든 버스트가 되면 무조건 지고 만다.

플레이어의 카드가 버스트가 되면 딜러는 자신의 카드에 관계없이 이기게 된다.

플레이어가 딜러보다 카드를 먼저 받으므로 플레이어가 버스트 되었을 때 딜러는 무조건 이기는 것이다.

즉 딜러에게 유리한 룰이라고 할 수 있다.

그러나 블랙잭 게임에는 플레이어에게 유리한 룰도 있다.

딜러는 자신의 카드의 합이 16 이하일 경우에는 무조건 히트를 해야 한다는 것이다.

따라서 딜러의 카드가 버스트가 될 가능성이 높아진다.

그리고 딜러는 카드의 총합이 17 이상일 경우에는 반드시 스탠드를 해야 한다.

4) 블랙잭의 기본 룰

딜러가 두 장의 카드를 플레이어에게 나누어주고 딜러도 두 장의 카드를 받은 후 1장을 펴쳐놓고, 플레이어들은 펴쳐놓은 카드를 보고 카드를 더 받을 것인지 아니면 스테이할 것인지를 결정한다.

딜러는 카드 합계가 17 아니면 그 이상이어야 한다.

카드의 합이 17이 안 될 경우에는 딜러는 무조건 카드를 더 받아야
한다.

처음 두 장의 카드가 돌려지고 난 다음 딜러의 업 카드(Up Card, 딜러
의 두 장의 카드 중 액면이 보이는 카드)가 에이스일 경우에는 딜러는 인슈어
런스(Insurance, 용어 참조)를 플레이어에게 물어본다.

블랙잭에서는 10 카드가 전체 카드의 40%를 차지하기 때문에 딜
러가 에이스를 가지고 있다면 블랙잭이 예상되기 때문이다.

인슈어런스는 자신이 블랙잭을 가지지 않으면 하지 않는 게 좋지만
플레이어의 패가 20일 경우에는 인슈어런스를 하는 게 좋다.

5) 게임의 목표

블랙잭은 플레이어와 딜러가 겨루는 게임으로 자신의 패의 합이 딜
러의 합보다 많을 경우 이긴다.

그러나 합이 '21'을 넘으면 지게 된다.

❶ 플레이어가 이기는 경우

· 첫째, 아래에서 설명하는 블랙잭을 잡은 경우
· 둘째, 플레이어의 패가 21이거나 이보다 작으면서, 딜러의 패보다
  큰 경우
· 셋째, 딜러의 패가 21을 넘어 버스트가 되는 경우

❷ 플레이어가 지는 경우

· 첫째, 딜러가 블랙잭을 잡은 경우
· 둘째, 플레이어의 패가 20 이하로 딜러의 패보다 작은 경우
· 셋째, 플레이어의 패가 21을 넘어서 버스트가 되는 경우

6) 용어 설명에 따른 게임운영

❶ 카드의 밸류(The Value of the Cards)

에이스(Ace)는 플레이어가 임의적으로 1 또는 11로 카운트한다.

그림이 있는 카드(face card : J, Q, K)와 10은 10으로 계산된다.

그 외의 카드들은 액면 그대로 계산된다.

플레이어의 패가 A, 6일 때 그것은 7 또는 17로 계산될 수 있고, soft 17이라고 부른다.

즉, 첫 두 장의 카드에 Ace가 있게 되면, 그것은 soft XX(수의 합)이 된다.

❷ 블랙잭과 내추럴(Blackjack, naturals)

플레이어나 딜러의 첫 두 장의 카드가 에이스와 10-value card(K, Q, J, 10)일 때, 그 패는 블랙잭(blackjack) 또는 내추럴(natural)이라고 한다.

만약 플레이어가 블랙잭을 가지고 있고, 딜러가 블랙잭을 가지지 않으면 플레이어는 곧바로 이기고 원래 베팅의 50%를 추가로 지급 받게 된다.

예를 들면 10달러를 베팅하면 총 수령액은 15달러가 된다.

❸ 히트와 스탠드(Hit or Stand)

딜러가 7 이상의 숫자를 오픈하고 플레이어는 적어도 17이 될 때까지는 카드를 받는 것이 낫다.

물론 선택은 본인이 한다.

딜러가 4, 5, 6일 때는 카드를 더 받지 말고, 단 딜러가 2, 3일 때는 12까지 카드를 더 받는다.

이때, 히트할 때는 손으로 테이블 표면을 살짝 자기 앞쪽으로 쓸어주는 신호를 보내면 되고, 스탠드할 때는 손을 두 번 정도 좌우로 흔든다.

❹ 보험(Insurance)

딜러의 첫 두 장의 카드 중 한 장은 공개된다.

즉, 한 장의 숨겨진 카드와 또 다른 한 장의 펼쳐진 카드로 구성된다.

인슈어런스란 딜러가 블랙잭을 했을 때 대비해서 만들어진 규칙으로 일종의 보험이라고 할 수 있다.

딜러의 펼쳐진 카드가 에이스일 때 딜러는 플레이어들에게 인슈어런스를 제안하다.

딜러의 펼친 카드가 Ace인 경우, 플레이어는 여분의 베팅으로 보험에 가입할 기회가 주어진다.

플레이어가 보험을 드는 이유는 딜러의 숨겨진 카드가 10-value card(K, Q, J, 10)에 해당되는 숫자, 즉 블랙잭일 가능성이 높기 때문이다.

플레이어가 인슈어런스에 가입한 후, 딜러는 자기가 블랙잭을 가지고 있는지를 확인시켜준다.

만약 딜러가 블랙잭을 가지고 있다면, 인슈어런스에 가입한 플레이어는 가입한 액수의 2배를 지급받게 된다.

딜러가 블랙잭을 가지고 있지 않은 경우, 인슈어런스에 가입한 돈은 딜러의 몫이 된다.

플레이어가 딜러의 제안을 받아들여 인슈어런스에 베팅하려면 플레이어는 처음에 건 액수의 절반을 인슈어런스 베팅란에 놓는다.

그렇게 플레이어가 사전 대비를 해놓으면 딜러가 블랙잭을 하더라도 돈을 잃지 않는다.

걸었던 돈은 잃지만 인슈어런스에 베팅한 돈을 두 배로 타게 되므로 결국 비기는 꼴이다.

하지만 만일 딜러의 카드가 블랙잭이 아니라면 플레이어는 보험료로 낸 돈을 고스란히 날린다.

게다가 딜러보다 점수 합계까지 낮으면 보험료와 건 돈을 모두 잃게 된다.

그러므로 대부분의 카지노 전문가들은 인슈어런스에 베팅하지 말라고 충고한다.

❺ 더블 다운(Double Down)

플레이어는 게임을 하면서 히트와 스탠드 외에 더블 다운을 선택할 수 있다.

딜러가 어떤 카드를 가지고 있든지 처음 두 장의 카드 합계가 11이면 더블 다운을 하는 게 좋다.

더블 다운은 처음 베팅한 만큼 추가 베팅을 하고 1장의 카드를 더 받는 것이다.

더블 다운은 잘만 쓰면 두 배의 돈을 벌 수 있는 좋은 수단이다.

플레이어가 게임 시작 전에 베팅한 돈이 50달러라고 해도 더블 다운을 하면 베팅한 돈의 2배, 즉 100달러로 베팅 액수가 올라간다.

두 장의 카드를 받고서 결정할 수 있는데, 더블 다운을 선택한 플레이어는 단 한 장의 카드만을 받을 수 있다.

그러므로 더블 다운 후에 받은 카드가 2, 3, 4, 5 같은 낮은 수라면 플레이어는 자칫 두 배 돈을 잃을 수 있으므로 신중히 결정해야 한다.

카지노 룰에 따라서 스플릿팅(splitting) 이후에도 더블 다운이 허락되는 곳이 있고 그렇지 않은 곳도 있다.

어떤 카지노에서는 더블 다운을 할 수 있는 패의 종류를 제한시키는데, 패가 10과 11이 될 때에만 더블 다운을 허락하는 경우처럼 말이다.

❻ 스플릿(Split)

스플릿이란 나눈다는 뜻으로, 두 장의 카드를 한 장씩 나누어 동시에 두 개의 게임을 진행하는 것이다.

A-A, 8-8은 스플릿을 하고 5-5, 10-10은 절대 스플릿하지 않는다.

스플릿을 하면 나누어진 패에 각각 베팅을 하게 되므로, 플레이어가 딜러를 이기면 2배의 수입을 거둬들일 수 있지만 패하면 2배로 돈을 잃는다.

게다가 스플릿을 한 뒤 블랙잭을 하면 그건 진짜 블랙잭이 아니라 단순한 21점으로 인정된다.

처음 받은 두 장의 카드가 같은 숫자일 경우에 처음 베팅한 금액을 베팅하고 카드를 분리한 후, 카드를 추가로 받게 된다.

단, 에이스 카드를 스플릿할 때는 한 장의 카드만 받을 수 있고 추가로 받은 카드가 똑같은 숫자이면 스플릿을 또 할 수 있고 받은 카드가 더블 다운을 할 수 있는 숫자이면 더블 다운(카지노에 따라 다름)도 할 수 있다.

처음 받은 두 장의 카드가 같은 숫자가 나오는 경우, 스플릿을 이용하면 더 박진감 있게 게임을 할 수 있다.

더블 다운처럼 스플릿도 히트한 뒤 어떤 카드가 나오느냐에 따라 반세면에 손을 잃을 수도 있으므로 신중하게 설정해야 한다.

에이스 두 장을 스플릿한 경우, 대부분의 카지노가 카지노 룰로서 딱 한 장의 카드만을 더 공급한다.

즉, 플레이어는 에이스를 스플릿한 경우 히트할 수 있는 선택권이 없게 된다.

❼ 서렌더(Surrender)

서렌더란 플레이어가 첫 두 장의 카드를 받은 후, 딜러가 블랙잭을 가지고 있지 않다면 기권(surrender)할 수 있는 기회를 말한다.

이때 플레이어는 자신의 원래 베팅액의 반을 딜러에게 잃게 된다.

첫 두 장의 카드 이후 여분의 카드를 히트하여 받은 후나, 스플릿한 후에는 기권할 수 없다.

처음에 받은 두 장의 카드가 승산이 없다고 판단되어 플레이어가 서렌더를 하면 딜러는 베팅한 금액의 절반을 돌려주고 카드를 다시 가져간다.

도저히 승산이 없다고 판단될 때는 서렌더를 해서 베팅 금액의 반이라도 아끼는 것이 현명하다고 할 수 있다.

이 룰은 플레이어에게 매우 유리한 것이다.

❽ 드로우(Draw)

플레이어는 첫 두 장의 카드를 받은 후, 원한다면 또 다른 카드를 받을 수 있다.

한 장의 카드를 더 받아 자신의 카드를 개선시키길 바라는 플레이어는, 자신이 순서가 되면 히트를 하겠다는 사인을 딜러에게 보낸다.

딜러는 한 장의 카드를 그 플레이어에게 나누어주고 다시 그 플레이어가 히트하기를 원하는지 아닌지 묻는다.

딜러는 자신의 첫 두 장의 카드 합이 17 미만일 경우, 그것이 17 이상이 되거나 버스트 될 때까지 의무적으로 히트를 해야 한다.

딜러가 soft 17(Ace+6)을 가지고 있는 경우에는 그 카지노 룰에 따라 히트하거나 스탠드하는 것을 결정한다.

딜러가 soft 17에서 스테이하는 것이 플레이어에게는 유리한 룰이다.

룰렛(roulette)

1) 룰렛이란?

룰렛은 카지노에서 상당히 마음이 끌릴 정도로 매력적인 게임이다.

유럽이나 미국 등 세계 여러 나라의 카지노의 룰렛 테이블에는 여성들이 더 많은 자리를 차지하고 있는 것을 보더라도 룰렛을 게임의 여왕으로 부르는 까닭을 쉽게 이해할 수 있을 것이다.

카지노의 전체 테이블 게임 중 룰렛은 24%의 매상을 올리고 있다고 본다.

룰렛은 배우기 쉽고 베팅하는 방법이 다양해서 많은 사람들이 즐기는 게임이다.

전체적으로 어느 곳에 돈을 걸어도 항시 카지노 측에 어드밴티지가 있기 때문에 게임을 진행할수록 고객의 돈은 새어나가기 마련이다.

룰렛은 휠이 돌아갈 때 작은 공을 휠 회전 방향의 반대쪽으로 던져, 휠이 멈췄을 때 그 공이 어느 숫자에 떨어지는지를 맞추는 게임이다.

테이블 레이아웃에는 휠 헤드(wheel head)와 같은 번호들이 베팅할 수 있도록 그려져 있다.

룰렛의 레이아웃에는 1~36의 번호와 더블제로 휠, 말 그대로 0이 두 개가 있다.

그래서 1부터 36까지 숫자와 0, 00을 합해 모두 38개의 번호가 있다.

이것은 미국식 룰렛이다.

반면 유럽식 룰렛은 0이 하나만 있는 휠을 사용하는데, 0과 36 번호를 합해 모두 37개의 번호가 있다.

대부분 카지노에서는 미국식인 38개의 숫자가 있으나 일부 카지노에서는 손님 유치를 위해 0이 하나 있는 유럽식 룰렛을 하는 곳도 있다.

룰렛은 쉽게 할 수 있는 게임으로 확률은 낮지만 운만 좋으면 많은 돈을 딸 수 있다는 점에서 손님들의 마음을 끌고 있다.

2) 게임 방법

딜러가 작은 공을 룰렛 휠의 회전방향 반대로 굴려, 어떤 숫자에 가서 멈추는가를 맞히는 게임이다.

휠에는 1부터 36까지 번호, 0, 00 등 모두 38개의 번호가 있는 휠 헤드가 돌면서 반대 방향으로 돌다가 떨어지는 공이 번호에 들어가면 이기는 번호가 결정된다.

플레이어들은 테이블에 그려진 각 번호 중에서 선택하여 베팅하고 공이 들어가기를 기대한다.

정확히 맞히면 건 돈의 36배를 버는 게임이며 레드, 블랙, 홀수, 짝수 표시에 맞힐 경우 2배를 주며, 1st 12, 2nd 12, 3rd 12, 2 to 1은 3배의 배당을 준다.

룰렛에서 이긴 번호라는 것은 공에 들어간 결정된 번호와 플레이어가 베팅한 번호가 일치했을 때를 말한다.

휠의 한편에 연결된 테이블에는 36개의 번호가 3칸×12칸으로 이루어진 박스 안에 쓰여 있다.

0과 00이 쓰여 있는 칸도 한쪽에 있고, 그 외에도 2 to 1이라고 쓰인 칸 3개와 1-12, 13-24, 25-36, 1-18, 19-36, red, black, odd, even이라고 쓰인 칸이 각각 한 개씩 있다.

플레이어들은 그 위에 베팅을 할 수 있다.

미국형 룰렛 휠에는 38개의 작은 칸막이가 있고 이 칸막이에는 각각 1에서 36까지의 숫자와 0, 00이 쓰여 있다(유럽형 룰렛에는 00이 없다).

0과 00은 초록색이고 숫자의 절반은 검은색, 나머지 절반은 빨간색으로 칠해져 있다.

룰렛에서는 카지노 전체에서 통용되는 머니 칩이 아닌 룰렛용 플레이 칩을 사용한다.

이는 여러 명의 플레이어들이 같은 번호에 베팅했을 때 혼동을 막기 위한 것으로, 딜러는 현금이나 머니 칩을 플레이어마다 다른 색상의 플레이 칩으로 바꾸어준다.

그러면 플레이어들은 칩스를 자신의 감각대로 여러 곳에 베팅하면서 게임을 시작한다.

딜러는 플레이어의 게임 진행을 알리는 사인을 계속 보낸다.

플레이어는 딜러의 사인에 따라 게임을 진행하는데, 딜러는 플레이어의 베팅이 어느 정도 되었다고 판단되면 공을 휠에서 힘차게 돌린다.

이때 휠의 번호판은 공과 반대 방향으로 돌고 있어야 한다.

공은 약 20초 정도 돌다가 힘이 떨어지면 번호판이 있는 곳으로 들어가는데 그 번호가 바로 당첨되는 번호이다.

당첨된 번호에 관계된 베팅을 한 칩들은 모두 이겨서 배당금을 받는 것이다.

베팅이 놓였던 곳(이긴 자리)	지불되는 배수
번호 한 개를 선택했을 때	35배
번호 2개에 걸쳐서 선택했을 때	17배
세로줄의 3개 번호를 선택했을 때	11배
4개 번호에 걸쳐서 선택했을 때	8배
0, 00, 1, 2, 3의 다섯 개를 선택했을 때	6배
인접한 2개열의 6개 번호를 선택했을 때	5배
가로줄 12개 번호를 선택했을 때	2배
첫 번째 두 번째 세 번째 세로열	1배
1~8의 낮은 번호, 19~36의 높은 번호를 선택했을 때	1배
검정 또는 빨강색을 선택했을 때	1배
짝수 또는 홀수를 선택했을 때	1배

3) 게임 룰

베팅을 할 때는 현금이나 칩을 색상별로 구분된 칩으로 교환해야 하며(50센트에서 1달러), 보통 1~5달러가 미니멈 베팅이다.

주의할 점은 베팅할 때 해당 숫자 칸에 정확하게 놓아야 하며, 만약 선에 조금이라도 닿으면 배당률이 떨어진다는 것이다.

공이 휠에서 놀고 있을 때 딜러 레이아웃 위로 손을 저으면서 'No More bet'라고 말하면 더 이상 베팅할 수 없고, 정확하게 맞추었을 경우에는 딜러가 마커를 레이아웃에서 거둘 때까지 손을 대서는 안 된다.

4) 베팅의 종류

플레이어가 베팅하는 방법에는 약 150가지 이상이 있으며 여러 가지 방법으로 베팅할 수 있다.

룰렛 베팅의 경우 카지노 승률을 높이기 위해 0, 00의 중립 번호를 만들어놓았다.

볼이 돌아가고 0이나 00에 떨어지면 플레이어가 베팅한 칩은 무조건 카지노에서 가져간다.

이때 선수가 별도로 0 또는 00에 베팅하면 베팅 유형에 따라 베팅금을 지불해야 한다.

❶ 스트레이트 베팅(Straight Betting)

레이아웃(lay-out)에 프린트된 1~36번과 0, 00의 번호 중 각각 하나의 번호에 칩을 베팅하는 방법을 말한다.

첫 번째 베팅(one number bet)이라고도 한다.

회전이 끝난 공이 베팅한 숫자의 홀에 들어가면 당첨된다.

지불은 35배(1:35)이며, 스트레이트에는 38가지 베팅 방법이 있고, 카지노의 승률은 5.26%이다.

❷ 스플릿 베팅(Split or Two Number Betting)

두 번째 베팅(two number bet)이라고 하며, 레이아웃에 서로 붙은 2개 번호의 중간 라인에 베팅하는 방법이다.

2개의 번호 중 한 자리 번호가 당첨번호가 되면 이긴다.

지불은 17배(1:17)이며, 스플릿에는 62가지의 베팅 방법이 있고, 카지노의 승률은 5.26%이다.

❸ 스트리트 베팅(Street or Three Number Betting)

레이아웃에는 36개 번호가 가로 12줄, 세로 3줄로 나열되어 있는데 가로줄의 끝 부분에 베팅하는 방법이다.

3개의 번호 중 한 개의 번호가 당첨되면 이긴다.

지불은 11배(1:11)이며, 스트리트에는 12가지 베팅 방법이 있고, 카지노의 승률은 5.26%이다.

또한 세 번째 베팅(three number bet)에 0과 1, 2가 교차되는 지점, 00과 2, 3이 교차되는 지점, 0, 00과 2가 만나는 교차점에 칩을 올려놓는 방법이 있다.

❹ 쿼터 베팅(Quarter or Four Number Betting)

네 번째 베팅(four number bet) 또는 코너 베팅(corner bet)이라고 하며, 레이아웃의 4개 번호가 만나는 교차점에 베팅하는 방법이다.

4개의 번호 중 한 개의 번호가 당첨되면 이긴다.

지불은 8배(1:8)이며, 쿼터(quarter)에는 22가지의 베팅 방법이 있고,

카지노의 승률은 5.26%이다.

❺ 5라인 베팅(5Line or Five Number Betting)

레이아웃에는 1, 2, 3 번호와 0, 00 번호가 있는데, 그중 0과 1번 더즌(dozen)의 교차점에 칩을 베팅하는 방법이다.

5개 번호 중 한 개가 당첨되면 이긴다.

지불은 6배(1:6)이며, 5라인 베팅에는 1가지의 베팅 방법만 있는데, 카지노의 승률은 7.89%이다.

❻ 6라인 베팅(6Line or Six Number Betting)

레이아웃에 있는 3개 숫자와 3개 숫자로 구분하는 가로줄이 교차하는 지점에 칩을 베팅하는 방법이다.

6개의 번호 중 한 개 번호가 당첨되면 이긴다.

지불은 5배(1:5)이며, 6라인에는 11가지의 베팅 방법이 있고, 카지노의 승률은 5.26%이다.

❼ 칼럼 베팅(Column Betting)

레이아웃 번호 중 세로줄의 3등분된 것에 베팅하는 방법이다.

12개의 번호 중 1개가 당첨번호가 되면 이긴다.

지불은 2배(1:2)이며, 세 가지의 베팅 방법이 있다

❽ 더즌 베팅(Dozen Betting)

레이아웃의 12개 번호에 베팅하는 방법으로 1~12번, 13~24번, 25~36번으로 구분된 칸에 베팅한다.

12개 번호 중 1개가 당첨되면 이긴다.

지불은 2배(1:2)이며, 3가지의 베팅 방법이 있다.

❾ 로우 & 하이 베팅(Low & High Betting)

레이아웃에 있는 1~18번과 19~36번의 숫자 박스에 베팅하는 방법이다.

1~18번, 19~36번에 해당되는 번호가 당첨되면 이긴다.

지불은 1배(1:1)이며 2가지의 베팅 방법이 있다.

❿ 이븐 & 오드 베팅(Even & Odd Betting)

레이아웃의 짝수와 홀수 전부에 베팅하는 방법이다.

색상에 관계없이 짝수번호와 홀수번호 중 어느 한 개가 당첨번호가 되면 이긴다.

지불은 1배(1:1)이며, 2가지의 베팅 방법이 있다.

⊠ 레드 & 블랙 베팅(Red & Black Betting)

번호와는 관계없이 붉은색과 검정색 전부에 베팅하는 방법으로 해당 색상이 당첨되면 이긴다.

지불은 1배(1:1)이며, 2가지의 베팅 방법이 있다.

5) 룰렛에 관한 용어

머니 칩(money chip): 카지노 게임에서 쓰이는 일반적인 칩.

칩에 얼마짜리인지 액수가 표시되어 있다.

가격에 따라 색이 다르다.

플레이 칩(play chip): 룰렛 게임용 특수 칩.

칩에 액수가 적혀 있지 않고 플레이어마다 색이 다르다.

휠 체크라고도 한다.

휠(wheel): 룰렛 테이블 옆에 있는 볼을 떨어뜨려 숫자를 정할 수 있도록 돌아가는 장치이다.

6) 룰렛의 베팅 요령

❶ 집중적인 전략을 써야 한다.

❷ 여러 베팅 중에서 이븐 머니(Even money) 베팅만 몇 가지 골라서 하는 것이 바람직하다.

페이아웃(지불률)이 큰 베트에 비해서 자주 딸 수 있기 때문이다.

❸ 과욕은 금물이다.

돈을 좀 땄다고 해서 욕심을 부려 게임을 계속하면 할수록 자신에게 불리하다.

게임하는 시간에 정비례해서 불확실했던 카지노 승률이 점점 확실시된다는 것을 명심하라.

❹ 한 번 나온 숫자가 다시 나오는 경향이 있으므로(즉 스트리크 현상) 특별한 이유가 있으면 몰라도 방금 나온 숫자나 또는 그 숫자 근

처의 숫자에 베팅하는 것이 유리할 때가 많다.

❺ 플레이어들이 따는 테이블을 찾아서 많은 사람들이 베팅하는 숫자에 베팅하는 것이 유리하다.

❻ 돈을 딸 수 있다는 베팅 시스템들로 일시적으로는 운에 따라서 좀 딸 수 있다.

그러나 장시간 게임을 하면 결국은 돈을 다 잃게 되는 것이 철칙이다.

확률에 의해서 정해진 카지노 승률의 유도작전은 가끔 돈을 잃어주는 척하지만 결국은 플레이어 돈을 야금야금 다 따먹어버린다.

이에 유의해야 한다.

🎲 크랩스(crabs)

1) 크랩스란?

크랩스는 역사가 오래된 게임으로, 카지노 게임 중에서 가장 흥미있고 복잡하며 배우기 어렵다고 볼 수 있다.

크랩스는 슈터(게임에 참가하는 플레이어)가 주사위를 던져 승패가 결정되는 게임으로, 물도 다른 카지노 게임보다 높은 편이며 가상 자유롭고 박수 소리와 환호성이 자주 터지는 게임이다.

짧은 시간에 많은 돈을 따기도 하고 엄청난 돈을 잃기도 한다.

그러므로 게임요령을 잘 숙지한 다음 게임에 임해야지 무턱대고 나섰다가는 낭패 보기가 십상이다.

테이블 레이아웃이 비교적 복잡하기 때문에 게임에 대한 사전 지식이 필요하다.

카지노 게임 중에서 베팅 방법이 가장 많아서 플레이어는 게임 도중 어디에 베팅했는지를 잊어버리는 경우도 종종 있다.

다이스라고도 불리는 이 게임은 아시아인들에겐 별 인기가 없지만 미국인들은 흥미 있어 하는 게임이다.

2) 게임 방법

두 개의 다이스(주사위)를 던져서 나온 수의 합으로 게임을 진행하는데, 주사위는 게임에 참가하는 사람, 즉 슈터들이 던지는 것이지 딜러가 던지는 것은 아니다.

슈터는 시계 방향으로 돌아가게 되며 스틱 맨이 5개 정도의 주사위를 갖다 주는데 이때 마음에 드는 주사위 2개를 선택하면 된다.

이때 슈터가 되고 싶지 않으면 '스킵(Skip)' 또는 '패스(Pass)'라고 말하면 스틱 맨은 다음 사람에게 주사위를 밀어준다.

슈터는 2개의 주사위를 던지기 전에 어디에 베트할 것인지를 정하면 된다.

룰렛이나 크랩스는 특별한 전략이 별로 없고 게임에 임하기 전 게임의 기본적인 규칙과 베팅 방식을 이해하는 것이 중요하다.

다음 표를 보면 7(Seven)이 나올 경우의 수가 6번, 확률이 36분의

6으로 가장 높은 숫자이다.

3) 베팅 종류로 살피는 게임의 진행

❶ 패스라인 베트(pass line bet)

주사위를 던지는 슈터는 의무적으로 패스라인(또는 Don't Pass Bar)에 베팅을 해야 한다.

베팅하고 주사위를 반대편으로 던져서(First Roll이라 함) 7, 11이 나오면 이기고, 2, 3, 12(이 셋을 Crap이라고 함)가 나오면 지게 된다.

즉 슈터가 주사위를 던져 7, 11이 되면 패스라인에 베팅한 사람이 돈을 따게 되고 2, 3, 12가 나오면 패스라인에 베팅한 플레이어가 돈을 잃는다.

패스라인에 대한 룰에서는 이 외의 숫자 4, 5, 6, 8, 9, 10이 나오면 바로 그 숫자가 승률 번호가 되는 것이다.

예를 들어 5가 나왔다면 이때부터(Second Roll이라고 함) 패스라인의 모든 베팅은 5가 나와야 이기고, 7이 나오면 지게 된다.

또한 4, 5, 6, 8, 9, 10의 숫자가 나올 경우 포인트 번호가 되므로 딜러가 ON 마크를 포인트 번호에 올려놓으면 플레이어는 플레이스(Place) 베트와 오즈(Odds) 베팅을 할 수 있다.

슈터는 포인트가 성립되면 7이 나오기 전까지는 계속 주사위를 던질 수 있으며, 주사위를 던서 포인트 번호가 나오면 돈을 따게 되고 7이 나오면 세븐아웃이 되어 패스라인에 베팅한 사람은 돈을 잃는다.

5 또는 7이 아닌 나머지 숫자가 나오면 Win & Lose와 관계가 없

는 숫자이므로 5 또는 7이 나올 때까지 슈터가 계속 던져야 되는 것이다.

이래서 5가 나오면 Win이 되므로 다시 First Roll이 되는 것이고, 7이 나오면 Lose가 되어 그 슈터가 아닌 다른 슈터(슈터는 시계방향으로 정해짐)에 의한 First Roll이 되는 것이다.

번호	조합	경우의 수
2	1-1	1
3	1-2, 2-1	2
4	1-3, 3-1, 2-2	3
5	1-4, 4-1, 2-3, 3-2	4
6	1-5, 5-1, 2-4, 4-2, 3-3	5
7	1-6, 6-1, 2-5, 5-2, 3-4, 4-3	6
8	2-6, 6-2, 3-5, 5-3, 4-4	5
9	3-6, 6-3, 4-5, 5-4	4
10	4-6, 6-4, 5-5	3
11	5-6, 6-5	2
12	6-6	1
합계		36가지

❷ 돈 패스 라인(don't pass line)

돈 패스 라인 베트 슈터가 처음 던진 주사위의 합이 7, 11이면 돈을 잃고 2, 3이 나오면 돈을 딴다.

4, 5, 6, 8, 9, 10이 되면 이 번호들은 돈 패스 라인 베팅의 포인트 번호가 되며 주사위를 다시 던져서 7이 나오면 돈을 따고 포인트 숫자가 나오면 돈을 잃는다.

❸ 컴 & 돈 컴 베트(come & don't come bets)

컴 & 돈 컴 베트도 패스라인과 돈 패스 라인 베트와 같은 것으로 슈터가 주사위를 던진 후 포인트가 생기면 베트를 할 수 있다.

슈터가 주사위를 던지기 전에 컴 베트에 베트해서 7, 11이 나오면 이기고 2, 3, 12가 나오면 진다.

그러나 4, 5, 6, 8, 9, 10이 나오면 플레이스 베트로 옮겨 오즈 베팅을 할 수 있다.

돈 컴 베트 컴 베트와 반대이다.

슈터가 세븐아웃이 되기 전까지는 컴 & 돈 컴 베트를 계속할 수 있다.

❹ 플레이스 베트(place bets)

크랩 레이아웃 상단에 4, 5, 6, 8, 9, 10의 숫자에 플레이어가 원하는 대로 자유롭게 베팅할 수 있는 것을 말한다.

불돈 베팅한 번호와 7과의 싸움으로 숫자마다 나올 수 있는 확률이 다르므로 지불 배수도 다르다.

7이 나오면 플레이스 베팅 전부는 잃게 된다.

슈터가 포인트 번호를 만든 후 포인트를 제외한 나머지 숫자에 플레이스 베트를 할 수 있다.

베팅의 표시로는 그 번호의 선상에 슈터의 위치대로 칩스를 놓아서 구별한다.

❺ 필드 베트(the field)

필드 베트 크랩 테이블 레이아웃 중앙 밑에 필드(filed)라는 칸이 있고, 2, 3, 4, 9, 10, 11, 12 모두 7개의 숫자가 적혀 있다.

슈터가 주사위를 던지기 전에 베트할 수 있으며 표시된 숫자가 나오면 돈을 따는 베트다.

이곳에 베팅하여 위의 일곱 개 숫자가 나오면 이기고, 다른 숫자가 나오면 지게 된다.

그러나 확률적으로 5, 6, 7, 8이 나오는 확률이 많으므로 추천할 만한 베트는 아니다.

카지노에서는 플레이어에게 베트를 유도하기 위해 2, 12가 나오면 2배에서 3배까지 주기도 한다.

❻ 빅 6, 8(big 6, 8) 베트

크랩 테이블 아래쪽 모서리 부분에 빨간색으로 크게 적힌 패스라인이 이어지는 중간 코너 부분에 큰 글씨로 6와 8의 베팅 장소가 있다.

이곳 6이나 8에 베팅을 하면 6은 6, 8은 8이 나오면 이기고, 7이 나오면 지게 된다.

이밖에 다른 숫자는 Win, Lose에 상관이 없다.

❼ 프로포지션 베트(proposition bet)

레이아웃 중앙에 있는 베팅 장소로서 베팅한 숫자와 다른 숫자와의 싸움이다.

즉 12에 베팅했을 때 12만 나와야 이기고 다른 숫자가 나오면 지게 된다.

그래서 지불 배수가 매우 높다.

12의 경우 30배를 지불하는데, 확률보다는 조금 적게 지불하는 것이다(확률대로라면 36배를 지불해야 한다).

크랩 테이블 중앙에 있는 하드웨이와 원 롤 베트 카지노 측이 우세한 확률을 가지고 있다.

그리고 하드웨이 베트가 있는데, 이것은 4, 6, 8, 10이 슈터가 던진 주사위가 2-2, 3-3, 4-4, 5-5가 나오면 다른 숫자로 조합이 되었을 경우에는 베트를 잃게 된다.

또 이지웨이(4, 6, 8, 10이 아닐 때)로 나오면 지게 된다.

그 외의 숫자는 상관이 없다.

❽ 오즈 베트(Odds Bets)

슈터가 주사위를 던진 후 포인트가 성립되고서 오즈 베트를 할 수 있다.

이 베트는 플레이어에게 가장 유리한 베트 중 하나이다.

오즈 베트는 패스라인, 돈 패스 라인 등 모든 베트에 적용된다.

오즈 베트 패스라인 베트의 경우, 처음 베트한 뒤쪽에다 오즈 허용 배율에 따라 칩을 놓아두면 된다.

카지노에 따라 더블 오즈에서 제한 없는 오즈 베트를 허용하는 곳이 있으나, 대부분 더블 오즈를 허용하고 있다.

슈터가 포인트 번호를 만들었을 때는, 4와 10일 경우에는 2 대 1의 비율로, 5와 9일 경우에는 3 대 2의 비율로, 6과 8일 경우에는 6 대 5의 비율로 돈을 받게 된다.

크랩스 게임은 매우 역사가 오래된 게임으로 다양한 운영 방법에 따라 진행된다.

많은 사람들에게 흥분과 감동을 주지만 다양한 베팅 방법 때문에 배우기가 매우 힘든 게임이라고도 할 수 있다.

실제로 카지노의 한 귀퉁이에서 탄성과 고함 소리를 듣게 되면 십중팔구 크랩스 테이블이라는 것을 알 수 있을 것이다.

크랩스 전략에 대한 가이드를 간단히 설명하는 것은 마치 수학을 단기간 내에 가르치려는 것과 같다.

크랩스 게임에서는 얻을 수 있는 최대 확률을 택한 뒤 자신이 좋아하는 방식 속에 가능한 만큼 끼워 넣도록 하고 현명하게 게임하라고 조언하겠다.

🎲 슬롯머신(slot machine)

1) 슬롯머신이란?

카지노에 들어서면 입구에서부터 가장 많이 볼 수 있고, 카지노 입장에서는 황금 알을 낳는 거위라 할 수 있을 정도로 카지노 수입에 지대한 공헌을 하고 있는 것이 슬롯머신이다.

본시 슬롯머신은 97% 되돌아 나오는 확률로 만들어졌으나 이를 카지노가 수익을 더 내기 위해 확률을 낮추는 방법을 사용하게 되는데 1%씩 내려갈 때 손님이 잃는 속도가 가속화된다.

슬롯머신은 특별한 룰이 없이 적은 금액으로도 즐길 수 있고 엄청난 시상금이 터지는 잭팟, 프레그레시브 시상금, BMW 등 자동차 경품, 여기저기서 동전 떨어지는 소리(정말 크게 들린다)에 쉽게 앉게 된다.

더구나 특별한 규칙이나 기술을 배울 필요가 없어서 누구나 한 번쯤 해볼 수 있는 게임으로, 운이 좋아서 잭팟이라도 터지면 보통 4천 배 이상의 큰 배당금을 받을 수 있다

최근의 슬롯머신들은 원리는 같지만 전자기술의 발달로 잭팟, 프레그레시브 등이 마이크로프로세서에 의해 컨트롤되고 있어 플레이어들이 슬롯에 투입한 돈에 비례해 잭팟 금액도 엄청나게 커지고 있다.

또한 최신 기계들은 단순히 레버를 당겨 그림을 맞추는 게 아니라 메가박스, 엘비스, 휠 등 20~1,000개 코인을 보너스로 주는 기계들

이 요란한 음악과 함께 인기를 얻고 있다.

머신게임은 가장 단순한 기계식 릴(reel) 머신과 다양한 게임을 첨가할 수 있는 전자식 다기능 게임기, 다기능 게임기에 보너스를 추가한 복합 보너스 게임기, 비디오 게임기로 세분된다.

2) 게임 방법

슬롯머신의 이름과 옵션들은 수백 가지 종류이지만 기본적으로 게임을 진행하는 방법은 비슷하다.

슬롯은 딜러나 플레이어들과 게임을 함께 하지 않고, 슬롯머신 앞에 플레이어가 앉아서 게임을 진행한다.

먼저 슬롯머신 위쪽에 쓰여 있는 배당률과 베팅 액수를 보고 마음에 드는 기계를 골라 돈을 넣는다.

동전이나 지폐 둘 다 사용할 수 있고 카지노에 따라서는 슬롯머신용 카드를 미리 구입하여 이용할 수도 있다.

그러나 카지노 안에서 쓰이는 칩은 사용할 수 없다.

돈을 기계에 투입하면 투입한 금액과 크레디트가 표시된다.

25센트짜리 기계에 10달러를 넣으면 크레디트는 40으로 표시된다.

그다음은 1개씩 베팅, 대부분 3 크레디트 버튼을 눌러 한 번에 몇 개의 크레디트를 베팅할지 결정한다.

최고 베팅을 누르면 베팅이 되는 것과 동시에 릴이 자동으로 돌아간다.

하나씩 베팅할 경우에는 스핀(spin) 버튼을 누르거나 옆에 달린 손잡이를 잡아당겨야 게임이 시작된다.

그다음부터는 운에 맡기면 된다.

당첨이 되면 액수가 크레디트에 올라가고 얼마를 땄는지 표시된다.

게임을 그만하고 싶을 때는 캐시 아웃(cash out) 버튼을 눌러 돈을 찾은 후 자리에서 일어선다.

슬롯게임을 할 때는 카지노에 준비된 동전용 용기를 미리 준비해두는 것이 좋다.

대부분 슬롯머신은 5센트, 25센트, 1달러짜리가 주종을 이루고, 카지노에 따라 1센트, 10센트, 50센트, 2달러, 5달러짜리 기계도 있다.

동전을 바꿔 게임을 할 수 있고 동전뿐 아니라 많은 기계들에 지폐 수납기가 있어 1달러부터 100달러까지 사용할 수 있다.

지폐를 사용하게 되면 플레이어들은 코인을 계속해서 넣을 필요가 없다.

3) 배당

회전축의 모든 회전 결과는 무작위 결과를 산출하는 컴퓨터 프로그램에 의해서 결정된다.

이것은 온라인 카지노 게임의 슬롯과 오벨 카지노의 머신늘에 모두 공통적인 사항이다.

머신은 카지노 측에 의해 그들이 택한 어떠한 배당이든 산출되도록 손쉽게 조작될 수 있다.

가령 카지노 측에서 95%로 세팅했다 하자.

이는 머신이 매 100달러의 베팅마다 평균적으로 95달러를 배출한다는 결론이다.

나머지 5달러는 카지노 측으로 가게 되고, 이것이 그들이 수입을 올리는 방법이다.

물론 이건 그냥 평균적인 이야기다.

카지노에 있는 슬롯머신은 워낙 종류가 많기 때문에 플레이어는 어떤 게임을 할 것인지, 얼마나 할 것인지를 판단한 후 게임에 들어가는 게 좋다.

슬롯머신 기계에는 기계마다 페이 아웃 룰이 적혀 있다.

먼저 그것을 확인한 후, 만약 동전을 여러 개 투입하는 기계라면 항상 맥시멈으로 베팅하는 게 좋다.

4) 슬롯머신에 관한 용어

- **릴**(reels): 슬롯머신에서 그림이 감겨 있는 틀
- **베트 맥스**(bet max) : 최대 베팅을 함과 동시에 릴이 돌아가는 버튼
- **베트 원**(bet one): 크레디트에 하나씩 베팅하는 버튼
- **스핀**(spin): 베팅 후 게임을 시작할 때 누르는 버튼, 누르면 릴이 돌아감.

  핸들과 같은 기능
- **캐시 아웃**(cash out): 게임을 끝내고 싶을 때 누르는 버튼.

누르면 머신 안의 동전이 반환된다.

• 크레디트(credit): 플레이어가 선택한 게임의 베팅 단위를 기준으로
  한 베팅 양.
  예를 들어 베팅 단위가 25센트인 머신의 경우 1달러를 넣으면 4
  크레디트가 표시된다.

• 프로그레시브(progressive): 기계 여러 대를 묶어 특정 기계에서 잭팟
  이 당첨되었을 경우, 여러 기계에서 누적된 배당금을 모두 지불하
  는 인기 있는 머신게임 운영 방식이다.

• 핸들(handle): 슬롯머신 옆에 달린 손잡이.
  당기면 게임이 시작된다.

🎲 빙고(bingo)

1) 빙고란?

카지노에서 빙고 게임을 즐기려면 먼저 빙고 티켓을 구매해야
한다.

빙고 티켓에는 가로 5칸 세로 5칸의 표가 그려져 있는데, 중앙의 1
칸을 제외한 24개 칸에 숫자가 임의로 있다.

또한 원하는 숫자를 스스로 세그하는 것이 아니라 이미 성해진 카
드를 가지고 게임을 진행하기 때문에 어쩌면 행운이 빙고 게임의
승패를 좌우하는 것이라고 봐도 무방하다.

물론 참가자마다 받는 카드의 숫자나 배열은 모두 다르다.

2) 게임 방법

우선 딜러는 복권 추첨하는 방식과 비슷하게 75개 숫자가 적힌 공을 추첨한다.

공을 뽑는 기계로 공을 추첨하며 빙고 보드라는 전광판에 그 공의 번호를 표시한다.

플레이어들은 빙고 티켓에 있는 숫자가 전광판에 나오면 그 숫자에 표시를 해둔다.

그리고 전광판에 나온 숫자와 일치하는 빙고 티켓의 숫자를 체크하다 보면 수평, 수직, 또는 대각선이 만들어진다.

이렇게 숫자가 수평, 수직 또는 대각선으로 일치되면 플레이어는 빙고라고 외치며 게임에서 이기게 된다.

딜러는 빙고라고 고함지른 참가자의 번호를 확인한 다음 배당금을 지불한다.

카지노마다 배당금이 다르므로 게임을 시작하기 전에 배당금을 확인해두는 것이 좋다.

그리고 배당금은 카지노에서 정한 규칙에 따라 총 참가금액 70% 한도 내에서 지급한다.

빙고는 플레이어 중 한 명의 승자가 나오는 것이 보통인데, 가끔은 여러 명이 나오기도 한다.

빙고는 행운이 좌우하는 게임이라고 하지만, 전부 그런 것만은 아니다.

전광판에 나온 숫자와 자신이 가진 빙고 티켓의 숫자를 대조해보는 것이 중요하고, 빙고 즉 숫자가 일치되었을 경우 빨리 빙고를 외쳐야 한다.

키노(kino)

1) 키노란?

키노는 중국에서 처음 생긴 게임으로 여겨지며, 이민자들에 의해 미국에 들어왔고, 들어오는 과정에서 조금씩 바뀌어 지금의 키노 게임이 완성되었다고 한다.

이 게임은 전통적인 80개 번호의 티켓과 20개 공으로 플레이되는데 보통 복권과 비슷한 목적을 가지고 있다.

키노는 카지노에서 가장 빨리 번창한 게임 중 하나이다.

적은 액수를 가지고도 큰돈을 딸 수 있는 가능성이 있어 사람들의 마음을 끌어당기고 있다.

하지만 키노는 카지노가 이길 확률이 아주 높은 게임이므로 승부를 걸고 하기보다 가볍게 즐길 수 있는 오락으로 대하는 게 좋다.

2) 게임 기본

키노 게임은 80개 번호표와 일반적으로 복권 추첨을 할 때 사용하는 20개 공으로 한다.

게임은 번호표에서 1개부터 15개까지의 번호를 선택하게 되며, 공을 굴려서 나온 번호와 선택한 번호에 따라 배당이 결정된다.

매번 게임이 끝난 후, 선택한 번호를 변경하지 않고 계속해서 게임을 해도 되고(이 경우, 리피트 버튼을 누르면 된다), 새로 번호를 선택하여 시작해도 된다.

게임을 새로운 번호로 다시 시작할 경우, 베팅 방법을 바꿔도 되지만, 항상 15개 이내의 번호를 선택해야 한다.

카지노 측 확률이 높지만 1달러를 가지고도 수천 달러를 벌 수 있다는 흥행성 때문에 인기가 높다.

키노 전광판에는 1에서 80까지의 숫자가 표시되어 있으며, 20개의 당첨 숫자 번호에 불이 켜지게 된다.

플레이어가 1~80까지의 숫자가 적힌 게임 용지에 마크를 한 1~15개의 숫자와 튀어나온 20개의 숫자를 비교해 일치된 숫자에 따라 배당금이 정해진다.

카지노, 레스토랑, 뷔페 등에서 키노 전광판을 흔히 볼 수 있는데, 이는 가볍게 즐길 수 있는 게임이지 많은 돈을 딸 기대는 하지 않는 게 좋다.

비디오 키노는 슬롯머신, 비디오 포커와 함께 전자 게임으로 인기가 높다.

3) 게임 방법

키노는 1~80까지의 숫자 중 원하는 번호를 선택하고 추첨되면 당첨금을 받는 게임이다.

게임에 참가하려면 우선 카지노 키노 라운지에서 받을 수 있는 키노 티켓을 작성해야 하는데, 여기에는 1~80까지의 숫자가 있고, 베팅 금액을 적는 난이 있다.

카지노마다 독특한 베팅 방법과 배당 금액이 있고 그 방법도 매우 다양하기 때문에 숫자를 선택하기 전에 카지노에 마련된 키노 안내 책자를 반드시 잘 읽어두는 것이 중요하다.

숫자가 적힌 80개 공 중에서 20개를 기계에서 무작위로 선택하여 키노 라운지에 있는 전광판에 그 숫자를 표시해준다.

플레이어는 키노 티켓에서 최고 15개의 번호를 선택한다.

번호를 많이 맞추면 그만큼 배당금도 커진다.

베팅할 액수를 정해 베팅 금액 난에 기입한다.

작성 후에 베팅 금액과 함께 딜러에게 가져다주면 티켓의 사본을 나누어준다.

추첨이 시작되면 맞춰본 후 시상 대상일 경우에는 딜러에게 가서 돈을 받는다.

키노 게임에서는 특별하게 딜러가 할 일은 없다.

단지 게임이 시작되기 전에 키노 티켓을 돈과 함께 거둬들이고, 그 게임이 몇 번째 게임인지 알려준 다음, 기계를 움직여 20개의 공을 추첨한다.

게임이 끝나고 플레이어들이 낸 티켓과 추첨된 숫자를 비교해서, 맞춘 개수에 따라 배당 금액을 나눠준다.

4) 기본적인 베팅

대부분 카지노에서 제공하는 가장 기본적인 베팅 옵션들에 관해 알아보자.

❶ 베트 어게인스트(bet against): 이 옵션은 플레이어가 8개 이상의 숫자를 선택했을 때 가능하며, 자신이 선택하지 않은 번호들의 공이 나오지 않는다는 것에 하는 베팅이다.

❷ 캐치 올(catch all): 이 옵션은 2개에서 7개의 숫자를 선택했을 경우 할 수 있는 게임 옵션으로, 플레이어는 자신이 표시해놓은 번호들이 모두 당첨된다는 것에 하는 베팅이다.

❸ 톱과 보텀(top or bottom): 이 게임은 플레이어가 티켓의 숫자를 선택하는 것이 아니라 그냥 위나 아래쪽을 선택하는 것이다.
베팅을 한 쪽이 하지 않은 쪽보다 적게 나왔을 때 이기게 되는데 배당금은 아래쪽과 위쪽의 차이가 크면 클수록 그만큼 많이 받게 된다.

❹ 스플릿 티켓(split ticket): 여러 개의 번호를 선택하고 그것을 몇 개 그룹으로 나누는 방법을 말하는데, 동그라미나 라인으로 구분해서 그룹을 만들어 베팅하는 방법이다.

INTERNET & LIVE GAME
인터넷 경기와
실전 경기의 차이

인터넷과 실전 경기에는 많은 차이가 있다.

물론 포커 게임을 한다는 것만은 동일하나 그 차이점은 분명히 있으며 여러분들 또한 느끼고 있으실 줄 안다.

인터넷 게임은 얼굴을 볼 수 없고 또한 가명을 사용하기 때문에 누구와 플레이하고 있는지를 알지 못하고 또 실물로 보지 못해 상대방이 어떤 연령층에 어떤 모습과 표정을 하고 있는지 관찰할 수 없다.

반면 실전에서는 얼굴과 얼굴을 맞대고 하기 때문에 그 사람의 이름이나 실력, 경력, 매너, 나이 등을 직접 알아낼 수 있다.

그러니 상대가 강한 네임 플레이어일 경우에는 게임을 회피할 수도 있다.

플레이할 때도 얼굴을 직접 대하게 되므로 상대방의 매너나 표정을 연구한 후 게임에 응용 또는 이용할 수 있다.

보통의 경우 인터넷 게임 플레이어는 실전 선수보다 약하며 표정 관리 또한 연습이 되어 있지 않아 실전에서는 많이 불리하다.

라이브 게임에는 세계적인 선수들이 많이 등장하게 되며 이들을 상대로 실제 게임을 해보면 자신의 현재 위치가 어디에 있는지를 정확하게 알 수 있다.

그래서 실력이 약한 플레이어는 그들과 게임을 할 때 바위가 위에서 누르는 것 같은 무게를 느끼게 된다.

그리고 책으로 공부한 것과 실전 사이에는 간극이 있어 간혹 이해가 되지 않는 상황이 연출되는 경우도 있다.

책으로는 모든 상황에 대해 일일이 다 설명할 수 없는 경우가 많이 있다.

따라서 실전과 이론의 차이점을 스스로 자신의 판단 하에 자신에 맞게 교정해 나가야 한다.

책을 읽는 사람의 성향에 따라 책을 이해하는 각도가 서로 다르기 때문이다.

포커를 오랫동안 하다 보면 수많은 변수와 각기 다른 혹은 유사한 상황이 전개되기 마련이다.

포커에는 탤런트라는 것이 있는데 이것을 카드 센스라고 부른다.

카드 센스란 바둑에서는 기재이고 연예인에게는 끼라고 불리는 것이다.

기재가 부족한 사람은 노력만으로 프로기사는 될 수 있을지 몰라도 대성할 수는 없고, 끼가 부족한 연예인은 연기자가 되어도 주연배우가 되어 대성할 수 없다

카드 센스란 카드를 이해하는 독해력을 말하는데 남의 장점을 스펀지처럼 빨아들여 자기의 것으로 녹여내는 능력이다.

탤런트를 지니고 있는 사람은 성취 속도가 매우 높고 빠르며 이해도와 응용력을 갖추고 있어 똑같은 상황이나 비슷한 장면에서 올바르고 정확한 판단을 할 수 있게 된다.

인터넷에는 포커 프로들과 컴퓨터 프로그래머들이 함께 만든 봇(bot)이라는 것이 많이 사용된다.

여기서 봇은 로봇(robot)의 준말인데 인공지능(AI)을 말한다.

바둑처럼 인공지능이 알아서 최선의 수를 찾아주는 것이다.

현재 많은 인터넷 카지노 게임에서 봇이 활약하고 있는데, 인터넷 사에서는 인공지능 때문에 골머리를 앓고 있다.

인공지능을 찾아내기 위해 말을 시키거나 욕을 했을 때의 반응을 살피는데, 물론 인공지능은 이에 반응하지 않는다는 공통점이 있다.

인공지능은 스스로 말을 하지 못하니 초기에는 대부분 이런 방식으로 찾아냈다.

요즘은 상대방이 봇을 사용하고 있는지 찾아내는 프로그램도 만들어져 실용화되고 있다.

이외에도 상대 핸드를 해킹하는 프로그램도 있다.

그래서 인터넷 카지노에서는 요즘 플레이어가 생각하는 시간을 점차 줄여나가고 있다.

CHEATING

속임수

세상에 존재하는 게임이라면 돈이 걸리는 어떤 게임이든 속임수가 존재한다고 보면 된다.

골프, 바둑, 마작, 화투, 카드 게임 등 돈이 걸린 승부라면 무엇이든 속임수가 있다.

속임수를 설계하는 설계사도 있다.

자신이 남에게 속도록 설계하는 것을 도와주는 사람 중엔 자신과 가장 가까운 지인인 경우가 많다.

세상에는 대략 3천여 가지의 각기 다른 분야의 속임수가 존재하고 있다.

게임의 종류와 방식에 따라 그 모습도 변하게 되는데 화투를 사용하는 속임수는 600여 종이 있고 카드에는 800여 종이 있다.

카지노가 손님을 속이는 경우도 있고 손님이 카지노를 속이는 경우도 심심치 않게 벌어지고 있다.

이런 속임수의 달인을 가리켜 우리가 흔히 타짜 혹은 마귀라고 부른다.

우리나라에도 한 동네에는 이러한 타짜나 마귀가 150명씩 존재한다.

예를 들어 압구정동에는 150명의 타짜와 150명의 마귀가 살고 있다.

여기서 나는 카드에 관한 부분만 조금 이야기하려고 한다.

1) 마킹

카드 뒷면에 표식을 하는 것을 마킹(marking)이라고 한다.

카드의 일정 부분을 구부리든지, A 같은 중요한 카드의 모퉁이를 일정 부분 미리 잘라내든지, 매니큐어나 색소를 이용해 게임 중 미리 표시하는 방법을 쓰거나 날카로운 도구를 이용해 일정 부분에 자신만이 알아볼 수 있는 표식을 해놓는 방법, 다음에 사용할 카드를 미리 마킹 카드로 교체해두는 방법 등 이루 헤아릴 수 없고 상상을 초월한 방법을 사용한다.

실제 예로 카지노에서 카드를 바꾸어달라고 요구할 때 직원과 미리 짜고 자신들이 사전에 미리 준비해놓은 마킹이 된 카드를 가져오게 하는 일도 심심치 않게 벌어지고 있다.

남을 속이면 쉽게 이기기 때문에 한번 속임수에 발을 들여놓은 사람은 속임수란 유혹에서 쉽게 빠져나올 수가 없다.

마킹의 종류만도 책을 몇 권 쓸 수 있는 분량으로 300여 가지나 되므로 여기서 나 설명드릴 수 없는 것이 애석하다.

참고로, 미국이나 유럽에서는 이런 속임수 관련 책도 쉽게 찾을 수 있다.

2) 타짜

타짜는 A급, B급, C급, D급 등으로 분류하며 솜씨에 따라 여러 등급으로 존재한다.

A급은 마술사에 가까운 수준으로 52장 카드 전체를 자유자재로 컨트롤할 수 있는 사람이다.

새 카드를 꺼내 한참 셔플을 하고 나서 펼치면 한 장의 카드도 섞이지 않고 원상 그대로 복귀되어 있는 것을 볼 수 있다.

이런 수준에서는 상대방과 자기편 카드를 마음먹은 대로 줄 수 있기 때문에 게임을 끝내는 시간까지 정확하게 컨트롤할 수 있다.

52장 카드를 정확하게 26장씩 2등분해 셔플할 때 한 장씩 섞을 수 있는 사람이면 가히 A급 타짜라고 할 수 있다.

B급도 A급과 거의 마찬가지 실력으로 일반 아마추어가 알아내기는 불가능하다.

B급도 A급과 거의 같은 수준으로 52장 전체를 컨트롤할 수 있다.

타짜의 기술은 손놀림이나 경험 그리고 자연스러움을 가지고 평하게 되는데, 이와 같은 기술은 타짜들의 수법을 따로 연구한 초일류 프로들만이 알아챌 수 있다.

C급과 D급은 카드의 일정 부분을 섞지 않는 방법이나 밑장을 뽑는 방법을 주로 사용하는데 두 번째(2nd-deal) 장을 계속해서 남에게 주고 위의 장을 자기가 갖거나 자기편에게 주는 방법을 사용하기도 한다.

이들은 카드를 섞을 때 일정 부분을 정상적으로 셔플하지 않고 그냥 흘려보내기 때문에 카드를 섞을 때 둔탁한 소리가 난다.

나는 게임 중 남이 나를 속인다고 느낄 때에는 모른척하고 주의 깊게 관찰해 어떤 방식을 사용하고 있는지를 파악해서 역이용한 적이 있다.

예전에 내가 대학 시절 서울에는 서로 둘째가라면 서러워할 정도의 유명한 두 사람의 타짜가 있었다.

세월이 흘러 바이시클 카지노에서 만난 적이 있었는데 그를 잘 아는 이가 나에게 어느 정도의 실력인지 한 번 그가 하는 게임을 보라고 했다.

잠시 뒤에서 게임하는 것을 본 나는 깜짝 놀라고 말았다.

포커의 실력으로만 따진다면 10급 정도밖에 되지 않았던 것이다.

예전에 그렇게나 서울 장안을 떠들썩하게 했던 플레이어의 실력이 겨우 이런 정도였나?

여러분도 수십 년 전에 만난 친구가 하나도 자라지 않고 옛 모습 그대로 있다면 얼마나 놀라겠는가?

속임수를 터득하고 연마한 사람은 실제 자기 실력이 이렇게 늘지 않는다.

남을 속이면 이기기 때문에 실력을 공부하며 향상시킬 필요가 없었을 것이다.

이것은 내가 겪은 한 예지만 타짜의 말로는 참으로 비참했다.

그 좋은 머리와 남다른 능력을 나쁜 곳에만 쓴 결과, 딜러가 딜을 해주는 카지노에서는 도저히 힘을 쓸 수가 없다.

내가 겪어본 실제의 사연이다.

승부에는 흐름이란 것과 음악의 리듬 같은 것이 있는데 음악이 너무 자주 고음과 저음을 오가면 거의 사가 끼었다고 보면 된다.

즉 상대가 어떤 방식으로 나를 속이고 있다고 보면 맞을 것이다.

프로는 자신이 가지고 있는 전문적인 지식과 이와 같은 동물적인 감각에 의존해 속임수를 찾아낸다.

프로들은 남을 속이기 위해 이런 속임수에 대해 공부하거나 연구하진 않는다.

다만 남이 나를 어떻게 속이는지 찾아내기 위해 미리 공부해두는 것이다.

3류 타짜들은 지포라이터나 거울같이 반사되는 물건을 주위에 놓고 카드가 그 위를 지나갈 때 보는 수법도 많이 사용한다.

타짜의 공통점은 새끼 손톱을 다른 손톱보다 유난히 길게 기른다는 점이다.

카드 52장을 컨트롤하는 데 필요하기 때문이다.

타짜의 오른쪽 자리에는 타짜가 원하는 곳을 떼어주는 타짜의 같은 편이 항상 앉아 있다.

자기들이 미리 약정한 자리를 떼어주는데, 예를 들어 17장만 항상 떼라고 하면 1주일만 연습하면 항상 손만 대면 17장이 떨어지게 되어 있다.

이러한 카드 떼는 기술은 기초수법에 속하며 누구나 1주일만 연습하면 언미할 수 있는 것으로 별로 어려운 기술도 아니다.

오른편에 같은 편이 없는 경우에는 딜을 하기 전 카드를 자기 손안에 가져가는 순간에 카드를 떼기 전의 위치로 환원시키는 방법을 사용하기도 한다.

이외에도 탄이라는 것을 사용하는데, 탄이란 것은 나올 카드를 미리 조작해 인위적으로 만들어놓은 것으로 바꿔치는 수법이다.

딜러가 테이블 밑이나 무릎 사이에 숨겨놓았던 카드로 통째로 바꾸는 방식인데, 탄으로 사용되는 방금 새로 테이블에 올라온 카드는 사람들의 체온이 묻어 있지 않아 차가운 것이 특징이다.

그래서 이를 영어로는 콜드 데크(cold deck)라고 부른다.

3) 인공지능(AI)

요즘은 인터넷과 각종 과학 장비의 발달 덕분에, 로봇이라는 인공지능을 이용한 속임수법이 나날이 발전하고 늘어나는 추세이다.

인공지능이란 포커의 고수들과 프로그래머들이 함께 만든 것으로, 포커의 상황에 따른 최선의 수를 종합해 주입시킨 프로그램이다.

인터넷에서는 봇(bot)이라고도 부른다.

인공지능을 온라인 카지노나 게임 사이트에 접속시켜만 놓으면 인공지능이 스스로 알아서 돈을 벌어주는 방식이다.

인터넷 카지노 사이트마다 이 인공지능의 활약을 어떻게 막아내는가에 운영의 사활이 달려 있다고 해도 과언이 아니다.

4) 온라인 속임수

인터넷 게임에서 인공지능을 연결시켜두고 인공지능이 알아서 돈을 벌어주게 하는 방식이 온라인 속임수다.

같은 방에서 여러 명이 짜고 플레이를 하거나 서로 다른 사람의 패를 보아가며 상대방 패를 가늠하는 방법을 사용하기도 하며, 자기편이 좋은 패를 가졌을 때 옆에서 큰 팟을 이기도록 판을 키우는 방법도 주로 많이 사용한다.

옆에서 판을 키워주는 것을 한국에서는 짱구 베팅이라 부른다.

한국의 큰 기업에서 운영되고 있는 정상적인 사이트에서는 이런 사람들을 찾아 사이버 머니를 몰수해 플레이어들에게 되돌려주고 있다.

또한 다른 아이피 주소를 사용해 본사에서는 각기 다른 곳에서 플레이하고 있는 것처럼 보이게도 한다.

상대방이 나의 패를 보고 하는 경우가 나오는데 본사의 보안요원이 다음으로 나올 카드를 미리 보고 자기편에게 미리 가르쳐주어 판을 키우는 경우이다.

예를 들어 상대방은 셋이나 투 페어로 이미 베스트 핸드가 맞아 있고 자신은 플러시 드로우일 때 자신이 메이드될 것을 미리 알고 올인을 먼저 쳐 상대방이 빠져나가지 못하게 하는 방식을 주로 사용해 이기는 것이다.

실제로 10여 년 전 월드 챔피언 출신 플레이어가 이에 가담해 수백억 원을 감춰서 FBI의 수배를 받은 적도 있었다

이런 것들은 감으로 찾아내야 하지만 이미 추식기 찾아내기에는 거의 불가능에 가깝다.

포커에는 파도의 흐름처럼 일정한 리듬 같은 것이 있는데 이것이 자주 깨지는 경우에는 상대방이 나를 속이고 있다고 보면 거의 맞는다.

도저히 나의 패를 정확히 알지 않고는 콜을 할 수 없는 패로 콜을 받는 상황 등이 자주 발생하는 것, 이것은 본사에서 나의 패를 다 보고 상대방에게 가르쳐주기 때문이다.

반대로 내가 가장 좋은 패를 들고 있을 때는 콜을 받지 않고 죽어버려 손해를 끼치게도 한다.

상대가 나의 패를 정확하게 보고 있기 때문에 가능한 것들이다.

남의 패를 해킹하는 방식도 있다.

인터넷 카지노 사들이 플레이어의 생각하는 시간을 점차적으로 줄이고 있는 것도 해킹할 수 있는 시간을 줄여 해킹을 불가능하게 하려는 이유이다.

카드 옆면에 인식할 수 있는 프로그램을 입력시켜놓아 딜러가 카드를 나누어준 뒤 바로 누가 승자가 될지도 가르쳐주는 기술도 개발되어 있다.

속임수에는 이렇게 헤아릴 수 없는 다양한 방법이 있으나 내가 아는 속임수의 방법을 다 기술하려면 책으로 여러 권 분량이 되므로 여기서는 이만 줄이겠다.

플레잉 카드의 종류

1) 플레잉 카드 유래

중국의 종이가 유럽으로 넘어가고 십자군전쟁 이후 처음 만들어져 유럽을 통해 미국으로 넘어감으로써 남북전쟁 당시는 3카드-스터드가 유행했다고 한다.

한국, 일본에서는 플레잉 카드를 트럼프(카드)라고 부르는데, 이는 Triumph(승리의 어원)에서 유래되었다는 설이 있다.

미국의 'Bicycle' 카드를 만드는 USPCC가 1894년 '플레잉 카드(playing card)'라는 단어를 사명에 쓰면서부터 본격적으로 '플레잉 카드'라는 이름이 불리기 시작했다.

현재 국제적으로 통용되는 공식 명칭이 '플레잉 카드'이다.

2) 플레잉 카드 회사

세계에서 카드를 생산하는 가장 큰 업체는 'United States Playing Card Company'(USPCC)이다.

이들의 생산 라인은 Aviator, Dee, Bicycle, Tally Ho 및 세계에서 가장 널리 알려진 카드 브랜드들을 다수 포함하며, 다수의 카지노 사들이 USPCC 브랜드 사용을 최우선적으로 고려하고 있다.

또한 벨기에 회사인 '카타문디(Cartamundi)'는 자신들이 세계에서 가장 큰 규모의 생산업체라는 주장을 펼치는데 현재 기본적인 게이밍 카드 및 기타 카드의 생산량을 확대하고 있는 중이라고 한다.

하지만 마카오를 포함한 아시아 게이밍 시장의 대부분은 카드의 탄력과 정교한 무늬, 보존력이 우수한 일본 '앤젤(Angel)'사의 카드를 선호한다.

가장 큰 이유는 바카라 게임에 사용되는 'Angel AutoShoe'와 함께 패키지로 공급된다는 점일 것이다.

대한민국 대부분의 카지노도 이 앤젤 카드를 사용하고 있다.

다른 카드를 사용하는 카지노에서는 일부 VIP 플레이어들이 앤젤 카드만을 고집해 따로 요청하는 경우도 있다.

2019년에는 미국의 상징이었던 'USPC'사를 유럽(벨기에)의 상징인 카타문디가 인수함으로써 이제 글로벌 시장은 2파전 양상이다.

대한민국에도 30년 넘게 전문적으로 플레잉 카드만을 제조, 유통하고 있는 '이사벨스포츠'가 있다.

3) 플레잉 카드 종류

❶ 마술용 카드(56장): 바이시클에서 자체 생산하는 특수 재질 코팅지에 생산하는 제품으로, 오랜 시간 사용이 가능한 세계 최고 퀄리티로 통한다.

❷ 게임용 카드(54~55장): 포커, 텍사스 홀덤, 바

카라, 솔리테어, 바둑이, 브릿지, 블랙잭, 훌라, 원 카드, 도둑잡기 등의 게임용으로 사용된다.

각 게임 종류에 따라 사용하는 카드의 재질 및 크기, 모양이 다른 점도 게임용 카드의 특징이다.

4) 플레잉 카드 재질과 크기

플레잉 카드는 일반적으로 1데크 52장이 기본이며 추가로 조커 2장을 포함해서 구성된다.

❶ 종이 카드: 카지노에서 가장 많이 사용되는 카드로 바카라 게임 등에 사용된다.

마술용 카드도 이에 해당한다.

USPC의 Bee, Bicycle이 사용되며, 세계 최고의 마카오 카지노 대부분에 일본의 앤젤 카드가 바카라용 Angel-EYE AutoShoe를 공급해 패키지화 납품된다.

대한민국 13개의 카지노 대부분도 일본의 앤젤 카드를 사용한다.

두께: 0.3~0.5mm/ 무게: 1.6~1.7g

❷ PVC 카드: 100% 플라스틱 원단의 게임용 카드이며 일본의 J사, W사 제품을 선효한다.

일본-한국에서 많이 사용하는 새질이며, 특히 카지노를 세외한 대한민국 카드 판매량의 90%가 이 PVC 카드다.

❸ PVC-mat 카드: 텍사스 홀덤 게임 전용 카드로 PVC 원단에 MAT 재질로 가공해 생산한 제품이다.

여러 명이 진행하는 경기방식에 맞게 딜러의 셔플과 피칭에 용이한 카드이며 국내 대부분의 홀덤용 카드는 이사벨스포츠에서 제조 유통하고 있다.

❹ RFID 카드: 플레잉 카드에 주파수 방식의 RFID-Tag를 In-Ray 또는 Over-Ray 방식으로 제작해 플레이어의 핸디를 볼 수 있고 경기에 활용해 데이터베이스를 추출하는 카드이다.

종이카드, PVC 카드 등 모든 재질에 적용 가능하다.

플레잉 카드 | Tip

- **포커 사이즈**(2½인치×3½인치 62mm×88mm, ISO 216의 B8 사이즈) /
  국내: 63mm×88mm
  포커 경기는 주로 2~3장으로 하는 방식이라 크기가 약간 크며 서양인의 손 크기를 기준으로 만들어졌다.

- **브리지 사이즈**(2¼인치×3½인치 56mm×88mm) /
  국내: 58mm×88mm(홀덤용)
  브리지 경기는 13장으로 하는 방식이라 약간 더 작고 동양인의 손 크기에 적당해 국내에서 생산되는 플레잉 카드의 대부분은 브리지 사이즈 규격이다.

- **종이 카드**: 무게 1.8g, 높이 0.33mm

- **PVC 카드**: 무게 2.0g, 높이 0.28mm

- **매트 카드**(홀덤용): 무게 2.5g, 높이 0.31mm

- **RFID 카드**: 무게 2.8g, 높이 0.35mm(밑 0.15mm, 위 0.15mm, tag 0.05mm)
  단, 주파수 방식에 따라 차이가 있을 수 있음

5) 플레잉 카드 사용시간

게임 종류와 게임 장소에 따라 조금씩 다르지만 미국 라스베이거스나 마카오에서는 플레잉 카드 한 데크가 사용되기까지는 최대 4시간을 기준으로 한다.

한 게임의 회전률, 게임의 종류, 핸드셔플, 머신셔플에 따라 조금씩 차이는 있다.

물론 블랙잭, 포커 등과 같은 치열한 게임일 경우에는 적게는 한 시간마다 카드를 바꾸기도 하며 플레이어의 요청에 따라 바로바로 변경 가능하다.

플레이어들에 의한 조작, 손톱자국, 카드 휨 정도 외의 부정행위를 방지하기 위해 요청 시는 매번 교체되고 있다.

그리고 이렇게 사용된 제품은 폐기 시 '마킹' 또는 '펀칭' 처리한다.

이런 카드 데크들은 보통 카지노 내 기념품 매장과 온라인상에서도 판매가 된다.

국내 카지노에서도 원칙적으로 딜러 체인지를 기준으로 하고 있고 교체 시 다른 색 카드를 사용한다(예: 브라운-그린 / 레드-블루).

카드의 휨, 마킹, 훼손, 위생 등의 이유로 고객의 요청이 있을 시에는 바로 변경이 가능하다.

텍사스 홀덤 경기는 토너먼트 기준 1경기당 2데크(2가지 색) 사용하는 것을 원칙으로 하고 있다.

특히, 현재 카지노는 코로나19 이후 위 기준 외에 재사용을 절대 금지하고 있으며 이물질이나 수분, 오일링 발견 시 바로 교체해서 경기를 진행하고 있다.

위와 같은 경우 카드 교체는 플레이어의 권한으로 언제든지 요청할 수 있다.

현재 국내 홀덤 경기는 원래 종이 카드를 사용하다가 2000년대 초중반부터 홀덤 경기의 특성상 PVC 원단의 MAT 재질(엠보싱) 카드를 사용하고 있다.

이는 재질상 약간 두껍고 딜러의 셔플과 피칭이 용이하게 제작되었다.

WORLD CLASS PLAYER

나와 함께한
세계적인 플레이어

포커 세계에서는 톱으로 올라갈수록 천재들의 범위와 수준이 우리의 상상을 초월한다.

그만큼 대단한 지능과 재능을 겸비한 플레이어가 즐비할 정도로 많다.

이들은 오랜 기간 포커 세계에서 유난히 뛰어나고 특출한 성향을 드러내 모두가 인정하는 사람들이다.

이들을 일컬어 월드 클래스 플레이어(world class player)라고 부른다.

이들의 지능은 대부분 173 이상으로 매우 높은 편이며 180 만점인 이들도 30여 명이나 된다.

물론 지능만 높다고 모두 최고가 되는 것은 아니고 다음과 같은 특징이 있어야 한다.

❶ 카드 센스가 뛰어나야 한다

카드 센스란 카드에 대한 이해력과 응용력 그리고 독해력을 말하는데, 카드 게임에 대한 게능이란 이를 말한다.

카드 센스가 있는 사람은 카드를 배울 때 빛이 나서 짧은 시간에 대성할 수 있고 남의 장점을 스펀지처럼 빨아들여 자기 것으로 만드는 능력을 지니고 있다.

❷ 배짱이 좋아야 한다

필요 없는 배짱은 만용이며 카드 게임에서는 전혀 도움이 되지 않는다.

진정한 배짱이란 눈앞에 칼을 들이대도 떨지 않고 흔들림 없는 태도를 말한다.

상대의 어떠한 베팅 사이즈에도 판단의 흔들림이 없어야 한다는 것이다.

프로 중에는 냉정한 판단력과 실력을 겸비한 인재들이 많이 있기 때문에 아마추어들은 그들의 손쉬운 먹잇감만 된다.

❸ 냉정한 판단력이 있어야 한다

아무리 큰판이나 베팅에도 흔들리지 않는 담력과 변함없는 통찰력이 필요하다.

상대가 예상에 없던 강한 플레이를 했다고 해서 판단이 왔다 갔다 흔들리면 안 된다는 뜻이다.

대부분의 포커 플레이어들은 실력 면에서 백지장 하나 차이인 월드 글래스 플레이어들 눈앞에 무고노 노날하시 놋하나.

백지장 아래 있는 사람은 백지장 위가 어떻게 생겼는지를 알 길이 없다.

못 올라가보았기 때문일 것이다.

그리고 그 사람의 재능으로는 평생 꿈에도 그리던 월드 클래스 플레이어라는 이야기를 못 듣고 죽을 수밖에 없다.

위 세 가지 중 어느 한 가지가 조금이라도 부족하다면 최고가 될 수는 없다.

"백지장 하나 차이인데 말이다."

1) 칩 리즈(Chip Reese)

"나는 변호사가 되는 길과 프로 갬블러가 되는 길 중 하나를 선택해야 했는데, 이중 보다 영예로운 길을 선택했다(I had to make a choice between being a lawyer or a professional Gambler. I chose the more honorable of the two)."

칩은 변호사가 되는 길과 프로 갬블러가 되는 길 사이에서 고민한 적이 있었다.

이때 타고난 달란트를 주체하지 못한 그는 결국 승부사의 길을 택했다.

그는 포커의 세계에서 자타가 공인하는 세계 랭킹 1위로 평생을 살다간 유일한 존재였다.

나는 예전에 7일간 연속 게임을 해서 연속으로 크게 이긴 바 있다.

그렇다고 내가 랭킹 1위가 되는 것은 아니다.

세계 랭킹이라는 것은 그렇게 하루아침에 생겨나는 것이 아니다.

당시 그가 내게 붙여준 칭호가 바로 '미스터 트와이스(Mr. twice)'이다.

그는 세계대회에서 한 번도 우승해본 경력이 없었지만 그가 세계 랭킹 1위라는 것에 이의를 제기하는 사람은 아무도 없었다.

그 후 그는 5만 달러 바이 인 믹스게임 월드 시리즈 대회에서 우승한 바 있다.

나는 그와 7일간의 혈전을 치른 이후 서로를 인정해주며 절친이 되었다.

그는 체중과다로 위 절제 수술을 받은 후 급격한 체중 감소로 인한 심장마비로 사망했다.

2) 도일 브론슨(Doyle Brunson)

도일은 평소에 나에게 '포커는 전쟁이다 (Poker is war. People pretend it's a game)'라고 자주 말했다.

포커는 전쟁을 하러 나가는 것인데 사람들은 게임을 한다고 안이하게 생각한다며 자신이 생각하는 포커 게임의 정의를 내게 말하곤 했다.

그는 월드 시리즈를 2차례 우승한 경력을 가지고 있다.

특히 10-2s로 우승해 10-2s는 그의 심벌이 되었다.

내기 처음 만난 도일은 나를 비롯해 보는 포커 플레이어늘이 존경하는 하늘같은 존재였다.

포커의 바이블이라는 『슈퍼 시스템(Super System)』 책을 집필해 현재까지도 베스트셀러로 누적판매 1억 권을 넘어 매해 그 기록을 갱신하고 있다.

그는 나에게 사인한 책을 주며 그의 책을 공부하기를 권했고 나는 그 후 그에게 많은 가르침을 받았다.

나에게는 제2의 스승이라고 할 수 있다.

나는 아직도 그가 사인해준 책을 간직하고 있다.

내가 성공을 거둔 후 그는 나를 세계의 톱3인으로 인정해준 사람이다.

그는 언제나 사람들에게 지미 지미만이 자기 칩을 플레이해도 좋다고 항상 입버릇처럼 이야기하곤 했다.

게임이 안 풀릴 때는 항상 'Oh Boy' 하며 카우보이 모자를 벗는 버릇이 있다.

3) 스튜이 헝거(Stu Hunger)

내가 만난 포커 플레이어 중 세계 최고의 포커 달란트를 타고난 인물이 스튜이 헝거다.

그는 나와 3주 연속으로 헤드업 승부를 겨룬 적이 있었다.

내가 2주를 이기고 스튜이가 1주를 이겼으나 내가 이긴 액수는 겨우 1만 달러에 그쳤다.

결국 승부가 나지 않았다는 것이다.

그가 마약을 하지 않았다면 나는 절대로 그의 상대가 되지 못했을 것이다.

그가 태양이라면 나의 재능은 그저 반딧불 정도에 불과하다고 생각한다.

특히 노-리밋 분야에서의 그의 재능을 나는 감히 따라가지 못한다.

진검승부를 겨뤄본 톱프로들은 승패와 관계없이 서로가 서로를 인정하게 된다.

많은 사람들은 그를 월드 클래스 플레이어 반열로 인정하려 하지 않았지만 나와 도일 브론슨은 그를 세계 최고 반열의 플레이어로 인정했다.

현재까지 유일하게 월드 시리즈에서 세 번이나 우승한 경력을 가지고 있다.

앞으로도 절대로 불가능한, 깨질 수 없는 대기록을 세운 것이다.

나와는 둘도 없는 절친이었던 스튜이는 10여 년 전 마약 과다복용으로 젊은 나이에 안타깝게 세상을 떠났다.

4) 요시 나카노(Yosh Nakano)

1985년 처음 요시를 만난 후 나는 처음으로 세계 초일류의 벽을 느끼게 되었다.

요시는 그렇게 나로 하여금 은퇴를 생각하게 했던 인물이다.

당시 세계 랭킹 4위였던 요시는 자타가 인정하는 포커의 달인으로 소문이 자자했다.

그런 자신감 때문이었는지 그는 사기 포커 게임에도 잘 걸려들기도 했다.

포커를 잘하는 것과 속임수를 알아내는 것
은 또 다른 분야인 것이다.

내가 처음 만난 요시는 어깨를 무언가로 찍
어 누르는 느낌을 받게 하는 플레이어로 나
와의 공력 차이가 너무나 많이 났다.

요시 덕분에 나는 공부를 다시 시작했으며 내가 대성한 이후에는
그가 오히려 나에게 매년 50만 달러를 바쳤다고 고백했다.

지금은 비타민 사업을 하며 가끔씩 엘에이에서 게임을 즐긴다.

5) 자니 첸(Jonny Chan)

자니 첸은 중국 광둥성 광저우 출신으로 미
국으로 건너와 딜러 출신 프로 포커 플레이
어로 대성한 인물이다.

월드 시리즈를 두 번 우승했던 경력을 가지
고 있다.

내가 80년대 중반 나의 이름을 알리기 전까지 요시 나카노와 함께
동양인으로는 가장 강하고 유명한 플레이어였다.

맷 데이먼 출연의 영화 〈라운더스〉에 나오면서 세계적으로 무척 유
명해졌다.

그는 평소에 "포커는 장사와 같다(Poker is business)"는 말을 입버릇
처럼 했다.

노-리밋 게임에 특히 강하며 요즘은 마카오에서 게임을 주로 한다.

6) 단 즈윈(Don Zewin)

세계에서 가장 블러핑을 치기 어려운 사람을 꼽으라면 나는 단연 단이라고 말할 수 있다. 단에게 블러핑을 친다는 것은 계란으로 바위를 깨려고 노력하는 것과 같이 거의 불가능에 가깝다고 생각하면 된다.

그의 지론은 "오늘밤에 집에 가서 상대가 무슨 핸드를 가졌었는지를 고민하며 잠 못 이루는 것보다 실전에서 콜을 해 상대의 핸드를 보고 가야 잠을 편히 잘 수 있다"는 것이다.

한 번은 도일과 레이즈를 하며 엄청나게 큰판이 붙었는데 서로 플러시 드로우를 미스했고 결국에는 단이 J하이로 콜을 해 그 큰판을 이긴 적도 있었다.

단 J-9s 도일 5-6s flop 8d-3s-4s-4th, 5th Blank, Blank.

모두가 어이없어했다.

좀처럼 보기 드문 특이한 자신만의 스타일을 구사하는 월드 클래스 플레이어 중 하나이다.

지금도 라스베이거스와 엘에이를 오가며 활동하고 있다.

7) 제니퍼 하먼(Jennifer Harman)

포커 역사상 처음으로 노빌미 인정해준 현존하는 월드 클래스 여성 플레이어다.

예쁜 미모와 자그마한 체구에 앳된 얼굴, 그리고 흔들리지 않는 플레이가 강점인 플레이어다.

나의 경험상으로는 대체적으로 여성에게는 블러핑이 잘 통하지 않는다.

여성은 천성적으로 남자를 믿지 않아서 그런지도 모르겠다.

현재 도일이 생존하는 인물 중 유일하게 인정해주는 세계 톱3 중 한 사람이다.

8) 바비 볼드윈(Bobby Baldwin)

카지노 전문가로서 미라지와 벨라지오, MGM의 겸임 사장을 20년 넘게 아주 오랫동안 지낸 월드 시리즈 챔피언 출신이다.

큰 키에 잘생긴 얼굴 그리고 멋진 미소까지, 그러나 평소에는 별로 말이 없는 편이다.

A-A도 플롭을 보기 이전에는 올인을 하지 않아야 한다는 아주 조심성이 많은 플레이어다.

그의 이론은 플롭을 보기 전에 올인을 하면 필요할 때 중요한 판단을 할 수 없다는 것인데, 실제로 실전에서는 같은 A-A끼리 부딪쳐 플러시에 지는 경우가 종종 나오기도 한다.

9) 자니 마스(Johnny Mass)

예전에는 자니를 알지 못하면 노-리밋을 모르는 것과 같을 정도로 유명세를 탔던 인물이다.

포커가 대중화되기 이전의 사람으로 월드 시리즈 우승 경력을 가지고 있으며 내가 라스베이거스로 진출했을 당시에 포커로 가장 돈을 많이 번 5인 중 한 사람이었다.

A-10 off suit 핸드를 가장 좋아했던 사람으로, 지금도 A-10은 자니 마스라고 명명되고 있다.

10) 배리 그린스타인(Barry Greenstein)

배리를 처음 만난 곳은 산호세에 위치한 베이 101이란 카지노였다.

그와 게임을 한 것이 아니라 나는 그의 여자친구 미미와 함께 게임을 하고 있었다.

나를 모르는 미미는 나에게 정도 이상의 공격성을 보이며 액션을 크게 주어 큰판을 여러 번 내게 졌다.

플레이어 중 나를 알아보는 이가 없어서 어디서 호구가 하나 나타났나 보다 할 정도였다.

당시 나는 요시 나카노를 넘어 떠오르는 태양이라고 불리던 시절이었다.

화장실에 다녀오니 배리가 와 있었다.

나를 만나본 적이 없는 배리가 나의 인상착의를 보고 나를 알아보았는지 화장실을 다녀오니 다들 내가 누구인지를 알고 있었다.

배리는 UCLA를 졸업한 수학 천재로 유대계 천재 물리학자다.

산호세에서 처음 만난 이후 나하고는 오랫동안 게임을 같이 하며 친분을 쌓아 지금은 절친으로 지낸다.

토너먼트에서도 많은 우승경력을 가지고 있으며 우승한 돈은 전부 다 기부하기로 유명하다.

지금은 오렌지카운티에 있는 하와이안 가든 카지노에서 믹스 게임을 즐긴다.

11) 알치 카라스(Archie Karas)

알치는 다이스 하나로 아메리칸 드림을 이루고 다시 날려버린 포커 플레이어다.

알치는 당구 큐대 하나만 가지고 전국을 누비며 내기를 할 수 있는 당구의 허슬러다.

바비 볼드윈을 상대로 하룻밤에 50만 달러의 거금을 이긴 후, 바로 카지노 크랩 테이블에서 300만 달러를 이긴 것이 알치쇼의 시작이었다.

그는 6개월여에 걸쳐 무려 3,400만 달러를 이김으로써 역사상 카지노를 상대로 가장 많은 돈을 이긴 사람이 되었다.

다운타운에 위치한 호슈 호텔에서는 5천 달러 칩이 동이 나자 2만 달러짜리 칩에 그의 얼굴사진을 넣어 5천 달러 칩과 교환하는 해프닝까지 벌어졌다.

그 돈을 다시 날리는 데 걸린 시간은 겨우 일 년 남짓밖에 들지 않았다.

포커에서도 그의 이름을 딴 알치라는 게임이 있다.

12) 마이크 킴(Mike Kim)

마이크 김은 본시 필라델피아에서 태권도
도장을 운영하던, 나와는 막역한 동생이다.
90년대 들어 한국인으로는 유일하게 나와
함께 톱프로들과 게임을 오랫동안 같이한
믹스 게임 플레이어다.

독특한 특징은 없으나 전체적으로 게임을 안정적으로 운영하는 플
레이어로 도일 브론슨과의 친분이 두터우며 월드 클래스 플레이어
로도 손색이 없다.

13) 필 헬무스(Phil Hellmuth)

필 헬무스는 월드 시리즈를 두 차례 우승한
경력을 가지고 있다.
현재도 유튜브 출연과 칼럼 집필 등 활발히
활동하고 있다.
80~90년대 활동을 하면서 토드 브론슨과
함께 나를 자신들의 롤 모델로 여기며 나와 같은 플레이어가 되기
를 희망해서 대성한 인물이다.

80~90년도 당시에 나는 모든 젊은 포커 플레이어들의 우상이었다.
최근 필은 자신의 트위터에 "Mr. twice는 내가 제일 존경하는 캐시

게임 플레이어"라고 쓴 바 있다.

14) 필 아이비(Phil Ivey)

1990년대 후반에 혜성처럼 나타나 노-리밋 홀덤계를 휩쓴 인물이 필 아이비다.
칩 리즈가 세상을 떠난 후 도일이 인정해주는 톱 3인 중 하나다.
큰 덩치와 2미터에 육박한 큰 키 덕분인지 미성년 때부터 카지노를 출입했으나 아무런 제재를 받지 않았다.

내가 처음 만났을 당시의 실력은 아주 미약했으나 그 후 장족의 발전을 거듭하게 되었으며 어느새 포커계의 타이거 우즈로 최고의 플레이어가 되었다.

달란트가 있는 사람은 이렇게 시간과 관계없이 빠르게 성장할 수 있다.

다만 카드 센스라는 카드의 재능이 자신에게 있는지 없는지를 알지 못할 뿐이다.

그런데 포커의 달란트는 자신이 공부하고 실제로 시험해보기 이전에는 알 길이 없다.

15) 프레드 딥(Fred Deeh)

자그마한 제구의 필레스타인 출신으로 노-리밋에 특히 강한 월드 클래스 플레이어다.

예전에 런던에 게임을 하러 가며 10만 달
러짜리 자기앞수표를 가지고 갔다가 돌아
와서 FBI에 외환 관리법 위반으로 체포된
적도 있었다.

팔레스타인 출신이라 테러리스트에게 주
는 자금인 것으로 오해를 산 적이 있어 결국은 도일과 내가 법정에
나가 그의 무죄를 증언한 적도 있었다.

올 어라운드 믹스 게임 플레이어(All Around Mix Game Player)로 토너먼
트에서도 좋은 성적을 거뒀다.

16) 마크 와이즈맨(Mark Wiseman)

80~90년대, 2000년대 이름을 날렸던 월드 클래스 플레이어다.

모든 게임에 능통하며 전체적으로 밸런스가 잘 잡혀 있는 플레이어
로 블러핑이 잘 통하지 않는 플레이어 중 하나다.

유대계로 천재 중의 천재지만 당시 25전 하는 캔디 하나의 값을 몰
라 언제나 백 달러짜리로 지불하는 친구다.

천재는 이렇게 자신이 관심이 없는 부분에는 너무나 무관심하여 아
예 상식 밖의 생각이나 이야기를 하는 경우를 흔히 볼 수 있다.

대표적인 예로는 소파를 사러 가서 얼마나 되는지를 묻고는 돈을
바로 지불하고 모양이나 색상도 고르지 않고 그냥 나가 세일즈맨을
당황시키기도 하였다.

85년 내가 처음 만났을 당시 하루에 만 달러 이상을 이기기가 힘들

다고 불평하는 것을 들을 수 있었다.

라스베이거스에 다닐 때는 일반 여객기는 번거롭다고 늘 자신의 자가용 비행기를 직접 몰고 다니기로도 유명했다.

17) 엘리 엘레즈라(Eli Elezra)

내가 처음 그를 만난 것은 1985년 라스베이거스에서였다.

당시에 그는 라스베이거스에서 큰 가구점을 두 곳이나 운영하고 있었는데, 언제나 집사람과 같이 카지노에서 게임을 즐기는 아마추어 플레이어 정두였던 것으로 기억된다.

처음에는 큰돈을 많이 잃었지만 언제나 월드 클래스 플레이어들과만 큰 게임을 하면서 실력도 빠르게 향상되는 것을 볼 수 있었다.

그는 유대인 특유의 명석한 두뇌와 남의 장점을 스펀지처럼 빨아들이는 카드 센스를 지녔다.

그래서 배짱이 남보다 뛰어나게 좋다는 점이 큰 장점이다.

18) 데이비드 추(David Chiu)

데이비드는 모든 게임이 평준화되어 있어 안정된 게임을 구사하는 월드 클래스 플레이어다.

노-리밋도 특히 깅하며 6.5 대 1의 칩 치이를 극복히고 기스 핸슨(Guss Hanson)을 이겨 우승한 경력도 가지고 있다.

나의 절친 중 한 사람이며 오랜 동안 캘리포
니아 플레이어로 같은 동네에 함께 살았다.
서로가 무슨 패를 가졌는지를 너무 잘 아는
관계로 둘만 남으면 액션을 서로 주지 않
았다.
참으로 여러 가지로 배울 점이 많은 좋은
플레이어로 기억한다.
지금은 중국에서 활동하고 있다고 들었다.

19) 앤디 블로치(Andy Bloch)

MIT 블랙잭 팀(Black Jack Team)의 일원이었던
그는 라스베이거스 카지노를 상대로 250
억 원을 이겼는데 이것이 〈movie21〉이란
영화로 만들어져 블랙잭을 좋아하는 모든
이에게 신선한 충격을 주었다.
결국은 카지노가 블랙잭 카운터라는 것을
알아내게 되면서 포커 플레이어로 전향한 천재다.
노-리밋 포커에서도 상당한 성공을 거두었다.

DEAD MANS HANDS
죽은 자의 핸드

A, 8 off suit 이야기는 예전 서부시대 때의 일이다.

바에서 게임을 하던 플레이어가 문을 열고 들어온 건맨의 총에 살해되는 일이 있었다.

그의 손에는 A, 8이 들려 있었다.

그래서 A, 8에 붙여진 이름으로, 포커를 할 때에는 문을 등지지 말라는 속설로 지금까지 전해지고 있다.

나의 이야기(STORY OF MY LIFE)

나는 6·25 전쟁 중에 아버지를 여의고 피난길에 유복자로 태어났다.

나의 어머니께서는 핏덩이를 안고 그저 울기만 하셨다고 한다.

당시 어머니는 나이 30세에 아이가 나까지 넷을 두었다.

나도 젊어서 아버지처럼 요절할 수도 있겠다는 생각을 하신 어머니는 나에게 자신을 지킬 수 있고 살아남는 데 필요한 모든 것을 가르치기 시작하셨다.

어머니는 재물은 물려줘도 잃어버릴 수도 있고 남이 도둑질할 수도 있으나 너의 머릿속에 있는 것은 도둑질할 수 없다는 지론으로 나를 가르치기 시작하셨다.

어려서는 나는 그런 어머니가 정말 싫었다.

친구들은 밖에서 뛰어 노는데 나는 언제나 레슨 가방과 도복을 들고 다니며 하루를 보냈다.

먼 훗날 철이 들어 어머니의 나에 대한 특별한 교육 열정이 내게 필요한 재능을 가르치게 하신 것이라는 사실을 비로소 알게 되었다.

그래서 어려서부터 내가 배운 것은 바둑을 비롯하여 태권도의 전신인 수박도, 바이올린, 피아노, 기타, 수영, 탁구, 스피드 스케이팅, 소림쿵푸 등 10여 가지에 이르게 된다.

개중에는 내가 프로의 경지에 다다른 것도 예닐곱 가지나 되었다.

어려서는 장난만 매우 심했고 성격도 몹시 급했으며 하여튼 말썽꾸러기로만 살았다.

나는 천재도 아니고 그냥 어머니로부터 어려서부터 스파르타식 교육을 받아 프로정신이 남보다 강했던 것 같다.

하여튼 나의 어린 시절은 이렇게 지나갔다.

1984년, 나에게는 일생일대 위기의 순간이 있었다.

하루는 집에 들어가려는데 열쇠가 맞지 않았다.

아이들이 열쇠를 잃어버려 바꾸었다는 것인데 내게는 새 키를 주지 않는다.

나가라는 이야기 같았다.

그렇게 나에겐 이혼이란 아픔이 찾아왔다.

집사람이 아이들을 키우겠다니 돈이 필요할 것 같아 나는 그냥 그렇게 집을 나섰다.

무일푼으로 홀로 되는 과정을 겪으며 나에게는 나 자신을 돌아볼 수 있는 기회가 되었다.

처음에는 죽어버리려 했지만 아이들에게 아버지가 자살했다는 상처를 줄 수가 없어 그 또한 할 수 없었다.

굶어죽으려고 했지만 그 또한 쉽지 않았다.

체중만 형편없이 줄었지 죽는 것까지는 머나먼 이야기였다.

사람이 소식하고 굶는다고 죽는 것은 아니었다.

내가 좌절을 딛고 다시 일어나야 한다는 결심을 하게 되기까지는 두 가지 동기가 있었다.

누나네 갔더니 "이혼한 동생이 집에 와 있는 것은 아이들 교육상 안 좋다고 하더라"라는 말을 들었다.

나는 너무나 부끄러워 쥐구멍이 어디 있나 한참을 찾았다.

한국에 오니 어머니가 "서른이 넘은 놈이 왜 나한테 객이 되어 왔느냐"며 가방을 마당에 집어던지신다.

하여튼 나의 프로 생활은 그렇게 시작되었다.

처음 석 달 동안 마련한 1600달러를 들고 장사할 밑천으로 5천 달러를 마련해보려는 조급한 마음에 카지노를 갔다.

첫날 900달러를 잃고 너무나 실망할 수밖에 없었다.

내 전 재산의 60%를 잃은 것이다.

20시간을 잔 후 곰곰이 생각해보니 현장을 떠나 카드를 안 해본 지가 5년이 지나 실전감각을 잃었으며 지금도 턱없이 부족하다는 것을 알았다.

다음 날 카지노에 갔는데 도무지 싸울 패가 들어오지 않았다.

블라인드로 550달러가 속절없이 나가고 150달러만 남아 있어 빅 블라인드가 오면 일어나려고 하는데 모처럼 좋은 패가 들어와 이기 게 되었다.

그날부터 매일 하루도 빠지지 않고 천 달러씩을 이기니 한 달 후에 는 3만 달러가 되었다.

카지노 매니저가 예전에 게임을 같이하던 친구라 나의 곤란한 처지 를 이야기하고 카지노에서 고용하는 연봉 7만 5천 달러를 받는 하 우스 플레이어가 되었다.

5천 달러만 모으면 스왓밋에 가서 장사를 해야겠다는 꿈은 나에게 서 어느덧 멀어지고 있었다.

승부사가 승부를 할 때는 긴장을 늦출 수 없는 무언가 가슴을 항상 누르는 듯, 피 말리는 긴장의 순간이 연속하여 생긴다.

큰 게임을 하다 보면 매일 큰돈이 왔다 갔다 하는 것도 그렇지만 경 계를 늦추면 언제 누구의 습격을 받을지 모르기 때문에 항상 쉬지 않고 모든 상황에 대하여 관찰하며 대비하는 것이 습관처럼 몸에 배어 있게 된다.

승부를 할 때는 뼈를 깎는 듯한 아픔을 겪으며 좋은 패도 내려놓아 야 하는 경우도 생기며, 승부할 찬스라고 생각되면 뼈를 묻을 가오 로 올인을 하며 한 마리의 승냥이가 되어 승부를 볼 때가 있다.

승부사가 되면 언제 어디서 자신의 뼈를 묻을지도 모르는 승부를 거의 매일 하게 된다.

포커 게임에서는 자기 자신을 벼랑 끝으로 밀어 넣고 죽기 살기로 승부할 때가 많이 있고 그런 일은 매일 지속되는 일과 중 하나다.

안전한 상황만 연출하려 하면 크게 재미 볼 수도 없고 또 한 분야의 대가가 될 수도 없다.

실력 차이가 거의 없는 대가들과의 싸움은 피 말리는 승부를 어떻게 하나하나 이겨내고 또 어떻게 강심장이 되어 표정 없는 포커페이스가 되어 버텨내느냐는 것인데, 이는 자신의 담력에 의지하는 수밖에는 없다.

평소에 준비가 없는 배짱은 만용이라 하며 준비가 되어 있는 담력은 실력으로 쌓이게 된다.

순간의 결정은 어려우며 그 모든 결과는 자기 자신이 지게 된다.

실패의 원인을 남에게 돌리거나 남에게서 찾는 것은 소인배가 하는 일이다.

성공한 사람은 실패도 하기 마련이다.

실패 한 번 없이 성공한 사람은 그만큼 위험하다는 뜻도 된다.

나는 실패란 우리를 성장하게 하는 가장 값비싼 교육 중 하나라고 생각한다.

나는 나의 책을 읽는 여러분이 실패를 두려워하지 말고 실패를 기회로 또 실패를 교훈으로 완전히 자기 것으로 만들 수 있는 슬기로운 사람이 되기를 바란다.

시간을 가지고 또 인내를 가지고 항상 노력하는 플레이어가 되기를 바란다.

어려서 나에게 교훈이 된 문구 중에는 "로마는 하루아침에 이루어지지 않는다(The Rome Is Not Built In a Day)"란 말이 있다.

'내가 만약 인생을 다시 살 수 있다면(IF I HAD MY LIFE TO LIVE OVER)' 그때도 다시 한 번 뜨거운 승부를 하리라는 마음가짐이 중요하다.

WORLD SERIES OF POKER

WSOP 월드 포커 시리즈

세계의 포커 시장은 최근 들어 나날이 커져가고 있다.

미국에서는 방송국마다 저녁이면 시청률이 높은 포커 게임 라이브 방송을 한다.

Game After Dark, Hi Limit Poker, Hi Steak Poker 등 ESPN을 비롯한 수많은 채널들에서 라이브로 방송을 한다.

방송에 따라 조금씩 다르지만 50만 달러 바이인 리 바이도 가능한 게임으로 진행된다.

인터넷 카지노에 위기를 느낀 라스베이거스 카지노들은 정부를 부추겨 미국에서 인터넷 카지노에 접속할 수 없도록 새 법을 만들어 지난 부시 대통령 시절 미국 내 인터넷 카지노를 불법화시켰다.

하지만 지금은 지역별로 인터넷 카지노가 성행하고 있다.

그런데 내가 본 당시의 월드 시리즈는 충격 그 자체였다.

본시 포커 챔피언 대회는 오래전부터 있어왔지만 그 규모도 작고 우승 상금도 최고 백만 달러로 당시 큰 게임을 주로 하는 우리들에게는 보잘것없는 정도였다.

그래서 나는 캐시 게임을 위주로 하고 시합은 등한시해온 것이 사실이다.

그런데 2003년 머니 메이커(Money Maker)라는 무명선수가 WSOP 우승으로 화려하게 등장해 하룻밤에 스타로 발돋움해서 모든 아마추어 선수들에게 선망의 대상이 되었다.

인터넷에서 20달러 참가비를 내고 참가한 선수가 1만 달러 승자가 되어 또다시 250만 달러의 상금을 거머쥔 세계 챔피언에 오르는 영광을 안은 것이다.

최근에는 상금의 규모가 무려 120억을 호가하는 것도 있어 골프나 다른 스포츠 상금보다 월등히 많아 팬들이 나날이 늘어가고 있는 실정이다.

작은 대회 상금도 우리 돈으로 10억 원이 넘으며 1만 달러나 하는 참가비를 내고도 8800명이란 사람들이 참가하기도 했다.

주최 측이 주최비 명목으로 그중 6%인 약 500만 달러를 떼고도 나머지 총 상금이 약 8300만 달러나 되었다.

한화로는 총 상금의 규모만 996억 원이다.

포커 스타(Poker Star)라는 한 인터넷 사이트는 테이블에 회사의 이름(로고)을 넣어 광고하는 조건으로 1억 5천만 달러를 지불했고 ESPN은 방영권으로 1억 달러를 지불했다.

TV 시청률 또한 매우 높아 포커 시합 재방송이 미국에서 가장 인기 있는 아이스하키 결승전보다도 더 높아 방송국이 쾌재를 부르고 있다.

미국에서는 연 300회 이상을 ESPN에서 방영하고 있다.

포커 시장의 인기가 이와 같으니 매일 포커를 배우는 사람과 팬들이 늘어나고 있어 포커 시장은 갈수록 커져만 가고 있다.

포커 열풍에 예전에는 라스베이거스의 소수 특정호텔에만 있던 포커 룸을 지금은 모든 호텔들에서 신설했다.

월드 시리즈 때는 대회가 50일 정도 열리는데 이 기간에 매우 다양한 규모의 시합이 열린다.

참가금이 1500달러부터 5만 달러까지 다양하다.

현재 월드 시리즈 포커 대회를 주최하는 호텔은 매년 봄과 겨울 두 번에 걸쳐 주최하고 있는데 봄에 하는 대회 수익금만 5억 달러를 크게 상회하는 실정이다.

나도 매년 약 두 달간 라스베이거스에 머물며 대회에도 참가하고 사이드 게임(cash games)을 한다.

이때 많은 친구들과 만나 인터넷 시장의 미래에 대해 의견을 나누는 기회를 갖는다.

CASINO
카지노 소개

카지노라는 말은 1800년대 casa라는 이름에서 유래되었다.
이태리어로는 '작은 집'이라는 뜻이다.
유럽에서 왕정의 재정을 충당하기 위하여 만들어진 귀족들의 놀이
장소가 어원인 것이다.
카지노는 미국으로 건너와 기업적인 가치로 꽃을 피우게 되는데,
서부개척 시절에는 선상 카지노가 미시시피 강을 왕래하는 200여
척의 유람선에서 운영되었으나 당시에는 바에서 카드놀이를 하는
수준이었다.
그러던 것이 네바다 주의 라스베이거스가 도박을 합법화하면서 서
서히 꽃을 피우게 된다.

1) 세븐 럭 카지노(G.K.L)
롯데호텔에 위치한 세븐 럭 카지노는 필자가 1984년 6월 관광공
사의 초청을 받아 영업이사로 재직하며 경영에 참여하여 1985년
1월 3일 오픈하게 되었다.
그렇게 세븐 럭을 만들었고 딜러들의 교육도 담당하였으며 세븐 럭

이라는 이름도 내가 지었다.

그러고는 퇴사하여 대학으로 가 광운대학교와 세종대학교에서 서비스산업과 카지노산업 경영에 대하여 강의하며 후학을 키웠다.

2) 벅시(Bugsy)

카지노를 합법화한 네바다 주를 중심으로 모하비 사막에 카지노가 들어서기는 했지만 그 수준은 아주 미미한 정도였다.

라스베이거스를 이야기하자면 벅시를 빼놓을 수 없다.

카지노에 현대식 규모의 투자를 처음으로 한 사람이 벅시다.

동부를 다녀오던 벤 시걸(벅시의 본명)이 이곳에 카지노를 짓는다면 대박이 날 것이라며 플라밍고 호텔을 오픈하게 된다.

벅시는 본시 미피이의 중긴 보스 급으로 익행만 주토 일삼던 사람이었다.

캘리포니아에 다니러 온 벅시는 사교클럽에서 만난 버지니아 힐을 몹시 사랑하게 되는데 플라밍고란 이름은 버지니아 힐이라는 여자 친구의 다리가 플라밍고처럼 날씬하고 예쁘다고 해서 붙여진 이름이다.

벅시가 뉴욕 마피아들을 설득해 10만 달러씩의 투자를 받아 100만 달러의 투자금으로 짓기 시작한 플라밍고 호텔은 결국에는 600만 달러를 들여 완성하게 된다.

당시 비버리힐 저택이 4~5만 달러밖에 안 되었을 때니 600달러를 사막에 투자했다는 것은 벅시의 추진력이 없으면 도저히 할 수 없는 일이었다.

벅시의 본명은 벤 시걸이다.

사람들은 악행으로만 이름 높은 그를 무척이나 싫어했다.

그의 별명 벅시의 벅(bug)은 영어로 벌레라는 뜻으로 그의 라스트 네임의 S를 조합해 벅시라고 부른 것이다.

벤은 벅시라는 별명을 지극히 싫어했다.

아무튼 대박이 날 것이라 예상하고 크리스마스 날 오픈한 플라밍고 호텔에는 첫날 폭우가 쏟아져 한 사람의 손님도 없이 종사자만 카지노를 지키게 되었다.

그리고 이때 벅시가 자신의 최후를 맞이하리라는 것은 그도 몰랐다.

호텔을 짓는 과정에서 벅시의 애인인 버지니아 힐이 200만 달러를 스위스은행에 빼돌린 것을 마피아가 알게 되고, 벅시가 시킨 것이라고 생각해 마피아는 벅시를 살해하게 된다.

결국 벅시는 비버리힐 자택 응접실에서 기관총에 맞아 비참한 최후를 맞고 만다.

그의 일생을 그린 영화도 여러 편 나와 있다.

벅시의 사후, 결국 호텔은 성황을 이뤄 1억 달러의 수익을 올리게 된다.

돈세탁이 가능하고 황금 알을 낳는 거위라는 소문이 퍼지면서 뉴욕과 시카고의 마피아들이 앞 다투어 라스베이거스 카지노에 투자함으로써 지금의 현대식 라스베이거스가 탄생하게 된 것이다.

네바다 주의 카지노 법령에는 카지노 리이선스 허가는 카지노 처고 운영지기 주지사를 직접 민담하여 4년마다 갱신하게 되어 있다.

주지사 산하에는 게이밍 컨트롤위원회라는 곳이 있고 약 400여 명의 직원이 근무하고 있다.

여기서는 카지노의 불법자금 조사, 운영, 서비스, 설비, 룸 상태 등을 점검하여 불법자금의 카지노 유입을 철저히 막고 있다.

그래서 1970년대 중반 라스베이거스의 카지노가 투명화되면서 검은돈의 유입을 적극적으로 막자 마피아는 라스베이거스에서 철수하게 되고 힐튼그룹이 플라밍고 호텔을 인수해 플라밍고 힐튼이라고 개명하게 되었고, 이 호텔은 지금도 라스베이거스 스트립과 플라밍고 로드가 만나는 곳에 있다.

결국 버지니아 힐은 메이어 랜스키에게 일주일 후 돈을 돌려주게 되며 오스트리아에서 여생을 보내다 결국은 노년에 자살하고 만다.

3) 하워드 휴즈(Howard Hughes)

하워드 휴즈는 록펠러에 버금가는 미국 최고의 재벌로서 어느 날 라스베이거스를 지나다 방을 요구하게 되는데 허름한 옷차림을 본 매니저가 퉁명스럽게 방이 없다고 거절한다.

그러자 휴즈는 매니저를 해고시키기 위해 한밤중에 주인을 찾아 호텔을 사들이고 아침에 매니저를 해고시키면서 카지노 사업에 뛰어들게 된다.

이 호텔이 바로 프론티어 호텔이다.

그는 라스베이거스 스트립의 요지에 위치한 큰 땅을 거의 다 사늘여 소유하게 되었으며, 마피아들은 그의 땅을 구매하여 카지노를 짓기 위하여 공갈과 협박 그리고 살해 위협까지 했으나 그는 굴하지 않았다.

그는 경호원으로 FBI와 CIA 출신들로만 50여 명을 고용하기도 하였다.

지금의 미라지 호텔, 벨라지오 호텔, 트레저 아일랜드 호텔, 몬테칼로 호텔, 뉴욕 MGM 등이 다 그의 소유였다.

그는 수많은 일화를 남겼는데, 치과를 방문했다가 간호사의 아름다운 가슴에 반하여 결혼까지 하게 된다.

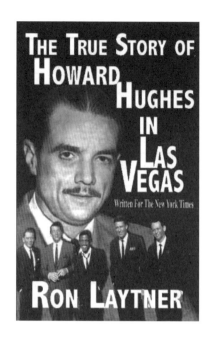

그리고 그녀의 아름다운 가슴을 돋보이게 하기 위하여 그가 창안하여 만든 것이 바로 현대의 여성들이 현재 사용하고 있는 브래지어다.

그는 젊은 시절 영화계를 주름잡으며 수많은 여배우들과 염문을 뿌린 것으로도 유명했는데, 그의 일생은 레오나르도 디카프리오가 주연한 영화 〈에비에이터〉로도 우리에게 잘 알려져 있다.

휴즈는 당시 미국 최대의 휴즈 항공사를 소유하였고 비행기 제작을 좋아하여 언제나 자사에서 처음으로 만든 초음속 제트기를 직접 시운전하기도 하였다.

한 번은 시운전 중 힐리우드 뒷산에 추락하는 사고를 당하기도 했다. 지나가던 해병이 달려가 구조하여 목숨은 건졌으나 이때 크게 화상을 입었다.

이후 그는 대인기피증에 시달리며 평생을 홀로 보내게 된다.

할리우드의 사교계를 주름잡던 시절을 멀리하고 라스베이거스 호텔에서 은둔 생활을 하며 여생을 마치게 되는 것이다.

사망 시 그의 체중은 191cm 키에 39kg밖에 나가지 않았다고 한다.

아무튼 그를 위시해서 기업인의 투자가 카지노에서 큰 성공을 불러오자 많은 기업인들이 본격적으로 카지노 사업에 뛰어들면서 지금의 라스베이거스가 탄생하게 된다.

4) 스티브 윈(Steve Wynn)

라스베이거스를 패밀리 리조트로 현대화시킨 일능공신은 나쁜 스티브 윈이다.

그는 이곳에 참신한 아이디어와 천문학적인 투자를 아끼지 않으며 최고급의 진가를 관광객에게 계속하여 보여주며 급성장시킨다.

그는 다운타운에 있는 골든너겟 호텔을 리모델링하여 성공을 거둔 것을 시작으로 미라지, 트레저 아일랜드, 몬테칼로, 벨라지오, 더 윈스, 앙코르 등으로 카지노의 고급화에 앞장선 인물이다.

그는 명화 수집광으로도 유명한데 피카소의 작품을 팔꿈치로 치는 바람에 찢어져서 수리하는 일까지 있었다.

그는 피카소가 값싼 도화지에 그림을 그려서 찢어졌다고 불평하며 수십억을 들여 수리했다고 한다.

흥분하면 눈이 안 보이는 희귀병을 앓았는데, 안타깝게도 자신이 설계하고 구상한 호텔이 오픈하는 날 그 멋진 광경을 실제 자신의 눈으로 보지 못했다고 한다.

5) 오스카 굿맨(Oscar Goodman)

라스베이거스 현대화에 큰 밑그림을 그리고 완성시킨 사람은 오스카 굿맨 시장이다.

1970년대에 마피아들이 라스베이거스에서 철수할 때 라스베이거스에 남아 마피아의 고문변호사 출신이었음을 밝히고두 시장에 당선되었디.

그는 테마가 있는 호텔만을 허가

하며 라스베이거스를 도박의 도시가 아닌 패밀리 리조트로 변화시키는 데 성공하였다.

90세가 넘도록 다선에 성공했으며 술을 마시지 못해 우유로 건배한 사람으로도 유명하다.

실제 라스베이거스에서 올리는 도박 수입은 라스베이거스 전체 수입의 15%밖에 되지 않는다.

컨벤션이 카지노 수익의 두 배에 달하며 쇼핑은 3배에 달한다.

6) 마카오(Macau)

마카오는 스탠리 호의 독점 경영과 서비스 부재로 카지노 고객들의 외면을 받아 쇠퇴의 길을 걷다가 2003년 라스베이거스에 마카오의 카지노 시장을 개방하면서 다시 부흥한다.

이때 금사(Sands) 호텔의 개점을 필두로 하여 여러 카지노 업체의 투자를 받으면서 라스베이거스를 능가하는 지금의 면모를 갖추게 되었다.

현재는 거대한 중국 시장을 발판으로 라스베이거스의 7배의 매출 규모를 자랑하며 성장한 상태이다.

그리하여 마카오는 카지노 매출이 마카오 시 전체 수입의 90%를 차지하는 반면 라스베이거스는 카지노 매출이 시 전체 수입의 15% 가 채 되지 않는다.

7) 블랙잭(Black Jack)

블랙잭의 원래 이름은 '쉐밍데혜'라는 프랑스 게임으로 2차 세계대전이 끝난 후 유럽에서 돌아온 군인들로부터 전해졌고 미국에서 약간의 교정을 거쳐 발달하였다.

블랙잭에 대하여 나는 2005년 7월 책으로 낸 바 있다.

토롭(Edward O. Thorp) 교수의 이론과 나의 경험을 바탕으로 쓴 것이다.

토롭은 UCLA에서 수학박사를 받고 MIT 교수로 재직하던 중 블랙잭에 심취해 블랙잭을 이기는 방법을 연구해 발표하기에 이른다.

사람들이 의구심을 갖자 그를 믿고 투자한 스폰서와 함께 라스베이거스에서 카지노를 이기는 법을 실제로 증명함으로써 그의 책은 당시에만도 70만 부가 넘게 팔리는 베스트셀러가 되었다.

그 후 그는 라스베이거스보다 더 큰 시장이 뉴욕 월가에 있다는 것을 알고 월가도 수학의 원리로 점령하게 된다.

토롭은 당신 같은 천재가 왜 돈이 없느냐는 말에 심기일전해서 유일하게 양쪽을 다 섭렵하며 세상에 이름을 알리게 된다.

블랙잭은 포커에 비해 너무 쉽고 싱거워 나는 블랙잭을 별로 즐겨 하지는 않는다.

블랙잭은 플레이어가 카지노를 이길 수 있는 유일한 게임이다.

지극히 간단한 게임으로, 2, 3, 4, 5, 6은 로우 카드로 계산되고 10, J, Q, K는 하이 카드로 계산되어 로우는 +1이 되며 하이 카드는 −1이 되며 7, 8, 9, A는 0이 된다.

7, 8, 9, A는 그냥 무시해도 된다는 뜻이다.

단 A는 1이나 11로 사용할 수 있는 와일드카드이기 때문에 몇 장이 살아 있는지는 항상 염두에 두고 있어야 한다.

플러스가 많아질 때에는 하이 카드가 많이 살아 있다는 뜻으로 플레이어가 유리하다는 뜻이 되며 플러스가 작아질 때나 마이너스가 많아질 때는 작은 카드가 데크 안에 많이 살아 있어 플레이어가 버스트가 날 수 있는 확률이 높아지므로 카지노가 유리해진다는 뜻이 된다.

플레이어가 버스트가 나면 카지노가 무조건 이기는 것이 카지노가 유리한 조건이며 플레이어는 두 장의 카드로 블랙잭이 나오면 1.5배를 받게 되는데 이 부분이 카지노보다 유리한 조건이다.

이외에도 스플릿하는 요령, 보험, 승부호흡, 베팅의 요령 등 더 배울 것이 많지만 이 공식만 알아도 블랙잭의 반은 터득했다고 보면 된다.

카지노에서 플레이하는 방식에는 싱글 데크, 더블 데크, 그리고 6데크가 있다.

카드롤 계산은 앞서 이야기한 것과 똑같은 방식으로 하며 변화되는 것은 아니다.

블랙잭에 관한 책은 지금은 절판되어 시중에 없지만 조만간 다시 출간할 예정이다.

EPISODE

에피소드

오랫동안 포커 세계에 몸을 담고 게임을 하다 보면 세상에 온갖 다양한 직업을 가진 사람들을 만나면서 새로운 세상을 경험하게 되며 때로는 수많은 사연과 웃지 못할 일도 많이 겪게 된다.

실로 포커의 세계에서는 각계각층의 수많은 부류의 사람들도 만나게 된다.

포커 판에서 일어난 일들만 서열한다면 책으로 수십 권을 쓰겠지만 나는 그날 벌어졌던 일은 카지노 문을 나서는 순간 대부분 거의 다 잃어버리는 습성이 있다.

나의 작은 머리 용량으로는 그 많은 일들을 다 기억한다면 머리가 터져버리기 때문에 꼭 필요한 것만 기억하고 나머지는 기억하지 않으려는 것이다.

84년 이혼의 아픔을 딛고 내가 포커로 다시 재기를 꿈꾸던 시절에 내 호주머니에는 1달러가 있었다.

84년 28만 5천 딜리, 05년 58만 달러를 벌고 나서 내가 2년 만에 세계에서 200위권 안의 플레이어가 되었다고 생각한 적이 있었다.

내가 그렇게 생각한 이유는 캘리포니아에서 최고로 버는 플레이어가 50만 달러를 벌었는데 그나마 그들은 대부분이 타짜나 속임수의 대가들이었고 승부사로서는 내가 처음으로 그들을 능가하는 수입을 올렸기 때문이었다.

85년 말 캘리포니아 카지노에 처음으로 스터드(stud)와 텍사스 홀덤 (texas hold'em)이 합법화되었다.

라스베이거스에 거주하던 세계적인 선수들이 상대적으로 약하고 쉬운 먹잇감이 많은 엘에이로 대거 몰려들었다.

그들과 처음으로 마주친 나는 곧 그동안 내가 생각하였던 나의 실력에 대한 의구심을 갖게 되었다.

그들의 출현은 세계 200위권에 들어왔다고 생각하고 있던 나에게는 너무 크나큰 충격으로 다가왔다.

내 위에는 수많은 고수들이 존재한다는 것을 처음으로 알게 되었고, 실제로 내 눈으로 보게 되었다.

나의 랭킹이 2천 등인지 2만 등인지조차도 자신이 없어졌다.

아마 그것보다도 훨씬 낮았을 것이다.

우물 안 개구리(A big fish in the small pond)가 동화 속에서 나오는 이야기가 아니고 바로 나 자신이었다.

캘리포니아라는 큰 우물이 나를 가두고 있었던 것이다.

그들과 매일 부딪친다면 1년도 못 가 거지가 될 것은 너무나 자명한 사실이었다.

당시 세계 랭킹 4위인 요시 나가노를 만난 섯노 이 부럽었다.

그들을 피해 다니며 예전처럼 게임을 한다면 먹고사는 문제는 해결

되겠지만 나에겐 여간 자존심이 상하는 일이 아니었다.

지금 생각하면 나에게는 불행과 행운이 한꺼번에 찾아온 순간이었다.

불행이란 세계적인 선수들과 매일같이 함께 게임을 해야만 한다는 것이고, 행운은 그들의 장점을 한 곳에서 한꺼번에 배울 수 있다는 것이었다.

탤런트란 부모님께 물려받는 것이기보다는 자기가 공부하고 연마하여 만들어가는 것이라고 생각하고 나는 다시 공부를 시작했다.

그리하여 칩 리즈, 도일 브론슨과 더불어 87년 '포커의 3대 신'이라는 명성을 얻으며 대성하기에 이른다.

Las Vegas, 2006

"포커, 절대로 하지 마라."
차미수(Mr twice)

CHAPTER 5

가슴에 새겨야 할
포커의 기본

1

승부에 집착하는 아마추어,
게임을 즐기는 프로

나는 프로 기사이자 프로 갬블러다.

두 개의 직업을 가지고 있다는 말이다.

알다시피 프로(professional)라는 단어는 두 가지 뜻을 함축한다.

하나는 직업인이요, 다른 하나는 그 분야의 전문가다.

한데 이 세상에 수만 가지 종류의 직업이 있다지만 그 많은 종류의 직업이 다 전문성을 필요로 하는 것은 아니다.

반드시 전문가여야만 할 직업은 따로 있다.

그 중에서 프로 기사와 프로 갬블러는 전문가만이 가질 수 있는 직업 가운데서도 아주 특이한 직업에 속한다.

전문가만이 가질 수 있는 대부분의 직업은 대중성과는 거리가 멀거나 일반 대중이 쉽게 접근할 수 없는 것들이다.

이에 반해 바둑이나 포커는 관심을 가지고 기초적인 요령만 터득하면 누구나 할 수 있고 즐길 수 있는 게임이다.

인간이라면 누구나 이기려 하고 지는 것을 싫어한다.

바둑이나 포커는 인간의 그 원초적 욕구를 자극하는 '승부의 세계'다.

프로가 되기를 원하는 사람들에게 활짝 문호가 열려 있는 것이 이 세계이지만, 원한다고 해서 누구나 프로가 될 수는 없는 것이 바둑이요, 또한 포커의 세계다.

대개의 경우 일정한 액수의 돈이 걸려 있고, 승자와 패자로 확연히 갈리는 승부의 게임이 바둑이고 포커다.

그런데 바둑이나 포커 판에 임하는 프로와 아마추어의 입장에는 확연한 차이가 있다.

우선 아마추어들은 돈을 따기만 하면 소기의 목적을 거뒀다고 할 수 있다.

하지만 프로의 경우에는 승부의 결과와는 상관없이 그 한 판은 시작일 수도 끝일 수도 없다는 점이 중요하다.

승리했든 패배했든 간에 상관없이 프로에게 한 게임 한 게임은 전문가로서 혹은 직업인으로서 언제까지나 그에게 소중한 경험 혹은 귀감으로 남아 있게 된다.

프로 기사나 프로 갬블러들에게 바둑이나 포커는 교감(交感)을 나누는 생명체다.

언제나 이것을 자신의 편이 될 수 있도록 구슬리고 다독거릴 수 있어야 한다는 것이다.

만약 여러분이 바둑이나 포커를 단순한 놀이로만 치부해 마구잡이식으로 대한다든가 거칠게 다룬다면 여러분은 그것만으로도 프로로서의 자식을 상실한 셈이나.

그렇기 때문에 바둑이든 포커든 그것을 내 편으로 만드는 것이 이기느냐 지느냐 하는 승부의 결과와 긴밀하게 연관돼 있다.

하지만 반드시 이겨야만 하고 승리만 해야 즐거운 것은 아니다.

내용에 따라서는 이기고도 즐겁지 않은 게임이 있는가 하면, 지고도 즐거운 경우가 있다.

나는 피아노, 바이올린, 기타 등 악기와 함께 소림 풍후, 당수를 배워 체력을 단련했고, 여섯 살 때부터 바둑을 배우기 시작해 기력을 급격하게 성장시켰다.

이 모든 것은 나 자신이 선천적으로 승부사적 기질을 타고난 덕이기도 하지만, 무엇보다 이 어지러운 세상을 혼자 힘으로 헤쳐 나가도록 승부 근성을 몸에 배게 한 어머니의 덕이다.

6·25 전쟁이 일어나기 전까지만 해도 우리 집안은 서울시청의 토목과장으로 재직 중이던 아버지와 야무지게 살림을 꾸려가던 어머니, 그 슬하에 아들 하나와 딸 둘을 둔 다복한 가정이었다.

전쟁이 일어났을 때 어머니는 나를 임신 중이었는데, 한 번 떠나간 아버지는 생사조차 불분명해졌다.

언제 만나게 될지, 아니 죽기 전에 영영 만나지 못하게 될지도 모를 아버지를 하염없이 기다리며 어머니는 전쟁 이듬해인 1951년 1월 15일에 나를 낳았다.

가장도 없는 집안에서 어머니는 4남매를 올바르게 키우기 위해 헌신했다.

어머니의 생각은 단 하나였다,

"니에게는 오직 자식들을 위한 삶만이 남아 있을 뿐이다.

내 존재 이유는 오직 내게 딸린 4남매뿐이다! 어떡하든 당당하게 키우자.

그것이 내 삶의 목표다."

그러나 나는 한때 그런 어머니에게 버림받았다고 느낀 적이 있었다. 심지어는 일방적으로 절연을 선언한 적도 있었다.

그러나 그것이 어머니의 마음을 이해하지 못한 철없는 자식의 투정 같은 것이었다는 사실을 깨닫기까지는 오랜 세월이 걸려야만 했다.

주어진 상황이 어머니를 더욱 강하게 했으나 어머니는 본래 억척스러웠으며 명석했고 부지런했다.

거기에다가 남편 없이 네 자식들을 올바르게 키워야 한다는 절박한 사명감이 오늘날의 어머니를 있게 한 원동력이었다.

특히 유복자였던 나에 대한 어머니의 사랑과 관심은 각별했다.

어렸을 때부터 어머니가 나에게 심어준 것은 '도전정신'이었다.

방황하던 나를 미국에 강제로 이민 가게 한 것도 그 때문이었고, 난관에 봉착했을 때마다 '스스로 극복하라'는 암시를 준 것도 그 때문이었다.

결국 어머니가 나에게 심어준 도전정신이 나의 선천적인 승부 근성과도 맞아떨어진 것이었다.

승부의 세계에 뛰어드는 것은 나에게는 미지의 세계에 대한 도전과 다를 바가 없었다.

그것은 일종의 모험심과도 같은 것이었다.

그런 점에서 보자면 나는 일찍부터 승부 세계에의 도전을 위한 준비를 하고 있었던 셈이다.

모험성과 관련된 최초의 기억은 다섯 살 때였다.

기억 속의 나는 빨간색 세발자전거를 타고 있었다.

사흘쯤 평지에서만 자전거를 타다가 이내 싫증이 난 나는 비탈진 곳으로 자전거를 끌고 갔다.

경사가 아주 심한 곳에서는 발을 구르지 않아도 저절로 속도가 난다는 사실에 기분이 날아갈 듯했다.

뿐만 아니라 다 내려가서 어딘가를 들이받으면 그 순간 야릇한 쾌감이 전신을 휘감는 것을 느끼기도 했다.

남의 집 판자벽이나 전신주, 혹은 쓰레기통 따위가 충돌의 대상이었다.

자전거는 일주일이 채 못 가서 망가져버렸고, 어머니는 자전거를 새로 사주셨다.

어머니는 닷새에 한 대 꼴로 새 자전거를 사야 했고, 그 일은 내가 자전거에 싫증을 느낄 때까지 지속됐다.

어머니는 어린 자식이 혹 크게 다치지 않을까 하는 걱정을 태연한 표정 뒤에 감추고 계셨다.

그런 모험심이 앞으로 험난한 세상을 살아가는 데 큰 도움이 될 거라는 사실을 어머니는 잘 알고 계셨던 것이다.

자전거에 더 이상의 흥미를 느끼지 못하게 되면서 나는 어머니의 뜻에 따라 바둑은 물론 풍후, 피아노, 바이올린 등을 닥치는 대로 배웠고, 배우는 것마다 그 세계에서 두각을 나타냈다.

내가 바둑을 배우면서 처음 느낀 것은 '이기는 기쁨'이었다.

그때 느낀 승부 세계의 매력이 훗날 바둑과 포커의 프로로 진출하는 데 밑거름이 된 것은 두말할 나위도 없다.

포커는 승부의 긴장감이나 긴박감 면에서 바둑을 압도한다.

내가 포커에 매료된 것은 무한대의 변화와 자기만이 생각할 수 있는 플레이를 한껏 펼칠 수 있다는 점이었다.

바둑은 프로 기사가 되면 대국료를 받게 되지만, 포커는 2등이 제일 많이 지는 게임이라는 것도 내게는 도전 욕망을 자극하는 점이었다.

2

패배는
최고의 스승이다

승자와 패자로 확연히 갈리는 모든 게임에서는 언제 어디서나 약육
강식의 논리가 적용된다.

약자는 항상 강자에게 잡아먹힌다는 원리다.

만약 자기 자신이 약자라는 사실을 인정한다면 강자와 겨룰 필요도
없고, 승부 자체의 의미도 사라진다.

그러나 약자일수록 강자와 맞서보고 싶은 것이 우리 인간의 기본
심리이자 모든 게임의 보편적 속성이다.

따라서 인간에게 승부욕이란 것이 애당초 존재하지 않았다면 승패
가 갈리는 게임 역시 존재하지 않았을지 모른다.

한데 그 승부욕의 정도나 양태도 사람에 따라 천차만별이다.

게임 자체에 흥미를 느끼지 못해 연속해서 지면 게임 자체를 아예
포기하는 사람이 있는가 하면, 자신이 이길 때까지 악착같이 상대
방을 놓아주지 않는 사람도 있다.

승부욕의 이 같은 유형은 물론 각자의 성격과도 관계가 없지 않지
만, 본질적으로는 게임에 임해서 플레이하는 방법에서 영향을 미
친다.

선천적으로 승부사 기질을 타고난 사람들은 어렸을 적부터 남에게 지기 싫어하는 고집스러운 성격을 가지고 있다.

생후 처음으로 나에게 게임의 진수와 승부의 본질을 알게 해준 것은 바둑이었다.

패배의 쓴맛을 경험하지 않은 사람은 승리의 쾌감을 알지 못한다. 바둑이고 포커고 간에 이긴 게임에 관한 기억보다 진 게임에 관한 기억이 보다 생생한 것은 승리의 쾌감보다 패배의 씁쓸함이 더 지독하게 느껴지기 때문이다.

승부사의 기질이 몸에 밴 대표적 인물은 내가 공군에 입대했을 때 만나게 된 조훈현이었다.

후에 프로 갬블러로서 성공할 수 있었던 데는 그에게서 배운 승부 감각도 크게 한몫을 거들었다.

그러나 프로가 되기까지의 과정으로만 보면 바둑과 포커는 큰 차이를 보인다.

바둑의 경우에는 길고 험한 아마추어 수련과정을 거쳐 입단의 관문을 뚫어야 정식으로 프로 행세를 할 수 있다.

일단 프로가 되면 초단과 9단이 맞붙어도 호선으로 겨루게 되지만 프로가 되기 전까지는 실력에 따라 상수에게 몇 점을 까는 핸디캡을 갖는다(바둑에 입문해 기초를 터득하면 18급이 되고, 아마추어 최고수가 7단이니 그 등급은 무려 25단계에 이른다).

이에 반해 포커에서는 아마추어와 프로가 따로 구별되어 있지 않다. 프로가 아니라면 모두가 똑같이 단순한 플레이어일 따름이다.

쉽게 말하면 프로 갬블러나 그에 버금가는 최고수가 그저 평범한 사람들과 함께 어울려 포커 판을 벌여도 완전히 대등한 입장에서 겨뤄야 하는 것이다.

그렇게 보면 바둑은 점잖다고 할까, 공평하다고 할까, 아무튼 신사적인 데 반해 포커는 거칠고 살벌한 죽기 살기 게임인 것이다.

가령 포커에도 바둑처럼 단수, 급수가 있어 프로 9단과 아마추어 18급이 핸디캡 없이 한 판 겨룬다고 가정해보라.

끔찍하지 않은가.

그래서 바둑에서는 상수가 하수를 살살 다뤄 짐짓 아슬아슬한 승부를 만들거나 심지어는 일부러 져주는 예도 종종 있다.

그러나 포커 판에서는 고수일수록 상대방이 약점을 보이기만 하면 마치 호랑이가 토끼를 쫓듯 사납게 휘몰아쳐 굴복시키고 마는 것이다.

한데 승부의 세계가 정말 매력적인 것은 어떤 게임에서든 모든 패배에는 원인이 있게 마련이고, 그 패배의 원인을 분석해서 다음번에 똑같은 실수를 되풀이하지 않는다면 그것이 승리로 이끄는 안내자의 역할을 한다는 점이다.

물론 그 원인이 한두 가지가 아니기 때문에 그 하나하나를 되씹어 검증하고 분석하는 것이 결코 쉽지 않은 일이지만, 그러한 과정을 반드시 거쳐야만 고수의 반열에 오를 수 있다는 점을 명심해야 한다.

나는 미국 이민 초창기에 우연히 캘리포니아 포커의 전문가인 집 존슨 교수를 알게 되었다.

대학에서 포커를 학문으로 공부한다는 사실도 그때 처음 알았다.

바둑을 좋아한 그는 나에게 바둑을 배웠고, 나는 그에게서 포커의 여러 가지 이론을 배웠다.

내가 그에게서 처음 배운 것은 포커는 운이 아니라 '확률의 게임'이라는 사실이었다.

그가 말해준 포커의 확률 계산은 매우 복잡해 보였지만 기본적인 원리는 간단했다.

예컨대 세븐 스터드 포커 게임에서 네 장째 투 페어가 만들어졌다고 치자.

이 사람이 나머지 석 장을 더 받아 풀 하우스가 될 확률은 0.229로 5분의 1보다 조금 높다.

5구째 받은 카드가 아무런 도움을 주지 못했다면 남은 두 장의 카드에서 풀 하우스가 될 확률은 0.151로 줄어들고 6구째 카드에서도 풀 하우스를 만들지 못했다면 그 확률은 0.086으로 뚝 떨어진다.

4구째, 투 페어인 경우를 다섯 번 만났다면 최소한 한 번 이상은 풀 하우스를 잡을 수 있지만, 6구째 장에서 투 페어를 만든 경우는 그런 경우를 열 번 만났다 할지라도 풀 하우스가 되는 경우는 한 번이 채 안 된다는 얘기다.

그러나 대부분의 게이머들은 이런 확률 계산을 아예 무시하거나 거의 신경 쓰지 않는다.

상대방의 카드는 거들떠보지도 않고 운만 믿고 무작정 쫓아갔다가 번번이 패배의 쓴맛을 보는 것이다.

이런 사람들은 그런 패배의 경험을 교훈으로 삼을 생각조차 하지 않기 때문에 똑같은 패배가 되풀이될 수밖에 없다.

이런 게이머들일수록 투 페어나 원 페어, 심지어는 노 페어로도 큰 돈을 긁어모으는 고수들 모습만 기억 속에 담아두려 한다.

고수는 확률을 염두에 두니까 노 페어로도 승자가 될 수 있지만, 하수는 확률을 염두에 두지 않기 때문에 높은 패를 잡고도 패자가 된다는 사실을 모르는 것이다.

나 역시 포커 판에서 수없이 많은 실패를 경험했다.

포커 실력이래야 바둑으로 치자면 겨우 1급이 될까 말까 하던 이민 초창기 시절 무작정 뛰어든 포커 판에서 큰돈을 잃은 적도 있었다.

정신적으로 황폐할 대로 황폐했던 시절이라고는 하지만 그것으로 나의 패배를 합리화시킬 생각은 없다.

패배는 어쨌든 패배이기 때문이다.

패자의 이런저런 변명은 궁색하다.

패배를 겸허히 받아들이고 미래의 승리를 위한 밑거름으로 삼지 않는다면 승리와는 좀처럼 인연을 맺을 수 없을 것이다.

인내와 자제력이
무기다

도박을 해보면 그 사람의 성격이나 기질이 저절로 드러나기 마련이다.

하지만 포커는 좀 다르다.

포커를 도박으로 간주하든 게임으로 간주하든 포커에서는 여기에 약간의 각색이 필요하다.

무슨 말인가 하면 포커 판에서도 개개인의 성격이나 기질은 잘 드러나지만, 그것은 하수일수록 강하게, 고수일수록 약하게 나타난다는 것이다.

그리고 상대방의 기질을 간파하는 능력은 상수일수록 강하고 하수일수록 약하게 나타난다.

상대를 알고 나 자신을 알면 백전백승이라고 했다.

포커 판에서도 상대의 성격이나 기질을 재빨리 파악하고 자신의 약점을 감출 수만 있다면 승리는 이미 손아귀 속에 들어 있는 것과 다름없다고 심히 이야기할 수 있다.

그러나 자신의 약점은 가급적 감추고 남의 약점은 적절하게 최대한 이용한다는 것은 물론 쉬운 일이 아니다.

오히려 상대가 강한 모습을 보이면 더욱 허둥대고 더욱 위축되는 게 보통이다.

그것은 진퇴를 제대로 헤아릴 줄 모른다는 것과도 같은 맥락이다.

진퇴를 분명히 해야 한다는 것이 우리네 인생살이 교훈이라는 것을 모르는 사람은 없겠지만, 대개의 사람들은 나아가고 물러서야 할 때를 제대로 구분하지 못해서 낭패를 당하는 경우가 많다.

포커 판에서 보면 진퇴를 역으로 행하는 사람들, 곧 나아가야 할 때 물러서고, 물러서야 할 때 나아가는 사람들이 의외로 많으며, 이런 사람들은 예외 없이 잃는 축에 속한다.

포커에 대한 수많은 이론서들, 포커에 도통했다고 자부하는 수많은 고수들은 포커 판에서 이런저런 핸디캡을 극복하는 요령들을 앞 다투어 내놓고 있다.

대개는 맞는 말들이지만 그 방법들이 모든 사람들에게 똑같이 통용되는 것은 아니다.

어떤 사람에게는 꼭 필요한 것이 또 어떤 사람에게는 아무런 도움도 주지 못하는 경우가 있다.

심지어 자칫 잘못 적용했다가는 오히려 해로운 경우도 있다.

그 많은 가르침들 가운데서 포커 판에 끼려는 사람이 반드시 갖춰야 할 것이 있다.

바로 인내와 자제심이다.

한국 속담에 '참을 인(忍)자 셋이면 살인도 피할 수 있다'는 말이 있거니와 포커 세계에 떠도는 명언 가운데도 '참는 것이 최대의 무기다'라는 말이 있다.

포커 판에서 참아야 하는 경우는 수없이 많지만 우리가 꼭 귀담아 두어야 할 것은 '때'가 올 때까지 기다리라는 것이다.

쉽게 말하면 적절한 타이밍을 찾으라는 것이다.

포커 판에서 실패하는 사람들은 대개 레이즈해야 할 때 콜만 하고, 콜만 해야 할 때 오히려 공격적으로 덤벼드는 사람들이다.

그런가 하면 죽어야 할 카드인데도 기를 쓰고 쫓아가는가 하면 가능성이 충분한 카드인데도 상대의 기세에 눌리면 미련 없이 죽어버린다.

자신에게 유리한 '때'가 언제인지를 알지 못하는 탓이다.

카지노에서 가장 참을성을 필요로 하는 게임이 블랙잭이다.

블랙잭은 룰도 다양하고 변수도 많아 진득하게 판세의 흐름을 지켜보면서 때를 기다려야 하는 게임이다.

그래서 플레이어에게 어드밴티지가 있는 거의 유일한 게임이지만 성격이 급한 사람은 잃을 확률이 그만큼 높은 만큼 가급적 블랙잭에는 끼어들지 않는 게 좋다.

한데 어쩐 일인지 한국 사람들은 블랙잭을 특히 좋아한다.

카지노에서 블랙잭이 벌어지는 판을 둘러보면 교포나 유학생 혹은 갬블러 등 몇몇 한국인이 반드시 눈에 띄게 마련이다.

그럼에도 불구하고 한국인이 블랙잭에서 눈을 땄다는 소리는 별로 들어보지 못했다.

블랙잭 때문에 패가망신한 경우도 여럿 보았다.

로스앤젤레스의 교포 사업가 L씨는 대표적인 예라 할 만하다.

명문가 출신인데다 성실하기로 소문이 났던 그가 어느 날부터 갑자기 생업을 팽개치고 블랙잭에 미치기 시작했다.

평소에는 그렇게 보이지 않았는데 이상하게 블랙잭 게임에 끼어들기만 하면 침착성을 잃고 허둥대기 일쑤였다.

당연한 결과로 몇 차례의 카지노 출입에서 그는 엄청난 돈을 잃었다.

이쯤에서 정신을 차리기만 했어도 파국으로까지 치닫지는 않았을 텐데 그는 약이 오를 대로 올랐다.

그는 블랙잭에 관한 책을 닥치는 대로 구해 읽었다(미국에는 이런 사람들을 위한 블랙잭 관련 서적들이 헤아릴 수 없을 정도로 많다.

제목도 대개 '블랙잭이 여러분을 부자로 만들어드립니다' 따위와 같은 것들이다).

말하자면 '복수'를 위해 공부를 한 것이다.

이만하면 됐다 싶어 이를 갈면서 다시 도전해보았지만, 포커 특히 블랙잭이 책을 몇 권 읽는다고 해서 정복되는 것이 아님은 두말할 나위도 없다.

그는 갈수록 더 침착성을 잃었으며, 그에게서는 더 이상 참을성이나 기다림 따위는 찾아볼 수조차 없었다.

마침내 그는 전 재산을 날리고 빈털터리가 됐다.

한국 신문에서도 비슷한 예가 이따금 사회면을 장식하곤 한다.

얼마 전에도 도박으로 패가망신한 한 벤처 기업가의 경우를 신문에서 읽을 수 있었다.

미국의 명문대를 나온 그는 그 지난해에 회사를 설립해 장래가 촉망되는 기업인으로 꼽히며 탄탄대로를 걷고 있었다고 한다.

그의 불행은 1년 전 강원랜드를 드나들면서 시작됐다.

바카라 게임에서 회사 돈 1천만 원을 날리고 마음이 상해 있던 그에게 필리핀 어떤 호텔의 카지노 모집책이 접근해왔다고 한다.

자기 호텔 카지노는 강원랜드보다 승률이 엄청나게 높아 잃은 돈을 찾을 수 있다는 유혹에 그는 얼른 따라나섰다.

필리핀 호텔의 카지노에서 처음 2만 달러를 땄을 때가 분기점이었다.

이것이 함정인 줄도 모르고 오히려 자신감을 얻은 그는 터무니없는 욕심이 생겨 자신도 모르는 사이에 도박에 깊숙이 빠져들고 말았다.

그가 날린 돈은 무려 230만 달러, 한국 돈으로 27억여 원이나 됐다고 한다.

회사도 망하고 정신과 치료를 받던 그 역시 마침내 검찰에 구속되는 신세가 됐다니 도박이 얼마나 무서운가를 여기서도 엿볼 수 있다.

재미 사업가 L씨나 한국의 벤처 사업가 경우에서 우리는 하나의 교훈을 얻을 수 있다.

그들은 아주 가난하거나 절박하게 돈을 필요로 한 사람들은 아니었다.

따라서 카지노에서 큰돈을 벌기 위해 부식성 넘버들시는 않았을 것이다.

그들이 처음 카지노를 찾아간 것은 다만 단순한 게임으로 즐기기 위해서였고, 승부 그 자체에 매력을 느꼈기 때문이었을 것이다.

그러나 '가랑비에 옷 젖는다'고 했던가.

잃는 돈의 액수가 점점 불어나 큰돈이 되자 분별력을 잃은 게 화근이었다.

결론적으로 말하면 그들은 '기회는 언젠가는 누구에게나 찾아온다'는 평범한 진리를 간과한 탓에 돈은 물론 모든 것을 잃은 액운의 주인공이 된 것이다.

물러설 줄 아는
용기도 필요하다

친구들끼리 포커나 고스톱 판을 벌이면 밤을 새우게 되는 일이 흔하다.

사흘 밤낮(72시간)을 쉬지 않고 포커를 하는 경우도 있다.

이쯤 되면 놀이가 아니라 중노동이다.

물론 대개의 경우 판을 벌이기에 앞서 시간을 정한다.

그러나 큰판이건 작은 판이건 그 시간이 지켜지는 예는 별로 없다.

"내일 아침 몇 시까지 하는 걸로 정하자."

이렇게 정했다가 정작 그 시간이 되면 다시 변한다.

"이제 몇 판만 더하자.

아니, 한 타임 더!"

하는 식으로 연장하다가 또다시 밤을 새우는 것이다.

게임이란 것이 언제나 승자와 패자로 갈라지도록 되어 있고, 패자 쪽은 항상 시간만 조금 더 있으면 자신이 승자로 탈바꿈하리라는 근거 없는 믿음을 가지고 있기 때문에 이런 현상이 벌어진다.

게임을 하는 시간이나 잃는 돈 혹은 따는 돈의 한계를 플레이어 자신이 정해야 하는 카지노에서도 그런 현상은 다를 바가 없다.

다른 것이 있다면 친구들끼리 벌인 판에서의 약속은 여럿이 함께 하는 약속이지만 카지노에서의 약속은 스스로와의 약속이라는 점이다.

여럿이 하는 약속보다 자기 자신과의 약속이 더 쉬워 보이지만 그게 그렇지 않다.

친구들끼리의 판에서 승자가 '약속'을 내세워 자리를 뜨려 하면 말리는 데 한계가 있지만 자신과의 약속은 말리는 쪽도 말리지 못하는 쪽도 모두 자기 자신이기 때문이다.

여러분이 2천 달러를 가지고 카지노에 가서 1천 달러를 잃었다고 하자.

애당초 여러분은 잃더라도 1천 달러를 넘기지는 말자 생각했겠지만 수중에는 아직 1천 달러의 돈이 남아 있다.

그렇게 되면 여러분의 마음이 양쪽으로 갈라져 싸움을 벌일 것이다.

"오늘은 운도 따르지 않고 판단력도 흐리다.

더 이상 해봐야 1천 달러도 마저 날릴 것이 뻔하니 그만 일어서라."

한쪽에서는 이렇게 말리고 다른 쪽에선,

"아니다.

막상 이제부터 뭔가 될 것 같은 느낌이다.

더 해라.

잘하면 대박이 터질지도 모른다"

이렇게 맹렬하게 맞서게 되는 것이다.

하지만 이 싸움은 오래가는 법이 없다.

후자의 자신이 항상 이기게 되어 있는 것이다.

그 이후의 승부에서 여러분이 본전을 되찾거나 딸 확률은 남은 1천 달러마저 날릴 확률보다 훨씬 낮다.

왜냐하면 여러분은 우선 스스로와의 약속을 지키지 못했기 때문이며, 무엇보다 잃어도 1천 달러만 잃자고 생각했으면서도 2천 달러를 가지고 카지노엘 갔기 때문이다.

하긴 많은 돈을 잃고 주머니에 아직 돈이 남아 있는데 중도에 그만둔다는 것은 쉬운 일이 아니다.

그러나 군사용어로 쓰는 전략상 후퇴 혹은 2보 전진을 위한 1보 후퇴의 측면에서 보자면, 물러설 줄 아는 것이야말로 다음번 승리를 위한 가장 훌륭한 비책이라 할 수 있다.

그런데 그것은 용기와 극기라는 인내심이 없으면 불가능한 일이다.

나에게도 그것을 확실하게 깨닫게 해준 한 차례의 기회가 있었다.

1984년 나는 혼자가 되었다.

당시 내가 가지고 있던 돈은 18달러, 약 2만 원가량이었다.

당시는 내가 묵을 집 따위가 있을 리 없었다.

차에서 추운 겨울을 나면서 재기를 꿈꿨고 5천 달러만 마련하면 장사를 시작하겠다고 결심했던 것이 프로 갬블러가 된 시초였다.

단돈 18달러를 가지고 내기 바둑을 해서 1500달러가 만들어졌을 때, 이 돈으로 계속 내기 바둑을 두어야 하는지 아니면 승부 규모가 큰 포커 게임에 도전해야 할지를 곰곰 생각하다가 결국 엘도라도 카지노로 발길을 향했다.

이곳은 나중에 내가 하우스 플레이어로 일하게 되는 곳이다.

나는 홀 안을 한 바퀴 돌며 분위기를 살피다가 피프틴 블라인드 게임이 벌어지는 테이블에 자리를 잡았다.

피프틴 블라인드는 한국에서는 원 타임 로우 볼(one time low ball)이라 불리는데, 처음 다섯 장씩 받아 그중 석 장까지 한 번만 바꿔 로우 카드를 만드는 게임이다.

처음부터 끝까지 카드가 오픈되지 않으므로 그만큼 실력보다는 운이 많이 작용하는 게임이다.

나는 5천 달러를 만들면 뒤도 안 돌아보고 빠져나오겠다고 스스로에게 굳게 다짐하고 있었다.

몇 시간 동안 게임의 흐름을 보면 그날의 게임이 전체적으로 자신에게 유리하게 풀리고 있는지 아닌지 결과를 어렴풋하게나마 짐작할 수 있다.

그날의 내 경우는 꽤 좋은 패가 만들어져도 아슬아슬하게 눌리는가 하면 베팅에서도 계속 끌려다니다가 1500달러 중 900달러를 잃었다.

계속 게임에 나섰다가는 남은 600달러마저 날려버릴 것은 불을 보듯 뻔한 일이었다.

이때 나는 미련 없이 일어서는 길을 택했다.

덕분에 내 수중에는 아직도 600달러가 남아 있었다.

나는 바로 지금이 기회라고 생각했던 것이다.

'따는 기회'가 아니라 '더 잃지 않는 기회' 말이다.

자리를 떨치고 일어서느냐? 아니면 게임에 계속 참여하느냐? 카지노 게임이나 포커 게임에 임하는 사람에게는 쉽게 풀리지 않는 숙제다.

그러나 일어날 때 일어나고 버릴 때 버려야 한다고 마음의 명령이 전달되지 않는 사람에게는 항시 가혹한 형벌이 기다리고 있기 마련이다.

물러서면 비겁하다 하고, 물러설 줄 모르면 용감한 것이 현실이지만 카드 게임에서는 그런 현상이 반대로 나타나야 한다.

즉, 물러서는 것이 용기 있는 행동이며, 물러설 줄 모르는 것은 오기일 따름이다.

위기에 처하면
냉정해져라

1500달러가 600달러로 줄었을 때 나는 솔직히 두려웠다.

생명과도 같은 그 돈을 고수하기 위해, 아니 그 돈을 밑천으로 더 큰

돈을 만들기 위해 내가 할 수 있는 일은 무엇인가.

그것은 평정심을 찾기 위한 휴식이요, 정신의 재무장이었다.

나는 그길로 내가 기숙하고 있던 아파트로 돌아와 긴 잠 속에 빠졌다.

깨어났을 때 보니 무려 16시간 동안이나 정신없이 잠에 빠져들었

었다.

긴 잠에서 깨어나 나는 생각에 잠겼다.

도대체 무엇이 문제인가? 문득 하나의 생각이 섬광처럼 스쳐 지나

갔다.

그렇다.

나는 감각이 무뎌져 있었던 것이다.

승부사에게 감각이 무뎌졌다는 것은 승부를 포기한 것과 다를 바

없었다.

그것은 상대의 카드를 읽는 능력이 소진되었을 뿐 아니라 베팅과

레이즈의 타이밍까지 잃었다는 것을 뜻한다.

나는 갑자기 나의 내부 어디에선가 힘이 무럭무럭 솟는 것을 느낄 수 있었다.

나는 라면을 끓여 간단히 요기를 하고 운동을 하기 시작했다.

우선 엎드려 팔굽혀펴기를 몇 차례 반복했다.

하루를 쉬고 그다음 날 나는 엘도라도 카지노를 찾아가 900달러를 잃었던 그 테이블에 다시 앉았다.

플레이어들 얼굴은 모두 바뀌었지만 나는 투지가 솟는 것을 느낄 수 있었다.

마음은 평온했고, 감각은 원활하게 움직여주었다.

돈은 밀물처럼 들어왔다가 썰물처럼 빠져나가곤 했지만 돈에는 신경이 쓰이지 않고 뭔가 될 것 같은 자신감만 모락모락 피어올랐다.

블라인드 차례가 되면 일어나려고 할 때 좋은 패가 들어와 이겼고 승리로 이끌어 1천 달러를 이겼다.

시간이 자정을 가리키고 내 앞의 칩이 100달러어치밖에 남지 않았을 때에도 마찬가지였다.

알 수 없는 자신감은 곧 현실로 바뀌었다.

자정을 넘기면서부터 바닥을 드러냈던 칩은 다시 쌓이기 시작했다.

그날 나는 모두 1천 달러를 거두어들였다.

그날부터 나의 사냥은 줄기차게 계속되었다.

그리고 매일 1천 달러씩 이겼다

내 계획은 적중했다.

매일 1천 달러씩 벌어들인 결과 정확히 한 달 후에 내 재산은 3만 달러가 되었다.

비로소 내 실력으로 돈을 벌어들인다는 떳떳함이 마음속에서 자리를 잡아가기 시작했다.

그 무렵의 일은 내 인생에서 하나의 전환점이었다.

그때의 어떤 깨달음이 나로 하여금 자립할 수 있는 기틀을 마련해준 것이다.

주위에 관심을 가져주는 사람이 아무도 없을 때, 수중에 아무것도 가진 것이 없을 때, 사람들은 너나 할 것 없이 외로움과 위기감을 느낀다.

이럴 때면 대개의 사람들은 신경이 날카로워져서 초조해하거나 덤벙대기 일쑤다.

판단력이 마비돼 위기를 극복하기 위해 머리를 짜낼 생각조차 하지 못한다.

그러나 이럴 때일수록 '더 이상 아무것도 남아 있지 않다.

더 이상 잃을 것도 없다'는 생각을 해야 한다.

마음을 허심탄회하게 가져보라는 것이다.

이것이 위기를 기회로 삼는 첫 단계이다.

마음을 비우면 위기를 정면 돌파할 수 있는 지혜가 생기기 마련이다.

단돈 18달러만 가지고 로스앤젤레스의 한 기원에서 내기 바둑을 두게 되었을 때도, 상대를 꼭 이겨야 한다는 부담감은 있었지만 마음은 외외로 편안했다.

잃을 것이라고는 18달러가 전부였던 것이다.

절대, 찾아온 기회를 놓치지 마라

사람은 누구나 일평생 세 번의 기회는 맞게 된다고 한다.

그 긴 세월 동안 찾아오는 기회가 어찌 세 차례 뿐일까만 이 말 속에는 찾아온 결정적 기회는 절대로 놓치지 말라는 뜻이 담겨 있다.

아닌 게 아니라 인생의 어떤 전환점이 될 만한 기회는 자주 찾아오는 것이 아니다.

경우에 따라서는 결정적인 기회가 찾아왔는데도 모르는 사이에 지나가버릴 수도 있고, 기회를 자기 것으로 만들기 위해 안간힘을 쓰지만 놓쳐버리고 마는 수도 있다.

그러나 기회란 자기 것으로 만들었을 때 비로소 그 가치가 발휘될 뿐, 지나가버린 기회는 이미 기회가 아니다.

작게는 개인에서부터 크게는 국가에 이르기까지 마찬가지다.

예컨대 지난 월드컵 축구는 한국이 국제적으로 크게 도약할 수 있는 결정적 기회였다.

물론 니름대로 상당한 성공을 거두어 한국 축구는 세계 4강에 오르는 기적 같은 일을 해냈고, 국제적인 위상도 그만큼 높아졌다.

그러나 스포츠 행사로서의 성공만으로 만족하기에는 너무 아쉬움이 많았다.

월드컵의 성과를 이용한 여러 가지 아이디어가 나올 수 있는 상황에서 그 기회를 무심코 흘려보내지 않았나 하는 느낌이다.

가령 전체 국민들을 대상으로 1달러 모금운동을 펼쳐 히딩크에게 감사표시로 얼마를 주고, 나머지는 축구발전기금으로 조성해 유소년 축구발전기금으로 사용했으면 좋지 않았겠냐는 생각을 한다.

경제적으로 큰 부담을 느끼지 않는 사람이 1천만 명쯤 된다면 모금 액수는 쉽게 1천만 달러에 이를 것이다.

그 돈을 감사의 표시로 한국 축구 국가대표 팀의 감독이었던 거스 히딩크 감독에게 주는 것이다.

물론 히딩크 감독의 공적도 높이 평가돼야 하겠지만, 우리의 국민 성금은 그에 대한 감사 표시와 함께 한국 국민이 은혜를 갚을 줄 아는 멋진 민족임을 세계만방에 알리는 데 결정적인 기여를 할 것이다.

이른바 최대의 광고 효과를 창출하는 것이다.

아마도 이런 기회는 다시는 찾아오지 않을지 모른다.

만약 다른 나라에서 똑같은 기회를 포착해 국제적 위상을 크게 높였다면 우리는 얼마나 억울할 것인가.

이야기가 너무 거창해졌지만 기회를 포착해 자기 것으로 만들 수 있느냐 없느냐의 문제는 승부의 세계에서는 이기느냐 지느냐의 결과로 직결된다.

바둑에서도 포커에서도 결정적인 기회는 한 판에 단 한 번 있을까 말까 할 정도이며, 결정적인 기회일수록 눈에 잘 뜨이는 곳이 아니라 항상 숨바꼭질하듯 어딘가에 은밀하게 숨어 있다.

그 기회를 모르는 사이에 지나쳐버리거나 알고도 타이밍을 놓쳐버리면 똑같은 기회는 다시는 찾아오지 않는다.

앞에서 나는 포커가 확률 게임이란 말을 한 적이 있다.

그러나 포커에서의 확률이란 이를테면 투 페어나 트리플에서 풀 하우스가 붙는 확률, 4장 플러시나 양방향 스트레이트 카드에서 메이드가 되는 확률 따위를 말하는 것일 뿐, 돈을 따거나 잃을 확률을 뜻하는 것은 아니다.

가령 포커 게임을 열 판 했는데 다섯 번은 이기고 다섯 번은 졌다고 하자.

그렇다면 계산상으로는 본전 선을 유지해야 맞지만 결과는 그렇지 않다.

작은 판에서 많이 따고 큰판에서 많이 잃었다면 여러분은 많이 잃었을 것이고, 그 반대라면 여러분은 많이 딴 경우다.

앞의 경우라면 기회를 포착하지 못한 결과이고, 뒤의 경우라면 기회를 잘 포착한 결과라고 할 수 있다.

그렇기 때문에 아홉 번을 잃고 한 번을 땄어도 그날의 승자일 수 있고, 반대로 아홉 번을 따고 한 번을 잃었어도 패자일 수 있는 것이다.

모든 기업의 목표가 이윤 추구라면 이윤 추구를 위해서 반드시 필요한 것은 자금 관리다.

포커도 마찬가지다.

다만 즐기기 위해서 포커를 하는 사람도 없지는 않겠지만 그런 사람들조차도 돈을 잃어서 기분 좋을 까닭은 없다.

베팅을 하든 레이즈를 하든 죽어버리든 포커 판에서의 행동 하나하나는 돈을 따느냐 잃느냐와 직결돼 있다.

지금 현재 얼마나 따고 있는지 혹은 얼마나 잃고 있는지를 그때그때 정확하게 점검하는 일은 매우 중요하다.

왜냐하면 지금 현재의 수지 계산은 앞으로의 게임 운용에 방향을 제시하기 때문이다.

포커 판에서의 자금 관리란 땄을 때는 땄을 때대로 조심하고, 잃었을 때는 잃었을 때대로 조심하게 하는 처방인 것이다.

한데 대개의 플레이어들 특히 아마추어 하수들은 자금 관리에 별로 신경을 쓰지 않는다.

땄을 때는 딴 만큼 흥분하고, 잃었을 때는 잃은 만큼 흥분한다.

특히 많이 잃으면 많이 잃을수록 돈을 더 잃지 못해 안달하는 것처럼 정신없이 돈을 쏟아붓는다.

한국 포커 판에서 수없이 들은 이야기로 '돈 죽지 사람 죽느냐'는 것이 있다.

'돈 죽지 사람 죽냐'며 호기롭게 돈을 뿌려대지만 일부러 돈을 잃으려 작심하고 포커 판을 벌이지 않는 바에야 공연한 허세일 따름이다.

대개 잃은 사람들에게서 흔히 나타나는 현상이지만 어느 정도 잃은 이후에는 돈 자체에 대한 감각이 마비된다.

판이 어떻게 돌아가는지 아예 염두에 두지 않고, 상대방의 패가 좋은지 나쁜지 생각할 겨를도 없이 '기계처럼' 무조건 돈만 내지른다.

이런 사람이 돈을 딸 수 있는 가능성이란 거의 제로에 가깝다.

포커나 고스톱을 즐기는 사람들이라면 누구나 느끼겠지만 돈내기 게임을 하다 보면 일정한 오르막이 있고 일정한 내리막이 있다.

쉽게 말하면 몇 판을 계속해서 따는 사람이 있는가 하면 몇 판을 계속해서 잃는 사람이 생긴다는 것이다.

영어로는 사이클(cycle)이라고도 하는데 한국의 화투판에서 '초장끗발'이나 '새벽끗발' 하는 것도 이런 경우를 일컫는다.

이런 현상은 마치 롤러코스터를 타는 것과 같아서 계속 따던 사람이 계속 잃기도 하고, 계속 잃던 사람이 계속 따기도 하는 현상으로 반전되기도 한다.

자기가 지금 오르막길에 있는가 내리막길에 있는가를 정확히 포착해 이를 기회로 이용한다면 어떤 포커 판에서든 큰돈을 잃지는 않을 것이다.

자신이 지금 내리막길에 들어섰다고 생각되면 판에서 빠져 잠시 쉬는 것도 좋고, 어지간히 괜찮은 패가 들어왔다 해도 주변 상황을 잘 살핀 다음 그 판은 포기하는 것도 좋은 방법이다.

가령 세븐 오디 스터드 게임에서 여러분의 카드는 4장째 4 플러시로 만들어졌다고 하자.

남은 두 장에서 플러시가 메이드될 확률은 비교적 높은 편이다.

그러나 여러분은 벌써 여러 번 꽤 괜찮은 패를 가지고도 놓쳤고, 이 판에서도 바다에 깔린 패가 꽤 좋아 보이는 두어 명의 상대들이 경쟁하듯 레이즈를 해서 판은 커질 대로 커졌다.

자, 이때 어떻게 해야 할 것인가.

여러분은 지금 내리막길에 있으므로 설혹 플러시 카드로 메이드가 된다 해도 여러분은 또 질 가능성이 높다고 해야 할 것이다.

오르막길에 있을 때면 낮은 원 페어만 가지고도 이기는 경우가 있고, 내리막길에 있을 때면 풀 하우스를 만들고도 더 높은 풀 하우스나 4카드에 눌리는 경우가 있다.

그것이 포커다.

나는 언젠가 주변 사람들로부터 이런 질문을 받은 적이 있다.

"포커에서 당신의 승률은 어떤가.

승률이 2승 1패쯤이면 먹고살 만하지 않은가?"

천만의 말씀이다.

프로 갬블러로서 항상 2승 1패의 성적밖에 유지하지 못한다면 그는 자격미달이다.

승패의 액수에 따라 다소간의 차이는 있지만 3승 1패라야 겨우 본전이고, 4승 1패 정도면 그저 먹고살 만하며, 5승 1패를 거둘 수 있을 때에야 돈을 벌 수 있기 때문이다.

내가 메모해둔 기록에 따르면 나의 최고 승률은 39승 1패, 그다음 기록이 63승 2패, 그다음이 24승 1패다.

이만한 승률을 올릴 수 있었던 데는 여러 가지 요인이 있겠지만, 무엇보다 그때그때의 기회를 정확하게 포착해 기세를 돈으로 믿드는 찬스에 강한 결과가 아닌가 싶다.

7
한국인은 갬블러가
되기에 적합한가?

"한국인의 심성은 갬블러가 되기에 적합한 것일까요?"

내가 프로 갬블러로서의 위치를 공고히 해가자, 고국의 기자 한 분이 해왔던 질문이다.

나는 웃으면서 그 질문에 대답해주었던 기억이 난다.

"글쎄요, 제가 보기에는 한국인의 심성이 카드 게임에 있어 꼭 바람직한 것 같지는 않습니다."

물론 그러한 대답은 그동안 카지노 주변에서 한국인들의 행동을 죽 봐왔기 때문에 가능한 일이었다.

카지노에서 만나게 되는 한국인들에게는 몇 가지 공통점이 있다.

우선 쉽게 흥분하고 쉽게 잊어버린다는 점이다.

또 한 가지는 쉽게 자리를 떨치고 일어나지 않는다는 점이다.

돈을 땄을 때는 딴 대로(그런 경우는 거의 본 적이 없지만), 돈을 잃었을 때는 잃은 대로 열을 받아서 가진 돈을 모두 탕진하고서야 겨우 자리에서 일어선다.

내가 공교롭게도 그런 성격의 소유자들만 만나게 되었다고 보기는 힘들다.

나는 월드컵 기간 동안 거의 전 경기를 TV로 관전했다.

장대한 붉은 응원의 물결은 내 마음을 오랫동안 감격의 도가니로 몰아넣었다.

그러나 월드컵이 끝난 후 그 장대했던 열기는 어디에서도 찾아볼 수 없었다.

그와 동시에 내 마음도 금방 착잡해지고 말았다.

쉽게 달아오르고 쉽게 잊어버리는 한국인의 심성을 눈앞에서 확인하는 듯했기 때문이다.

카드 게임에서는 절대 흔들리지 않는 기질이 바람직하다.

나 역시 원래 성격은 무척 급한 사람이었다.

그러나 사우나에서 더 많이 참아내기, 숫자 세기 등을 통해 성격을 개조하려고 노력한 덕분에 어느 정도 다혈질의 성격을 조절할 수 있었다.

성격조차도 노력 여하에 따라서 개조될 수 있다는 사실은 경이로움 그 자체였다.

프로들 가운데는 나와 절친한 서양 친구들이 많다.

그들은 동양인인 나에게서 약간의 신비스러움을 보고 있는 듯했다.

예를 들어 내가 카드 게임을 할 때 신비한 주문을 외우거나 희한한 투시력을 발휘하지 않나 의심했다는 친구들도 있었다.

동양인들은 외관상 서양인들보다 차분한 성격을 지니고 있는 것처럼 보인다.

그러나 라스베이거스의 한국인들이 보다 차분한 게임을 즐기려 하지 않는다면 이와 같은 선입관은 조만간 퇴색되고 말 것으로 보인다.

그러고 보니 한국인들에게 장점이 전혀 없는 것은 아니다.

그 장점이란 다름 아닌 남에게 지기 싫어하는 성격이다.

카드 게임에서는 당연히 승부근성이 있어야 한다.

그러나 장점으로 나타날 수도 있는 한국인의 이런 승부근성이 간혹 엉뚱한 만용으로 나타난다는 점이 문제다.

어떤 사람은 이렇게 말한다.

"그래? 당신이 레이즈를 했단 말이지? 그렇담 나도 당연히 죽을 수 없지."

만용의 대표적인 발상이다.

돈을 잃어주겠다고 공식적으로 선언하는 것과 다를 바가 없다.

카드 게임에서 두둑한 배짱과 승부근성은 장점으로 작용하지만 만용은 언제 어디서나 금물이다.

만용은 상대를 경시했을 때 나타난다.

상대를 대할 때 가장 좋은 방법은 상대를 의식하지 않는 듯한 자세를 취하는 것이다.

다소 상대를 존중해주는 것도 그리 나쁘지는 않다.

왜냐하면 상대를 무시함으로써 잃는 손해를 절감시켜주기 때문이다.

만용이 퇴색된 배짱은 카드 게임에서 꼭 필요한 인성이다.

베딩 찬스를 맞았을 때는 과감하게 베팅할 줄 알아야 한다.

이는 배짱이 동반되어야 한다.

때로는 블러핑도 칠 줄 알아야 한다.

이 역시 배짱이 없으면 불가능한 일이다.

그렇다면 인자한 사람은 카드 세계에 적합한 성품일까? 아니다.

마음씨 좋은 이웃집 아저씨처럼 굴어서도 안 되고 인상도 그처럼 온순할 필요가 없다.

오히려 그런 사람들은 우리가 흔히 인간성이 나쁘다고 하는 부류의 사람들보다 카드 세계에 더 적합지 못하다.

솔직히 말하면 돈이 직접적으로 개입된 일치고 인심이 발휘되는 경우는 드물다.

때로는 인정사정없이 안면을 몰수하는 경우가 더 많다.

그렇다고 모든 갬블러들이 다 인간성이 나쁘냐고 하면 그것도 아니다.

그들은 어떻게 보면 다중인격자에 가깝다.

평상시에는 자상한 친구처럼 대하다가도 일단 테이블에 앉으면 싸늘한 냉혈한으로 바뀐다.

그것이 갬블러들의 모습니다.

만약 카드 판에서 자질구레한 인정에 매달린다면 프로가 되기를 당장 포기해야 한다.

따라서 카드 세계에서는 자신의 성질을 일반적인 나쁜 사람의 형태로 변환시키는 사람까지 있다.

게임에서
이기는 공식이 있을까?

미국에서는 카드 게임에 관한 수백 종의 책들이 서점에 진열되어 있다.

그 책들이 장황하게 주장하는 바는 한 가지다.

"이럴 때 이렇게 하면 반드시 승리한다."

나는 카드 게임의 기술을 높이기 위해 많은 책들을 독파했다고 했다. 그러나 그 책들을 읽으면서 느낀 의구심은 끝까지 지우지 못했다.

"카드 게임에 승리하고자 하는 사람은 이와 같은 책을 반드시 한두 권쯤은 사 볼 것이다.

그렇다면 모든 사람들이 똑같은 전략을 사용하게 될 것이 아닌가? 그런데 왜 돈을 따는 사람보다는 돈을 잃는 사람이 많은 것일까? 또한 사람들이 이 책의 전략을 공통으로 따른다면 왜 그들의 전술을 역이용하라고 말하는 책 한 권쯤은 없는 것일까?"

세븐 스터드(seven stud) 게임에서는 각 개인에게 최대 일곱 장의 카드까지 주어진다.

대략 한 장의 카드에 10가지 전략이 따른다고 가정해보자.

그렇다면 7장의 카드이니 모두 70가지의 전략이 생겨난다.

이 정도라면 머리가 좋은 사람은 불과 한 시간 안에 간단하게 외워 버릴 수도 있을 것이다.

그러나 문제는 단지 그뿐이 아니라는 데에 있다.

카드 게임은 혼자서 하는 게임이 아니라 상대방과 함께 겨루는 게임이다.

따라서 상대의 카드에도 똑같이 70가지의 전략이 존재한다.

그렇다면 이 두 사람의 전략을 합해 140가지가 아니라 4900가지의 전술, 전략이 생겨나는 것이다.

결국에는 상대성으로 그 전략은 무한대에 이른다.

이쯤에서 보면 카드 게임이 그저 단순한 머리싸움은 아니라고 여겨질지 모른다.

그러나 불행히도 문제는 여기에서 그치지 않는다.

카드 게임은 단둘만이 하는 경우가 드물다.

적어도 세 사람 이상, 많게는 7~8명까지도 한 테이블에 둘러앉는다.

그렇다면 한 게임에서 상대의 전술에 대응하는 전술은 도대체 몇 가지여야 할까?

물론 그 계산은 독자 여러분들이 해야 할 것으로 믿는다.

어떤 카드를 들었을 때, 반드시 이렇게 하라는 한 가지 공식만 있지는 않다.

따라서 그동안 들어왔던 많은 카드 정설을 어떤 경우에 수용하고 어떤 경우에 변형시켜야 할지는 결국 자신의 선택 여하에 달려 있다고 보아야 한다.

더 이상 잃을 것이
없을 때 도전하라

대부분의 사람들은 카드를 노름으로 인식한다.

그래서 가족 중 누군가가 카드를 만지면 눈살을 찌푸리게 된다.

이때 어떤 사람은 이렇게 자신의 행위에 대해 항변하곤 한다.

"나는 노름을 하고 있는 것이 아니라 건전한 여가선용, 즉 오락을 하고 있는 것뿐이오."

사실은 이런 단계라면 아직도 가능성이 있다고 하겠다.

이런 사람은 빨리 카드를 미워하는 쪽이 낫다.

왜냐하면 처음에는 오락으로 시작했던 사람들이 카드 중독으로 이어지는 경우를 숱하게 보아왔기 때문이다.

일단 중독으로 이어지는 경우에는 도저히 자신의 의지로는 제어할 수 없게 된다.

즉 카드를 만지는 일과 그만두는 일이 자신의 의지와는 상관이 없어진다는 얘기다.

그럴 때는 대개 두 가지 자신이 마음속에 존재한다.

그리하여 다른 일은 하지 않고 오로지 카드에만 몰입하도록 만드는 자신이 승리하게 되는 것이다.

그러므로 아직까지 자신의 의지로 카드를 손에서 놓을 수 있는 단계일 때 빨리 카드 게임과 멀어지는 쪽이 현명하다.

그렇다면 어떤 사람들은 반드시 이렇게 물어올 것이 분명하다.

"당신은 왜 프로 갬블러가 되었지요?"

이에 대한 나의 대답은 이렇다.

"더 이상 잃을 것이 없었기 때문이다."

카드에 본격적으로 도전해보기로 작정했을 때, 내 호주머니 속에는 단돈 18달러가 전부였다.

만약 내 호주머니 속에 5천 달러만 있었더라도 장사를 시작했을 것이다.

그러니까 최초로 카드 게임에 도전한 것은 바로 장사를 시작하기 위한 5천 달러를 벌기 위해서였다.

당시 나는 거의 자포자기 상태에 있었으므로 잃어야 할 직장이나 시간이 있을 리 없었다.

또한 잃는다고 해도 18달러가 전부였다.

그러므로 기꺼이 갬블러의 세계에 도전할 자격이 있었던 것이다.

그렇다면 18달러가 카드 게임을 하기 위한 자본의 전부였을까 하고 의문을 가질 분이 계실지 모른다.

그렇지는 않다.

당시 나는 20달러짜리 내기 바둑을 두었다

물론 언제나 나의 승리였다

하루 다섯 판을 두니 꼬박 1백 달러가 모아졌다.

근 한 달이 되었을 때 내 손엔 1500달러라는 거금이 쥐어져 있었다.

이 돈이 바로 나로 하여금 카드 세계에 도전할 수 있도록 만든 최초의 자본금이었던 것이다.

만약 내게 조금만 더 융통성이 있었다면 친척이나 가족에게 장사자금을 빌려달라고 했을 것이다.

그러나 나는 누구에게 아쉬운 소리를 한다거나, 특히 돈을 빌려달라는 얘기는 죽기보다 싫어하는 성격이었다.

그러므로 5천 달러를 벌기 위해서 카드 세계에 도전하는 일 말고는 내가 할 수 있는 일이 아무것도 없었던 것이다.

만약 누군가가 나와 같은 발자취를 밟으려 한다면 나는 그들에게 다음과 같은 질문을 해보라고 말한다.

"카드 게임을 함으로써 여러분에게 잃을 것이 있는가?"

만약 이 질문에 '네'라는 대답을 할 수밖에 없다면 당연히 카드를 손에서 멀리해야 한다.

카드는 단지 돈이나 시간뿐 아니라 여러분이 사랑하는 직장과 가정까지도 잃어버리게 만들 수 있기 때문이다.

'하찮은 점심 내기, 혹은 용돈 따먹기인데 어떨까?'라고 하실 분이 계실지 모른다.

그러나 그런 분들일수록 카드를 만지기 전에 사랑하는 가족들의 얼굴을 하나씩 떠올려보긴 바란다.

그리고 사랑하는 직장동료들을 떠나 어두운 골방에서 아까운 시간을 낭비하고 있을 여러분의 모습을 떠올리기 바란다.

두 번째로, 나는 다음과 같은 질문을 해보도록 권한다.

"만약 돈을 잃었을 때 여러분은 초연할 수 있는가?"

이런 질문에 만약 그렇지 못하다고 대답하는 분이라면 당연히 카드 세계에 발을 들여놓아서는 안 된다.

누구든 돈을 잃고 나서 초연해지기란 힘들다.

그러나 프로의 세계는 웬만큼 돈을 잃고서도 이를 당연시하는 사람들이 모인 집합소다.

그들은 언제라도 마음만 먹으면 잃은 돈의 몇 배를 따낼 수 있다는 자신감으로 똘똘 뭉쳐진 사람들이다.

몇 만 원을 잃고서 가슴 아파하는 사람들이 그런 사람들을 이겨내기란 처음부터 불가능한 노릇이다.

가령 재벌과 일반 직장인이 테이블에 마주 앉았다고 가정해보라.

두 사람의 실력이 어느 정도 엇비슷하다면 직장인이 재벌을 이겨내기는 힘들다.

카드 게임에선 어떤 마음 자세를 가지고 게임에 임하느냐가 실력 이상으로 승리의 요소로 작용하는 경우가 많다.

재벌에게는 잃어버릴 것이 없다.

돈은 무한정 소지했으므로 그중 몇 퍼센트를 잃는다 해도 마음이 아프지 않다.

반대로 직장인에게 몇 십만 원 혹은 몇 백만 원은 소중한 돈이다.

그런 돈을 잃었을 때 마음의 평정심을 유지하기란 힘들다.

냉정을 잃은 사람이 카드 게임에서 승리한 경우를 나는 지금까지

한 번도 본 적이 없다.

그러므로 돈을 잃었을 때 가슴이 아픈 사람은 카드 세계에 과감히 발을 들여놓지 않아야 하는 것이다.

나에게는 위와 유사한 경험이 있다.

최초 1500달러란 자금을 들고 게임 세계에 뛰어들었을 때다.

그 돈은 나의 전 재산이었고 어떻게 보면 피땀 흘려서 번 돈이라고 할 수 있다.

그런 돈이 소중하지 않을 수 없었다.

문제는 그러한 마음을 먹는 순간 저절로 위축될 수밖에 없었던 것이다.

그날 나는 5시간 동안 모두 900달러를 잃었다.

내 자본금에서 절반 이상이 날아간 것이다.

집으로 돌아온 나는 무려 16시간 동안이나 잠을 잤다.

억지로 잠을 청하지 않으면 상심한 마음을 달랠 수 없었기 때문이다.

그 뒤 나는 마음을 달리 먹기로 생각했다.

나머지 600달러를 잃으면 지금까지 해왔던 과정을 다시 밟아가기로 한 것이다.

나에게 남는 것이 있다면 그것은 시간이었고 다시 시작한다 해도 그다지 아플 것이 없다고 생각했다.

쓰라린 깨배를 귀중한 경험으로 대체하기로 한 것이나.

그러지 다시금 용기가 생겨나기 시작했다.

알 수 없는 자신감이었다.

다시 시작한다고 마음을 먹자 그때부터 게임은 오히려 순조롭게 풀려갔다.

나 자신도 이해할 수 없는 상황이 벌어진 것이다.

그로부터 하루에 1천 달러씩 약 한 달 동안을 이겼다.

그 후 나는 연봉 6만 7천 달러를 받는 하우스 플레이어로 취직했다.

프로 갬블러의 세계에 드디어 첫발을 내디딘 셈이었다.

물론 마음가짐을 달리하는 것만으로 하루아침에 그런 결과를 낳았다고 볼 수는 없다.

그러나 어떤 경우이든지 돈을 잃고 냉정을 유지할 수 없는 상태라면 카드 게임에서 승리하기란 어렵다는 점을 알아야 한다.

즉 지금까지의 얘기를 종합한다면 이런 말이 될 것이다.

잃을 것이 있다면 그것은 노름이다.

잃어서 아프면 그 또한 노름이다.

이런 사람들은 아무리 자신을 변명한다 해도 온당하게 카드 게임을 즐길 수 없는 사람들이다.

그러므로 하루 빨리 카드와는 절연하는 것이 모두를 위해 슬기로운 결단이 될 것이다.

한 단계 더 높은 수준을
목표로 하라

카드 수준을 한 단계 뛰어넘는 일은 보기보다 무척 힘이 드는 것이다.
바둑을 많이 두어본 분이라면 내 얘기에 금방 수긍이 갈 것이다.

한 급수 위의 사람을 상대하면 그동안 눈에 보이지 않던 거대한 벽
과 마주친 느낌이 든다.

한 번을 이기기 위해서 전력을 투구해야 하는데, 그렇다고 꼭 이기
는 것도 아니다.

그동안 설렁설렁해서 한 판을 챙겨갔을 때와는 다르게 사뭇 진땀을
흘려야만 하는 것이다.

그러고도 겨우 한 판을 챙겨가는 식이다.

내 실력이 겨우 2만 번째 안에 들까 말까 했다는 것을 알았을 때는
더 이상 갬블러가 되는 꿈을 포기하려는 생각까지 들었다.

또 새로운 부류의 사람들을 만나면서 승률도 점점 떨어지게 되었
고, 그러자 자신감도 소진되었다.

다른 사람의 충고대로 그동안 저축했던 돈을 털어 세상을 호탕케
볼까 하는 마음도 있었다.

그러나 나는 아무런 성과도 없이 이대로 물러난다는 것을 용납할 수

없었다.

세계 일류 게이머들의 세계를 옆에서 지켜보면서, 마음속에서는 돈이 문제가 아니라 그런 사람들이 벌이는 수준 높은 게임을 한 번이라도 같이 어울려서 해보았으면 하는 바람이 솟구쳤다.

다시금 공부를 시작했던 것은 그 때문이었다.

당시 나는 카드 게임이 실력도 중요하지만 운이 따라주지 않으면 안 되는 게임이라고 단정하고 있었다.

그러나 세계 일류들의 게임을 지켜보면서 그러한 생각들을 단숨에 떨쳐버릴 수 있었다.

그들이 보여준 것은 '포커는 운이 아니라 실력이다'라는 점이었다.

나는 카지노의 하우스 플레이어 일과 공부하는 일로 꼬박 2년 동안을 보냈다.

내게 그 두 가지 일 말고 다른 일이 없었다는 것은 무척 다행스러운 일이었다.

어떤 일도 그렇지만 한 가지에 집중하지 않으면 그 분야의 실력자가 될 수 없다.

포커도 마찬가지다.

그러나 포커에 전념하기 위해서는 절대적으로 필요한 것이 두 가지 있다.

하나는 끊임없이 공급될 수 있는 돈줄과 시간이다.

세상에서 이 두 가지를 충족할 수 있는 사람은 흔하지 않다.

만약 어떤 사람이 개인 사업을 하면서, 혹은 직장 일을 하면서 카드 게임에 푹 빠져 있다면 실력도 향상되지 않을 뿐 아니라, 돈이나 시간마저 잃어버릴 가능성이 많다.

아무튼 2년의 시기는 내게 한 단계 높은 카드 게임의 세계로 발을 들여놓을 수 있도록 한 귀중한 시기였다.

실제로 일 년이 지나서 보니 내 위 단계에 있었던 무수히 많았던 사람들이 어디론가 사라져 보이지 않았다.

그리고 내 곁에는 이름만 들어도 쟁쟁한 데이비드 칩 리즈, 잭 루이스, 자니 첸, 도일 브론슨, 스튜이 헝거, 단 주인, 요시 나카노, 데이비드 추 같은 십여 명의 사람들이 나와 어깨를 나란히 하고 있었던 것이다.

현재 잭 루이스와 스튜이 헝거는 이미 고인이 되었다.

잭 루이스는 암으로 세상을 떠났고, 스튜이 헝거는 마약으로 세상을 떠났다.

내가 만난 포커 플레이어 중 스튜이는 가장 텔런트가 뛰어난 사람이었다.

또한 세계 챔피언을 세 번씩이나 이루는 기록을 세우기도 했다.

그들의 죽음으로 나는 한 단계 더 수준 높은 게임을 맛볼 기회를 잃었다고 생각한다.

응용하는 사람이
단계를 뛰어넘는다

포커에 관련된 많은 책들이 비슷한 격언들을 담고 있다.

만약 두 종류 이상의 책에서 같은 말을 반복하고 있다면 이는 반드시 마음에 담아두어야 한다.

앞서 나는 카드에서 이기는 공식이 반드시 한 가지만 존재하는 것은 아니라고 말했다.

그렇다고 공식을 말하는 모든 책을 불신해서는 안 된다.

거기에는 보편적 진리가 담겨 있기 때문이다.

비교적 우둔하고 자만심이 강한 사람들이 책에서 이야기하는 숱한 조언들을 무시한다.

그렇다고 센스가 있는 사람들이 책의 공식들을 구구절절 따라 하는 것은 아니다.

진정으로 센스가 있는 사람들은 책에서 주장하는 내용들을 유념해서 받아들인다.

그런 다음 단지 복사만 하는 것이 아니라 이를 자신에게 맞게끔 응용하는 것이다.

즉 센스가 있는 사람들은 창조자들이다.

이런 사람일수록 시행착오는 있겠지만 실력은 일취월장하게 된다.

바둑의 예를 들어보자.

이창호 책을 스무 번쯤 독파한 사람이 다음날 바로 기원으로 달려가 이창호 식 바둑을 둔다면 그는 승리할 수 있을까?

승리할 수 없다.

자신의 급수에 걸맞은 응용력이 부족하기 때문이다.

프로기사인 탓인지 나는 상대의 카드 실력을 바둑의 급수와 대비해 몇 단 혹은 몇 급 하는 식으로 나누기를 좋아한다.

실제로 무슨 급수가 있거나 단이 있는 것은 아니다.

처음 입문한 사람들은 9급 내지는 10급이라고 보면 된다.

심리전과 공부를 어느 정도 끝냈다면 4급 내지 5급 수준은 될 것이다.

이처럼 9급에서 4급으로 뛰어오르는 일은 조금만 노력해도 가능한 일이다.

그러나 4급을 넘어서려면 무척 힘이 든다.

특히 프로의 자격이 있는 단이 되려면 이보다 몇 배의 노력과 실전이 요구된다.

그때 필요한 것이 바로 응용력이다.

책을 독파하고는 자신의 플레이 스타일에 걸맞은 이론을 창출하는 것이다.

민약 자신이 이론을 창출해서 이를 응용하려고 했는데 연속해서 패배만 하고 있다면 어떻게 할 것인가?

걱정할 필요가 없다.

먼 훗날 시간이 흘러서 되돌아보면 그것이 다음 단계로 뛰어오르는 데 반드시 필요한 통과의례였다는 점을 깨우치게 될 것이다.

고난이 없으면 성공도 없다.

성공한 사람들은 이 고난을 잘 이용한 사람들이다.

만약 그 고난을 잘 통과했다면 이제 누군가가 여러분의 발뒤꿈치를 들어주는 것을 느낄 것이다.

차민수의
포커 게임 십계명

1) 책을 섭렵하고 그 내용을 충실히 따라라

돈을 잃는 사람들은 집으로 돌아와 자신의 게임 내용을 곰곰이 되짚어볼 필요가 있다.

그 원인에는 다음 두 가지 사항이 결부될 것이다.

첫째, 너무도 바쁜 나머지 책을 읽지 않고 자신의 판단에만 의지했다.

둘째, 선배들이 가르쳐준 사항을 불신하거나 자존심이 상해 이를 따르지 않았다.

그렇다면 여러분은 반드시 돈을 잃게 되어 있다.

보통 돈을 잃는 사람들은 책에서 하지 말라는 내용만 골라서 하게끔 되어 있기 때문이다.

카드는 확률의 게임이지 운이 아니다.

다시 한 번 반복하지만 포커는 실력이며 수학적 문제이다.

따라서 여러분이 확실하게 승부를 걸려고 싶다며 운을 믿기보다는 확률과 수학을 믿어야 한다.

간혹 확률이 운에게 무릎을 꿇는 수는 있지만 이 역시 발생하기 힘든 확률상의 문제이다.

확률을 믿는 사람과 그렇지 않은 사람과의 싸움은 마치 헤비급 복서와 플라이급 복서가 경기를 하는 것처럼 차이가 난다.

> **환상과 현실** | Tip
>
> 가장 우둔한 사람 가운데 한 사람은 이창호의 바둑 교습서를 마스터했다고 다음 날 당장 고수에게 달려가 도전장을 내미는 사람이다. 여러분은 포커 교습서를 읽었다 해서 다음 날 당장 게임장으로 달려가서 모든 사람의 돈을 자기 것으로 만들려고 해서는 안 된다.

2) 장부와 일기를 만들어라

그날 게임을 하고 난 후에는 반드시 장부, 혹은 일기를 만들어 적어두어야 한다.

"그 많은 판을 어떻게 다 기억합니까?"

하는 사람이 있을 것이다.

매 판을 다 기억해야 한다는 말이 아니다.

자신의 게임, 혹은 남들의 게임이라 할지라도 극적인 승부, 중요한 승부처의 대응 방법 정도는 반드시 기록해두어야 한다.

이렇게 해두는 것은 남을 위한 것이 아니라 바로 자신의 실력 향상을 위한 하나의 방편일 뿐이다.

프로는 자신에게 엄격해야 한다.

귀찮다고 넘겨버리면 똑같은 상황에서 어떤 결정을 내려야 할지 확신이 서지 않는다.

만약 이런 일조차도 할 수 없다면 더 많은 돈을 잃기 전에 빨리 다른 길을 찾는 것이 좋다.

자신이 어떤 게임을 했는지 기억나지 않는 사람 역시 빨리 카드 세계에서 멀어지는 것이 좋다.

왜냐하면 카드 게임은 근본적으로 기억력에 의존하는 경우가 많기 때문이다.

게임은 거짓말을 하지 않는다.

잃었으면 잃은 이유가 있고, 돈을 땄으면 딴 이유가 있다.

그런 이유를 밝히려면 먼저 기록하는 자세가 우선되어야 한다.

3) 적게 지고 많이 이겨라

모든 게임이 끝나면 승자와 패자는 확연히 갈린다.

우선 그 사람의 걸음걸이에서부터 차이가 있다.

승자의 발걸음은 또박또박하고 말에도 풀기가 빳빳하다.

반면 패자는 자신도 모르게 어깨가 처져 있고 남이 말을 걸세라 창피한 마음에 어디론가 숨어들기 바빠질 것이다.

프로의 세계에서는 이 정도는 아니지만 그래도 사람들의 겉모양만 보면 승자와 패자는 저절로 알 수 있게 된다.

"왜 이기는 사람은 항상 이긴까?"

"왜 지는 사람은 항상 지기만 하는 것일까?"

이런 물음에 대한 해답은 전체적인 판세의 조절을 잘 못했기 때문이다.

항상 지기만 하는 사람은 소소한 판에 목숨을 건다.

그러나 항상 이기는 사람은 소소한 판은 버릴 줄 안다.

보다 큰 판을 위해 투자를 하는 것이다.

항상 지기만 하는 사람은 큰판에 약하다.

이런 사람 중에는 꼭 끝수 하나 차이로 패배를 당하는 사람들이 많을 것이다.

그래서 소소한 판에서 거두어들인 돈을 한판에 다 쏟아붓게 된다.

언제 지고 언제 이겨야 하는지를 아는 사람은 여유가 있다.

따라서 승리는 소심한 사람보다는 보다 여유 있고 대범한 사람과 친구를 하고 싶어 하는 것이다.

카드는 돈을 따야 하는 게임이다.

그러므로 딸 때는 많게, 잃을 때는 적게 하고자 하는 균형 있는 판세 조절이 있어야만 한다.

실로 잘 내려놓는 사람이 돈을 번다.

돈을 적게 잃는 방법 중 가장 좋은 방법은 게임을 포기하는 시점을 어디로 잡느냐에 대한 현명한 판단이다.

너무 타이트한 사람은 웬만한 패가 아니면 카드를 꺾는다.

이런 방법을 옹호할 수는 없지만 나쁜 스타일은 아니다.

카드 게임은 돈을 쓸어가는 횟수도 중요하지만 게임을 포기하는 횟수도 중요하나.

카드를 포기할 때도 끝에 가서 포기하느냐 혹은 처음부터 포기하느냐의 차이점이 크다.

보통 5구째에 확실한 판단을 세워야 한다.

판단은 물론 자신이 해야 한다.

단지 플레이 스타일이 아니라 확률 계산법에 따라 질 가능성이 많다고 판단이 되면 확실히 접을 수 있는 담력이 필요하다.

5구째 이상 그리고 7구째 카드를 확인하는 과정까지는 상당한 출혈이 예상된다.

결국 한 게임에서 열 번만 잘 내려놓아도 승자가 될 수 있다는 결론이다.

그렇다면 어떨 때 테이블을 떠나야 하는가?

첫째, 평소에 안 하던 플레이를 계속할 때다.

둘째, 평상심을 잃고 초조할 때다.

셋째, 악운이 겹쳤다고 느꼈을 때다.

넷째, 판단력이 흐려졌을 때다.

다섯째, 피로가 쌓였을 때다.

여섯째, 중심이 흔들리고 우왕좌왕할 때다.

만약 위와 같은 경우를 체험한다면 즉시 자리를 박차고 숙소로 돌아가는 것이 낫다.

이를 위반하면 몇 배의 손실을 가져올 것이며, 이를 복구하기 위해서는 곱절의 시간과 노력이 든다는 셈을 명심해야 한다.

만약 위와 같은 때에 집으로 돌아갔다면 여러분은 돈을 번 셈이된다.

판단력		Tip

카드를 포기하는 것도 실력이다. 참고 꺾을 때야말로 담력을 발휘해야 하는 때다. 졌다고 생각했을 때는 자신의 판단을 최대한 존중해주어야 한다.

4) 상대의 칩 중에 30퍼센트를 노려라

카드 게임의 진정한 목적은 상대를 이기는 데 있다.

그렇다고 처음부터 상대의 호주머니 전체를 노려서는 안 된다.

우선 상대의 팟(pot) 가운데 30퍼센트를 뺏어올 수 있다면 일차적인 목표는 달성한 셈이다.

보통 게이머들은 자기 돈의 30퍼센트를 잃고 나면 흔들리기 시작한다.

이는 곧 상대의 강력한 화기를 뺏어오는 것과 같다.

만약 나와 경쟁자의 파트 비율이 13 대 7 정도로 격차가 벌어진다면 전쟁에서 거의 2 대 1의 절대적 화력 우세를 확보한 것이나 같다.

이렇게 되면 상대는 점차 위축되고 나는 반대로 작전을 마음대로 구사할 수 있게 된다.

또한 상대는 무리하게 되고 나는 오히려 안정감을 더욱 유지하게 된다.

보통 사람들은 시고 있을 경우 빨리 잃은 돈을 회복하려고 조급해진다.

이런 때가 상대방을 초토화시키기에 가장 적합한 때다.

상대는 평상심을 잃고 흐트러질 대로 흐트러져 있기 때문이다.

그러므로 반대로 생각하면 내가 돈을 잃었을 때 어떤 행동을 취해야 할 것인지 해답이 자명해진다.

즉 상대와 내가 7 대 2 정도로 격차가 벌어진다 해도 자신의 기본이 흔들려서는 안 된다.

기본이 흔들리지 않고 실력마저 갖추고 있는 경우라면 반드시 역전할 수 있는 호기는 찾아오기 마련이다.

진정한 카드의 고수는 판도에 영향을 받지 않고 언제나 침착함을 유지할 수 있는 그런 사람이다.

5) 역전의 기회를 놓치지 마라

곤경에 놓인 사람에게도 언젠가 한 번은 인생의 반전을 노릴 기회가 찾아오듯이 줄곧 잃기만 하는 사람에게도 반전의 기회는 찾아오기 마련이다.

그렇다면 어떤 때를 반전의 기회로 삼아야 하는가.

그것은 당연히 판돈이 많고 승리의 확률이 높은 때다.

이렇게 말하면 너무 싱거울지 모른다.

그러나 판세가 혼돈 중일 때는 다소 유리해도 끝까지 따라가기가 주저될 것이다.

이런 때는 하나의 공식을 대입해서 역전 찬스에 도전해야 할지 말아야 할지를 결정해야 한다.

먼저 공식을 설명하기 전에 판돈의 비율이란 어떤 것인가를 알아야 한다.

가령 어떤 판에 4명이 살아남았다면 판돈의 비율은 1 대 3이 된다.

내가 베팅에 참가한 액수는 전체 판돈의 4분의 1이란 뜻이다.

또 한 가지는 내 패가 맞을 확률이다.

이는 나중에 다시 설명할 확률계산법에 따르면 된다.

자 그렇다면 이제 공식은 성립한다.

판돈의 비율보다 내 패가 맞을 확률이 높다면 과감히 역전에 도전한다.

가령 판돈의 비율이 4분의 1인데 내 패가 맞을 확률은 50%가 된다면 과감한 플레이를 펼쳐야 한다.

그러나 판돈의 비율이 높고 내 패가 맞을 확률이 낮다면 도전의 기회를 다음으로 미루어야 한다.

그것은 도전했을 때의 위험성에 비해 판돈의 규모가 작기 때문이다.

6) 빨리 결정하는 습관을 들여라

하수들의 가장 큰 특징 가운데 하나는 자기 차례가 돌아와도 확실한 베팅과 포기를 망설인다는 점이다.

고수들의 플레이 가운데도 뜸을 들이는 경우가 있는데 이는 유리한 패를 들고도 마치 좋지 않은 패가 들어온 것처럼 가정하기 위한 시도이기가 쉽다.

평소에 확률을 계산하고 이에 따라 베팅이나 포기하는 쪽을 선택하는 사람들은 웬만한 경우가 아니고는 결정이 빠르다.

그런 사람은 외면적으로도 강한 상대라는 인상을 풍긴다.

머뭇거리는 습관을 고쳐야 하는 이유는 그런다고 올바른 결정을 내릴 가능성이 많지 않다는 데 있다.

또한 머뭇거릴수록 자신의 패가 무엇인지 상대에게 광고하는 셈이 된다.

결정이 빠를수록 상대는 자신의 패를 읽기 어렵다.

현재와 반대로 | Tip

안 될 때는 자주 죽는 게임을 운영하라. 잘될 때는 다소 헤픈 플레이를 해도 괜찮다. 그러나 대부분의 사람들은 이와는 반대로 게임을 운영한다. 즉 안 될 때는 무리한 패를 들고 계속 쫓아가면서, 잘될 때는 쉽게 게임을 포기하고 마는 것이다.

---

7) 공격적인 플레이를 하라

자신이 공격적으로 플레이를 해야 할지 수비적으로 플레이를 해야 할지는 바닥에 놓인 패를 보면 금방 알 수 있다.

타인의 패에 비해 비교우위에 서 있으면 당연히 공격적으로 나가야 한다.

그렇게 되면 상대는 당연히 수세적일 수밖에 없으며 게임을 포기할 가능성도 높아진다.

복싱에서 공격하는 선수가 에너지를 덜 낭비한다는 것은 알려진 정설이다.

바둑에서도 대마를 잡으려는 쪽은 에너지가 샘솟지만 대마사냥을 당하는 쪽은 죽을 맛이다.

축구 경기에서도 많은 슈팅 기회를 가지는 쪽이 골을 넣을 가능성이 더 많다.

공격하라.

그래서 상대가 지금보다 패가 좋아질 가능성을 차단하라.

Calling station can not win in a poker games | Tip

공격적 게임을 운영하느냐 아니면 수비적 게임을 운영할 것인가는 바닥에 내려놓은 카드에 따라 달라진다. 여러분은 가급적 상대방에게 이끌려 다니는 수비적 게임 운영은 피해야 한다.

---

8) 발전성을 읽어라

하나의 카드가 떨어지면 즉시 그와 연관되어 떠오르는 생각이 있어야 한다.

즉 상대의 카드가 어느 정도까지 발전될 소지가 있는지를 주르륵 연상하는 것이다.

나는 여기서 '주르륵'이라는 표현을 썼는데 이것은 내가 명령하기 이전에 자신의 뇌가 스스로 작업해 그 결과물을 상상 속에 늘어놓아야 한다는 것이다.

   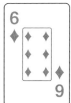

앞 그림의 패를 보면 첫째 A 원 페어 혹은 투 페어의 가능성, 둘째 스페이드 플러시의 가능성이다.

이를 정확하게 판단하기 위해서는 주위 상황의 여건도 동시에 읽어야 한다.

가장 중요한 것은 다른 사람의 카드에 A카드가 몇 장 빠졌는지를 기억해내는 것이다.

그 결과를 자신의 카드와 비교해보고 종합적인 우세를 결정해야 한다.

이러한 발전에 대한 평가의 최종작업은 상대의 베팅이나 레이즈를 보는 것이다.

그러면 맞았는지 틀렸는지 알 수 있다.

이러한 작업을 뇌가 알아서 진행하려면 평소에도 생각하며 게임을 진행하는 습관이 몸에 배어 있어야 한다.

시작하는 패에는 세 가지가 있는데, 상대가 어떤 패로 시작했는지 알아야 한다.

첫째는 페어나 트리플, 둘째는 스트레이트, 셋째는 플러시다.

이 세 가지를 연상하는 일은 그다지 어려운 일이 아니다.

9) 상대의 매너나 실력을 파악하라

게임을 진행하다 보면 사람들은 보통 한 가지 일관된 행동을 나타낼 경우가 많다.

이를 머릿속에 저장해두면 중요한 순간에 어떻게 대처해야 할지 판단이 선다.

예를 들면 그의 플레이 스타일이 타이트하다든지, 아니면 루즈하다든지, 7구째 블러핑을 자주 하는 사람이라든지 하는 것들이다.

패가 좋으면 특이한 행동을 하고, 패가 나쁘면 얼굴에 신경질적인 반응이 나타난다든지 하는 것도 상대를 요리하는 좋은 소재가 될 수 있다.

문세는 그렇게 흩어져 있는 승리의 요소들을 쓸어담는 관찰력과 집중력이다.

보통 하루 8시간을 게임에 임하는 경우라면 조금씩 간파해갈 시간은 충분하다.

보통의 경우 약 30분에서 2시간 내에 상대의 매너나 실력을 정확히 판단해 기억해두었다가 상대의 패를 읽어내는 기준으로 삼아야 한다.

Play A to Z | Tip

변신에 능해야 한다. 사람들은 대부분 고정적인 플레이 스타일을 가지고 있다. 항상 일관성을 지니고 있어 무리를 범하지 않는다는 면에서는 좋은 플레이 습성이라고 하겠다. 하지만 플레이 스타일이 고정적이다 보면 경쟁자가 여러분을 상대할 때 보다 손쉬워진다.

만약 상대가 여러분을 잡고자 한다면 여러분이 항시 다니는 길 위에 덫을 놓아두고 있으면 된다. 그러나 여러분이 다니는 길이 항상 일정치 않다면 상대는 여러분을 잡기 위해 여러 개의 덫을 준비해야 할 뿐만 아니라 여러 개의 길을 동시에 살펴야 하는 수고를 해야 한다.

10) 2, 3등은 사양하라

다른 어떤 분야에서라면 2, 3등은 아름답다.

월드 시리즈나 NBA 챔피언십 시리즈, 혹은 슈퍼볼을 구경하다 보면 어떤 때는 챔피언보다 준우승을 차지한 팀에게 더 열렬한 박수를 보내고 싶을 때가 있다.

과거 입시철이 되면 수석을 차지한 사람과 차석을 차지한 사람이 일굴 사진이 신문에 실렸다.

비록 일등은 놓쳤지만 일등을 위한 그간의 노력을 치하해주기 위해서다.

아름다운 2위는 이처럼 사람들에게 아낌없는 박수를 받는 경우가 흔하다.

그러나 단 한 가지 분야만큼은 예외이다.

카드 게임의 세계다.

이 세계의 2등은 노고의 치하는 고사하고 사람들로부터 냉대와 멸시를 고스란히 당해야 한다.

한 끝수 차이로 그 판을 놓쳤다면 명승부라고 치하해줄 사람은 아무도 없다.

온갖 찬사와 명예는 오직 1등을 차지한 사람에게로 돌아간다.

2등을 차지한 사람에게는 주머니의 쓸쓸함과 호구라는 닉네임이 동시에 안겨질 뿐이다.

여덟 명이 테이블에 둘러앉아 함께 게임을 즐긴다고 생각하자.

여러분이 그날 게임에서 승리하는 길은 가급적 꼴찌를 많이 차지하는 것이다.

누군가가 여러분을 자주 2등이 되도록 유혹한다면, 그 사람이 외부 경쟁자이든 아니면 내면에 숨겨진 여러분의 자아이든 간에 그런 꼬드김은 단번에 배격해야 한다.

여러분은 기억이 나지 않을 만큼 간혹 1등이 되어도 좋다.

그러나 2등이 되거나 3등이 되거나 혹은 4등이 되어서는 안 된다.

1등이 되지 않으려면 차라리 꼴찌를 많이 하는 것이 이기는 지름길이다.

그것이 여러분이 그날 게임을 승리로 이끄는 지름길이다.

포커용어 A to Z

K9 Mr. Twice 핸드 : 초창기 시절 K9을 들고 자꾸 이겨서 제일 좋은 핸드인 줄 알았다.
플롭에 K9이 깔리면 다른 동료 플레이어들이 이렇게 말한다.
"here comes Jimmy Jimmy."

홀덤 게임에서나 카지노에서 쓰이는 전문용어는 다음과 같다.
국제무대에서 토너먼트나 포커게임을 할 때는 영어만 사용할 수 있으므로 영어를 필
수적으로 공부해둘 필요가 있다.
최소한 포커게임에서 사용하는 용어에 대해서는 더더욱 알고 있어야 한다.

A

all in【올인】 자기 앞에 있는 모든 칩을 한꺼번에 거는 행위를 말한다.
acting out of turn【액팅 아웃 오브 턴】 자기의 순서를 지키지 않고 남보다 앞서 액
션을 취하는 행위
ante【앤티】 게임을 플레이하기 전 테이블에 있는 모든 플레이어가 내야 하는 일정액

B

bad-beat【배드빗】 좋은 패를 만들어놓고 있다가 최악의 상황으로 역전패당하는 것
을 말한다.
baby card【베이비 카드】 작은 카드를 말하는데, 예를 들어 낮은 자로 플러시가 맞았
을 경우 베이비 플러시라고 부른다.
back door【백 도어】 자기가 목적했던 패를 만들었거나 생각시 않은 확블싱 가능싱
이 매우 저은 쪽으로 패가 메이드뇌는 것

bean town【빈 타운】 10만 달러 이상 이기고 있는 상황

bean valley【빈 밸리】 10만 달러 이상 지고 있는 상황

bet【베트】 빅 블라인드보다 두 배 이상 더 많은 칩을 거는 행위

big dog【빅 독】 이길 가능성이 매우 낮은 패. 매우 불리한 상황

big favor【빅 페이버】 많이 유리한 상황

big full【빅 풀】 제일 높은 풀 하우스

bicycle:【바이시클】 1-2-3-4-5를 말하며 로우-핸드의 최상의 패이다.

big hand【빅 핸드】 아주 큰 핸드를 말한다.

big blind【빅 블라인드】 딜러 왼쪽 아래 두 번째 위치

blank【블랭크】 쌍방 간에 필요 없고 서로 사용할 수 없는 카드

blind【블라인드】 패를 받기 전에 의무적으로 집어넣어야 하는 칩. 버튼 포지션의 왼쪽에 위치한 사람부터 스몰 블라인드와 빅 블라인드를 베트해야 한다.

broad way【브로드웨이】 10-J-Q-K-A를 말한다.

buy in【바이 인】 토너먼트에서 게임에 참가할 자격을 갖추기 위해 내는 돈을 말하며, 캐시 게임에서 최소로 참가할 수 있는 자격이 되는 돈

C

call【콜】 앞에 한 베트와 동일한 액수를 내는 것을 말한다. limp-in과 같은 의미다.

calling station【콜링 스테이션】 콜을 주로 많이 하는 사람을 일컫는다.

cap【캡】 노-리밋과 팟-리밋에서 한 번에 올인을 하지 못하게 최대한의 베팅 액수의 한도를 정해 베팅을 제한하는 것

case card【케이스 카드】 데크에 남아 있는 한 장의 카드

case money【케이스 머니】 비상금, 종돈

catch perfect【캐치 퍼펙트】 필요한 카드를 최상으로 뜨는 것

chase【체이스】 이기기 힘든 아주 불리한 상황에서 좇아만 다니는 것을 말한다.

complete hand【컴플리트 핸드】 완성된 핸드를 말한다.

cover【커버】 상대방보다 자신의 칩이 많은 경우나 상대방이 자신보다 칩이 많은 경우

check【체크】 자신이 베팅할 차례에 배팅을 하지 않고 배팅 순서를 상대에게 넘기는 행위

check blind【체크 블라인드】 플롭을 보지 않고 체크하는 행위

check raise【체크 레이즈】 체크한 후에 상대방의 베팅에 레이즈로 반격하는 행위

chips【칩스】 포커 판에서 돈 대신 사용되는 작고 둥그런 원판

cold deck【콜드 데크】 최악의 상황이 연출되는 데크

crying call【크라잉 콜】 할 수 없이 울며 겨자 먹기로 상대방의 베팅에 콜을 할 때 쓰이는 말

cowboy【카우보이】 포커에서 king을 부르는 다른 이름

cut【컷】 딜러가 카드를 섞은 뒤 절반을 떼는 행위. 정식적인 컷의 룰로는 딜러는 반드시 10장 이상을 떼어야 한다.

D

---

dead card【데드 카드】 데크에 없는 카드나 게임을 포기한 핸드

deuce【듀스】 카드의 2자를 말한다.

donkey【동키】 돈키호테를 줄인 말이며 포커 판에서 실력은 약하나 잘난 척하는 사람을 일컫는 말

double gut shot【더블 것 샷】 양쪽으로 이빨 빠진 스트레이트

drawing Dead【드로잉 데드】 최상으로 만들어도 이길 수 없는 패

drop【드롭】 상당량의 돈을 잃는 것. 카지노가 판에서 떼는 돈. 판을 키우기 위해 게임을 활성화하기 위해 고안된 것이다.

F, G

---

family pot【패밀리 팟】 테이블에 있는 많은 플레이어가 참가한 판

favor【페이버】 유리한 상황

fish【피시】 돈을 항상 많이 잃는 플레이어

flat call【플랫 콜】 상대의 베팅에 가만히 콜을 받는 것

flop【플롭】 딜러가 처음에 석 장을 오픈하는 행위

flush【플러시】 다섯 장의 무늬가 같은 셋. ♣ Ac8c7c6c5c

fold【폴드】 경기를 포기하며 자신이 핸드를 내려놓는 행위

free card【프리 카드】 베팅 없이 공짜로 다음 카드를 받는 것을 말한다.

free roll【프리 롤】 공짜로 확률을 더 받는 것을 말한다. 예를 들어 상대방과 자신이 똑같은 스트레이트인데 자신의 패가 턴이나 마지막 카드로 플러시를 만들 수 있는 상황일 때다.

full house【풀 하우스】 석 장이 같고 페어가 같이 있는 것. ⓔ kkk-22

gam【갬】 3명 이상의 플레이어가 팟을 키우고 있는 상황

grinder【그라인더】 오직 매일 적은 돈만 따기를 바라는 야망 없는 플레이어를 말한다.

gut shot【것 샷】 이빨 빠진 인사이드 스트레이트를 말한다.

H, I, J

hand selection【핸드 셀렉션】 처음 두 장일 때 플레이를 할 스타팅 핸드를 고르는 말

heads up【헤드 업】 다른 플레이어는 없이 단둘이 남아 게임을 하는 것

hollywood action【할리우드 액션】 필요 이상의 모션

high roller【하이 롤러】 게임을 잘하며 큰 게임을 하는 돈 많은 사람을 일컫는 말

idiot【이디엇】 바보 멍청이를 일컫는 말

judgement laydown【저지먼트 레이다운】 상대방에게 졌다고 판단하여 좋은 패를 내려놓을 때 쓰는 말

L

limp in【림프 인】 앞에 블라인드 이외에는 아무 것도 없는 상태에서 콜을 하는 것을 말한다.

live card【라이브 카드】 살아 있는 카드. 누군가 받을 가능성이 있는 카드. 반대말은 데드 카드(dead card)

live game【라이브 게임】 초구가 많이 있는 게임을 말한다.

lady【레이디】 포커에서는 Queen을 뜻한다.

lay down【레이다운】 상대의 베팅에 핸드를 내려놓는 행위. fold와 같은 의미

limit【리밋】 라운드별 일정한 상한선을 정해놓고 게임하는 방식

live one【라이브 원】 게임을 못하거나 게임이 잘 풀리고 있지 않는 플레이어를 일컬을 때 쓰인다.

loose playe【루즈 플레이어】 헤프게 게임을 하는 사람

M, N

maniac【매니악】 돈을 항상 잃으면서도 공격적으로 플레이하는 사람을 일컫는 말

mixed games【믹스드 게임】 여러 가지 게임을 한꺼번에 섞어가며 하는 게임방식

no limit【노-리밋】 판에 있는 액수와 관계없이 자신이 가지고 있는 모든 칩을 한꺼번에 베팅할 수 있는 게임방식

no rabbit and hunting【노 래빗 앤 헌팅】 게임이 끝나고 다음에 무엇이 나오는지 뒷장을 보지 말라는 뜻

nuts【너츠】 최상의 패

nut straight【넛 스트레이트】 최고 높은 스트레이트

O

odds【오즈】 카드가 메이드될 수 있는 확률을 말한다.

off suit【오프 수트】 히든-카드 두 장의 카드 무늬가 다른 것

on tilt【온 틸트】 열받아 있는 상태

open end straight【오픈 엔드 스트레이트】 양방향으로 만들 수 있는 스트레이트

over bet【오버 베트】 판돈의 사이즈보다 더 크게 베팅하는 행위

over call【오버 콜】 이미 플레이어가 콜을 한 상태에서 다른 플레이어가 콜을 하는 것

over card【오버 카드】 플롭에 나와 있는 카드보다 높은 카드

outs【아웃】 어떤 핸드를 베스트 핸드로 만들어줄 수 있는 카드의 수

pair【페어】 두 장이 같은 자. 예 k,k

pot【팟】 게임할 때 베팅하여 판에 쌓인 칩의 토털을 말한다.

pot limit【팟 리밋】 판에 나와 있는 액수만큼만 최대한으로 칠 수 있는 게임

paint【페인트】 그림이 들어 있는 카드(J-Q-K)

pat hand【팻 핸드】 더 이상 도움이 필요 없는 패

playing open【플레잉 오픈】 하이 리밋 게임에서 1달러짜리 칩을 큰 칩 위에 올려놓고 playing open이라고 말하는 경우가 있는데 이 말의 뜻은 게임을 하는 동안 앞으로 자신은 올인 없이 모든 베팅을 다 커버(cover)하겠다는 뜻이다.

position【포지션】 테이블에 자신이 위치하고 있는 자리

quartz【콰르츠】 같은 종류의 숫자 넉 장. 4카드를 말한다.

rainbow【레인보우】 플롭에 나온 카드의 문양이 모두 다른 것

raise【레이즈】 앞사람의 베팅보다 더 많이 자기가 원하는 베팅을 하는 행위인데 앞사람이 배팅한 액수의 최소한 두 배 이상이어야 한다.

rake【레이크】 카지노에서 플레이어들에게서나 판에서 떼는 돈이나 컬렉션으로 시간당 떼는 돈

re draw【리-드로】 플롭에서 이기고 있다가 역전당한 것을 다시 드로잉하는 것

re raise【리-레이즈】 앞에 레이즈한 사람에게 다시 레이즈하는 행위

ring game【링 게임】 풀 게임(full game)을 말한다.

river【리버】 5구째의 마지막 카드를 말한다.

roll up【롤 업】 세븐카드 스터드 게임에서 처음 석 장이 트리플로 같은 자

rounder【라운더】 돈을 벌 기회를 모두 알며 포커로 생계를 유지하는 사람

royal straight flush【로열 스트레이트 플러시】 포커의 최상의 패. 예 10s-Js-Qs-Ks-As

run it twice【런 잇 트와이스】 캐시 게임에서 4구나 5구에서 쌍방의 합의하에 두 번 카드를 딜하는 것

runner-runner【러너-러너】 필요한 자를 연속으로 뜨는 것

rush【러시】 순간적으로 계속 잘되고 있는 상황을 말한다.

S

scoop【스쿱】 판을 나누지 않고 전부 이기는 것

seconds【세컨드】 딜러가 맨 위의 자를 딜링하지 않고 두 번째 카드를 남에게 주는 행위

set【셋】 트리플을 말한다.

slow play【슬로 플레이】 좋은 패를 상대방이 눈치 채지 못하게 천천히 플레이하는 행위

small blind【스몰 블라인드】 딜러 버튼 왼쪽 아래에 위치한 자리

small dog【스몰 독】 조금 불리한 상황

small favor【스몰 페이버】 조금 유리한 상황

south【사우스】 게임을 접다. 또는 포커에서는 실전에서 게임 도중 칩을 숨기는 행위를 말한다.

speed【스피드】 플레이어의 플레이하는 공격성의 정도를 말한다.

speed up【스피드 업】 게임을 빨리 진행하자는 이야기

split pot【스플릿 팟】 팟을 나누는 것

straight【스트레이트】 순서가 같은 다섯 장. 예 5,6,7,8,9

straight flush【스트레이트 플러시】 같은 무늬로 숫자의 서열이 5s-6s-7s-8s-9s같이 같은 것

sucker【서커】 호구를 일컫는 말

suck out【서크 아웃】 빨아들인다는 뜻인데 포커에서는 귀한 자를 떠서 이길 때를 말한다.

suits【수트】 clubs, diamonds, hearts, spades의 네 무늬를 말한다.

straddle【스트래들】 캐시 게임에서 판을 키우기 위해 아무 위치에서나 빅 블라인드의 두 배로 라이브 블라인드를 거는 것

stuck【스턱】 게임에서 지고 있는 상황

sweet roll【스위트 롤】 set이 플롭에 떨어지지는 않았지만 턴에 떨어졌을 때 더 큰 판을 이길 수 있어 단꿀처리는 뜻으로 쓰인다.

T

take a card off【테이크 어 카드 오프】 한 장 더 드로잉하겠다는 뜻

tell【텔】 희로애락이 얼굴에 나타나는 것과 또는 감정이나 습관이 밖으로 노출되는 것

tilt【틸트】 tilt라는 뜻은 움직인 상태를 말하는 것이나 포커에서는 평상시와 달리 플레이어가 열받았다는 뜻으로 쓰인다.

trap【트랩】 함정을 파 상대를 끌어들이는 행위

tripple【트리플】 석 장이 같은 자. 🔵 k,k,k

turn【턴】 플롭 이후 4구를 턴이라고 말한다.

U, W

under dog【언더 독】 불리한 상황을 말한다.

wheel【휠】 1-2-3-4-5를 일컫는 말이며 최상의 로우 핸드를 일컫는 말로도 쓰인다.

white meat【화이트 미트】 이익이나 이윤

이 글을 마치면서

내가 생각하는 도박의 정의는 이렇다.

자신이 잃어서 아프면 도박이다.

돈을 잃고 생활의 리듬이 깨지만 이 또한 도박이다.

잃은 돈을 찾고 싶어 다시 게임을 하면 도박이며 이미 도박중독증에 걸린 것으로 판단된다.

부디 독자 여러분은 홀덤을 도박으로 하지 말고 순수한 아마추어 입장에서 여가선용이나 마인드 스포츠로 즐기길 바란다.

나는 평생 농안 아주 많은 사람들이 포커나 또 다른 도박에 빠져 재산을 탕진하고 폐인이 되는 것을 수없이 보아왔다.

도박에는 사용되는 속임수 기술이 3천 가지나 있다.

포커에도 속임수 종류가 8백 가지가 있으며 속이는 방법 또한 인공지능의 발달로 그 수법이 여러 분야로 다양화되어가고 있다.

여러분들이 이런 것 중에 과연 몇 가지나 알고 있을까?

의술을 배우지 않은 사람이 칼을 들고 수술실에 들어간다면 과연 무엇을 할 수 있을 것이며 결과는 어떻게 될까?

나는 프로 바둑기사인데 아마추어가 핸디캡도 없이 나와 내기바둑을 둔디면 그 결과가 과연 어떻게 되겠는가?

포커는 바둑이나 골프처럼 핸디를 주는 것도 없는 게임이 아닌가?

도일 브론슨은 포커를 하는 것을 전쟁터에 나가는 것이라고 했다.

이것이 곧 승부사의 세계다.

승부의 세계란 시베리아와 같다.

나는 여러분이 시베리아에 간다면 최소한 추위에 대한 방한 준비는 하고 가야 한다고 생각한다.

물론 인간이 항상 완벽한 플레이를 할 수는 없다.

그러나 완벽에 가깝게 플레이를 구사하려고 끊임없이 노력하며 공부하는 자세는 필요하다고 생각한다.

자신이 굉장히 강한 플레이어가 되었다고 자만하고 책을 놓는 순간 그 사람에게는 더 이상의 발전을 기대할 수 없다.

'Respect'는 내가 받는 것이라기보다 상대가 주는 것이다.

여러 국제대회에 출전하는 여러분들이 이 책을 읽고 조금이나마 실력 향상에 도움을 받으면 좋겠다.

앞으로 노-리밋 홀덤 경기는 올림픽 정식종목이 될 것이다.

이 책의 도움을 받은 여러분 중에서 대한민국 국가대표 선수가 되어 태극마크를 달고 올림픽에 나가는 플레이어가 나왔으면 좋겠다.

47년이 넘도록 프로 포커 플레이어로서 활동했던 나의 경험을 담은 이 글이 여러분에게 최소한의 방한복이 되었으면 좋겠다.

당부하건대, 절대로 전문가들과 돈을 걸고 게임하지 말라.

그리고 이 시간은 너무도 힘들 프로의 길을 선택하지 않았으면 좋겠다.

다만 공부도 하고 실력도 향상시켜 재미있게 즐길 수 있는 정도의
마인드 스포츠로 여가선용을 하면 좋겠다.

그렇게 지혜로운 여러분이 되시기를 바란다.

끝으로 이 책을 완성하기까지 도움을 주신 〈빅팟999〉 이우영 대표
와 사랑하는 나의 가족에게 감사드린다.

KSPO(한국스포츠포커협회)가 만드는 'K-poker리그'가 대한민국을 넘
어 글로벌 무대로 나아가 스포츠 포커산업으로 발전하는 데 나의
작은 노력이 도움이 되길 소망한다.

차민수
TEXAS HOLD'EM

초판 1쇄 발행 2021년 9월 30일
개정판 1쇄 발행 2023년 10월 15일

지 은 이 차민수
펴 낸 이 한승수
펴 낸 곳 티나

편   집 이상실
디 자 인 심지유
마 케 팅 박건원, 김홍주

등록번호 제2016-000080호
등록일자 2016년 3월 11일

주   소 서울특별시 마포구 동교로 27길 53, 309호
전   화 02 338 0084
팩   스 02 338 0087
메   일 moonchusa@naver.com

I S B N 979-11-88417-61-2 13690